U0671920

河北省社会科学基金项目（HB20YJ045）

大减税

大国税改与经济发展

李炜光 臧建文◎著

TAX
REDUCTION

浙江人民出版社

图书在版编目（CIP）数据

大减税：大国税改与经济发展 / 李炜光，臧建文著
. — 杭州：浙江人民出版社，2023.6
ISBN 978-7-213-11018-4

Ⅰ. ①大… Ⅱ. ①李… ②臧… Ⅲ. ①减税—税收政
策—研究—中国 Ⅳ. ①F812.422

中国国家版本馆CIP数据核字(2023)第047999号

大减税：大国税改与经济发展

DAJIANSHUI : DAGUO SHUIGAI YU JINGJI FAZHAN

李炜光　臧建文　著

出版发行：浙江人民出版社（杭州市体育场路 347 号　邮编：310006）

　　　　　市场部电话：(0571) 85061682　85176516

责任编辑：尚　婧

特约编辑：陈世明

营销编辑：陈雯怡　赵　娜　陈芊如

责任校对：杨　帆

责任印务：幸天骄

封面设计：异一设计

电脑制版：北京之江文化传媒有限公司

印　　刷：杭州丰源印刷有限公司

开　　本：680 毫米 ×980 毫米　1/16　　印　　张：18

字　　数：241 千字　　　　　　　　　　插　　页：2

版　　次：2023 年 6 月第 1 版　　　　　印　　次：2023 年 6 月第 1 次印刷

书　　号：ISBN 978-7-213-11018-4

定　　价：68.00 元

如发现印装质量问题，影响阅读，请与市场部联系调换。

推荐序一

实施减税政策，构建轻税机制

　　李炜光教授和臧建文博士的大作《大减税：大国税改与经济发展》出版，请我作序，深感荣幸。

　　减税和轻税正在成为一股世界潮流，浩浩荡荡，也是中国改革和发展之急需和要务，近年相关举措不断。因为好处太多、吸引力很大，减税和轻税是聚民心、固国本、图富强的不二法门，也是开明执政者优选的良策妙计。围绕这一主题，这本书的结构框架设计了三大部分。第1部分是"中国减税观察"，问题提得鲜明、准确，不仅符合中国的实际，而且抓住了问题的要害和关键。第2部分是"美国减税研究"，既生动流畅，又深刻精致，颇具故事性，读来发人深省，是一个不错的参照。第3部分是"减税降费探讨"，讨论了现代国家和现代税制形成和发展的历史过程和基本理论，是前面分析的概括和升华，使得这本书在应用和对策研究的基础上，有了深入一步的思考和洞见。

　　从内容和方法来看，作者既有全球的宏观视野，且有大量实际统计数据支撑，以及纵向和横向的比较分析，站在了一个相当的高度，又有深入细致的微观考察，包括对企业家的实地访谈、有说服力的案例分析，特别是餐饮个体户的日记账，做到了理论与实际的恰当结合与互动互证，再加上美国减税的故事，生动活泼，深入浅出，直击要害，洞穿本质，没有了一般理论著作的八股味。因此，这本书的理论观点和政策建议具有扎实的基础和强大的支撑。

基于此，我认为这是一本学习和研究税制建设、经济发展和改革的好书，值得阅读，特别是值得决策者和财税人员参阅和思考，故以为序。

掩卷静思，我有三点体悟，想与作者和读者分享。

一是之所以提出减税和轻税，一方面是因为我国的税负相对较重，这是由我们国家的税制结构决定的。我国实行的是以国有经济为主导的经济体制和以流转税、复合税为主体的财税体制，而且税种繁多，存在重复征缴的现象。本来作为主要税种的增值税，其税基中已经包括了个人工资收入和企业利润，政府还要征收个人所得税和企业所得税。

另一方面是因为政府提供的公共产品和服务相对不足，尤其是教育医疗、公共服务方面，再加上少数税收征管人员缺乏平等意识，自由裁量权又过大，"吃拿卡要"现象屡有发生。这样，税收作为国家与民众之间平等交易和相互合作的纽带，就具有了另一番意味。要知道，税收是企业和公众创造的经济剩余，税负过重就是竭泽而渔、杀鸡取卵。按照总税率，政府拿走的多了，企业和个人剩下的少了，连简单的再生产和日常支出都难以维持，哪有能力扩大投资和增加消费？因为不能扩大投资和增加消费，企业就无法进行生产创造，也就无法完成再生产的循环和周转，政府又从何处得到税源？因此，轻税机制是得民心、固国本、创大业、图复兴的根本大计。

二是财政税收不仅是经济问题，更是根本而重大的政治治理问题和理念问题。我们仅仅将其作为经济问题来对待是行不通的。因为财政税收关涉的是国家与民众、政府与企业、中央与地方等方方面面的关系。在现代社会，税收也不再是"皇粮贡赋"，而是国家治理的基础，必须取之于民、用之于民。国家是一种社会契约，政府是公民的代理人。虽然税收可以看作政府的产权，但其最终来源是公众的缴纳，是对个人权利的删除和转移，且以政府提供的公共产品和服务为对价。所以，税收的强制性、固定性、无偿性是传统观念，而平等性、灵活性和有偿性才是现代财政税收理念。

既然如此，税制的确定、税收的征管、税款的使用首先是一个政治问题和政治过程，是现代国家的重要标志，其次才是行政、经济、技术事务。有意无意抹杀和颠倒二者的关系，都是错误的，其结果必然是南辕北辙。

作为政治治理过程，以下最基本的三点必须十分明确和切实做到。首先，明确规定纳税人的权利和义务，切实保障公民的财产权利。如果个人的合法财产随意受到侵占和破坏，税收就与"抢劫"无异。其次，实行税收法定。所有涉及税收的规定都要有国家最高权力机关制定的法律为依据，不能以行政法规代替法律规定。最后，实行税务公开。让公众了解财政收支的来龙去脉，并进行有效监督，切实保证纳税人的知情权。如果税收只是财税部门少数人的专利，公布财政收支报告只有大项，没有细目，谁也看不懂、整不明，那就是对公众的不负责任。

三是我们还有很长的路要走。要知道，现代税制的建立和实施，是现代国家和现代社会形成的基础、内容和标志，是经过了国王和议会、政府和纳税人的长期博弈和斗争，互相让步和妥协，达成共识，实现共和，才一步步完善起来的。严格来说，我们还没有完全建立起名副其实的现代财政制度和现代税制。要完成建设现代国家的任务，同时确立和实施现代财政税收制度，任重道远，还需要一步一步扎扎实实地工作和积累，一切大话、空话、套话都无济于事。只要理念正确，方向明确，目标坚定，路线图可行，工作又扎实细致，我们一定会达到既定目标。

张曙光

中国社会科学院研究员

于北京

推荐序二

供给侧减税改革是中国式现代化的必由之路

党的二十大报告提出，"以中国式现代化全面推进中华民族伟大复兴"，将中国建设成一个社会主义现代化的强国。而一定的经济增长速度、人均GDP（国内生产总值）水平、有活力的企业、富裕的居民和殷实的公共财政，是现代化强国的经济基础。李炜光教授是一位在公共经济学领域对中国经济宏观和微观税有深入分析的经济学家，他的学术进展和政策建议，对中国供给侧减税改革起到了推动作用。

2013年以来中国的税负问题

中国的宏观税负水平在2013年高达38%，在2016年略降为36%左右，但2016年企业税负率高达68%。中国是一个结构转型和体制转轨双二元转型国家，按照国际宏观税负水平，发展中国家的税负水平应当在18%到25%之间，而转轨国家的税负水平应当在29%上下。中国经济增长速度从2012年开始，从8%以上的高速水平降了下来。2013—2015年，中国经济增长速度从7.8%下降到了6.7%。从当时的人均GDP水平来看，按照日本和韩国的经验，中国经济增长速度还不应该到从高速水平下降的发展阶段。毫无疑问，宏观税负和企业税负率与GDP增长速度之间在一定的水平范围内呈反向变动关系。2015年、2016年和2017年，中国宏观税负率分别为36.92%、36.20%和36.20%，对GDP增长速度产生了抑制作用。以2016年底为例，世界银行和普华永道会计师事务所发布关于全球营商环境报告，统计了190多个国家和地区反映企业税费负担指标的总税率，2016年所有国家（地区）平均总税率为40.60%，而中国总税率为68%，远高于世界平均水平，位列世界第12位。就政府收入结构看，中国政府收入的80%以上来自企业，而在美国联邦政府收入中，只有14%左右来自企业。世界上相当多国家的政府收入来自销售税、财产税和社保税等，而政府从企业所征收的税收比例较低。因此，税制结构的不同直接造成了中国的企业税负率远高于世界平均水平，这也是近年来中国制造业成本上升，以及部分产业转移外流的重要原因之一。

与此同时，2016年中国税收收入总规模仅增长4.80%，除了增值税改革外，很重要的原因是相当多的制造业企业成本太高，企业缴税能力下降，或者缴税企业倒闭、转移。由于征税过多，"拉弗曲线"出现右移的情况。总体上看，不是因为真正减税，而是发生了总体税率的降低，使"拉弗曲线"左移，才能对国民经济产生积极的影响。特别需要指出的是，制造业企业倒闭或产业转移外迁数量的增多，很可能使减少的税收由艰难生存的企业来承担，造成制造业的生存环境更加严峻。例如，2016年地方非税收入为2.03万亿元，在经济很不景气的局面下，竟然增长了21.50%。虽然增值税等主体税种收入规模可能降了下来，但收费等非税收入规模涨了上去。由于政府无法收取停产或转移企业的增值税，现存企业的负担可能更为沉重。这也造成国内投资持续低迷，从2007—2012年的年平均增长24.7%下降到了2013—2017年的年平均增长13.26%。特别是2017年以后，贸易保护主义盛行，且受新冠疫情影响，2021年国内投资增速更是下降到了2.3%，2020年和2021年国内投资增速乘积开方为4.32%，加上国内消费需求增长乏力，以及出口需求的不确定性，国内经济增长面临着较大的下行压力。一个国家和地区，根据发展程度的不同，有着适宜的宏观税负。前面已述，按照发展经济学家的测算，在一个国家从发展落后的状态向发达水平迈进的过程中，以政府收入占GDP的18%到25%为宜。虽然改革开放以来，中国的经济发展水平得到了快速的提高，但是，以2016年为例，世界GDP总量为74万亿美元，人口数量也达到74亿人，全球人均GDP为1万美元。同一时间，中国人均GDP为8 100美元，经济发展程度还没有达到世界平均水平。对比高收入国家最低门槛收入线13 100美元，中国人均GDP相差5 000美元。在政府财政支出结构中，中国政府经济建设支出和一般行政支出比例比世界上其他国家的平均值高。制造业企业成本相对较高也是制造业投资回报率较低的重要原因。金融融资、交通运输、能源供应和土地分配等方面也存在不少问题，导致竞争性的制造业和其他实体经济应有收入被这些行业不合理地分配和消耗。

值得注意的是，中国的高税负问题，在经济高速增长时期显得并不突出，主要是因为市场需求旺盛，企业的税负能通过产品的规模销量和价格的提高转嫁出去。但是，到了经济下行时期，生产全面过剩，制造业市场相对萎缩，高税负无法通过产品的规模销量和价格向上变动得以减轻。产品价格下行和开工不足，使企业税收承受能力大大下降。因此，对企业普遍减税是必要且紧迫的。

供给学派所倡导的减税降费政策

供给学派重新肯定了供给能够自动创造需求的萨伊定律，认为从全部经济的视角来看，购买力永远等于生产力，经济有足够的能力购买全部产品，不可能由于需求不足而发生产品过剩的问题。如果增加储蓄和投资，生产相对过剩和经济衰退就可以自动恢复。

客观来看，供给学派相关政策经过美国里根时代和英国撒切尔夫人时代的实施，也的确带来西方主要发达国家在20世纪八九十年代的"中兴"。供给学派相关政策之所以会起作用，主要还是取决于劳动、资本要素供给数量的边际报酬率。如果政府税收太多，报酬率就下降，投资者就不愿意投资，劳动者甚至不愿意参加工作，而宁愿去领政府的失业救济金。所以，供给学派认为，要充分发挥市场机制，以实现市场要素的供需均衡和有效利用。据此，供给学派提出要减少社会支出，主张通过减税降费来鼓励企业投资，通过降低个人所得税负担来促进劳动者参加工作，以提高工作意愿。企业投资扩张以后，生产能力就会扩大就业，创造出来的产品也能抑制通货膨胀。普通劳动者就业机会增加后，收入水平和消费欲望提升，总供给和总需求也会平衡，生产相对过剩和经济衰退自动瓦解。

当国民经济增速从下行扭转为上行阶段时，供给学派往往提出如下的思路和框架性方案：其一，降成本，实施与之相关的供给侧结构性配套改革，以休养生息；其二，选择和进行突破性改革，下重药和施大术，以发力启动新一轮J形增长；其三，进行创新、创业、生育体制改革，孕育颠覆性技术，保持民间活力，恢复人口元气，支撑经济增长速度，并储备2025年和2036年两次J形增长的动力；其四，进行一些体系性改革，有进有退，有弃有争，以盘活要素和资源，激发其活力，提高其配置效率；其五，进行一些领域开放性改革，以开放教育、医疗服务业，拓展通用航空、改造未利用土地和生态环境资源等促进经济增长的准入新领域，扩大民间社会事务领域，以促进国内经济增长为中心，调整对外经济开放战略。

中国实施了以"降成本"为标志的供给侧结构性改革。一方面，供给侧结构性改革需要降低制度性交易成本，坚持去产能、技术进步、转型升级、做大做强，提高中国产业在全球的出口和投资等竞争力；另一方面，更重要的是，经济结构的调整可以增加就业，有利于提高劳动者和全体居民收入水平，有助于扩大全社会消费需求。偏重于前面，忽略后者，则会使生产更加过剩。我们需要重点发力的供给侧结构性改革包括：在微观的企业要素结构方面，供给侧调节的重点是发展劳动密集型企业；在产业组织结构方面，供给侧调节的重点是发展中小微企业；在产业比例结构方面，供给侧调节的重点是发展服务业；在企业的所有制结构方面，供给侧调节的重点是发展民营企业；在偏重容纳劳动的技术还是偏重利用资本的技术方面，供给侧调节的重点要有利于扩大就业；在正式就业、准正式就业和非正式就业结构方面，供给侧调节的重点是鼓励个人工作室、居家养老服务人员、小商小贩、网上微商店、互联网加个体劳动等非正规和准正规就业形式。

考虑到中国企业税负率较高，实体经济需要减税清费、降社保及减其他制度性成本来休养生息，以增强国民经济的竞争力。因此，可以说，企业休养生息的政策和改革已经不能再后拖和延误，否则实体经济将全面崩塌。可见，尽快实施降低企业制度性成本的减税降费政策和配套的供给侧结构性改革，成为必然选择，特别是力行且坚持传统供给经济学派的普遍减税政策。第一，有针对地设计对增加就业和提高居民收入水平有利的领域和企业的减税政策方案；第二，政府全部收入不超过GDP的30%，增值税税率降低两个百分点，社保综合费率降低到30%，小规模纳税人起征点从目前的每月3万元提高到每月10万元；第三，废止一切除税收和社会保险金以外的行政收费项目，土地出让金改为房地产税，企业用地可以以土地财产权所有者入股的方式降低投资进入的土地成本，政府各类罚款要公开透明和接受监督。

注意事项

在以减税降费为代表的供给侧结构性改革发力的同时，有必要设计需求侧结构性改革加以配合的经济政策工具。这种政策组合的实施，其功能是要扩大消费需求。供给侧结构性减税与需求侧结构性财政政策相配合，压缩政府投资中的基建和行政支出比例，扩大教育、住房和人口再生产方面的财政支出，以扩大政府支出对转移增加居民收入和增强其消费需求的溢出效应。政府在实行上述休养生息经济政策时，会发生减少收入和扩大需求支出的两难，因此可以兼顾推出面向需求侧的财政与货币组合政策：开征房地产税，以抑制资金过度流向房地产，引导其流入实体经济，并且避免实体经济资金流向房地产领域；相机决策，扩大财政赤字和借债，加以平衡；实施结构性的货币政策，提高房贷利率，降低实体经济利率。

厘清和正确处理供给侧结构性改革与需求侧增加居民收入、扩大消费、化解过剩之间的关系。目前，国民经济的主要矛盾是居民大众收入水平相对低和国内有支付能力的消费需求不足，与快速技术进步和较强生产能力形成的生产过剩之间的不平衡。如果仅仅是供给侧方面去产能、降低成本（极有可能是减少员工数量以降低工资和"五险一金"）、提高劳动生产率（减少员工数量）等，那么结果并不能提高劳动者的工资等收入，使居民大众有支付能力的消费需求会更加不足，生产也会更加过剩。因此，以减税降费为代表的供给侧结构性改革，需要在增加就业和提高居民大众收入之间，特别是鼓励中小微企业、民营经济、非正规就业等发展之间，加以平衡。

客观地讲，大规模减税降费作为税式支出，将与居高不下的行政管理支出和日益增长的民生开支需要，形成收入和支出的两难。

从财政供养人员规模上看，1978年，事业和行政机关的人员为1 964万人，财政发放退休金的退休职工为137万人左右，行政事业非正式职工与总人口比为1∶46。但是，到了2015年，行政和事业单位人员规模为4 100万人左右，协编临编和合同工人员为1 500万人左右，财政支付的供养人员实际规模在5 600万人左右。也就是说，除了行政事业退休人员2 000多万人，国民财政供养的在职人员到2015年大幅度上升为25人供养1人。

2006年，国有行政事业单位等需要财政发放工资的就业人员为3 669万人，2020年为4 859万人，增加了1 190万人。其中，公务员和准公务员职工从1 258万人增加到了1 957万人。除去退休的，净增加699万人。除去科教文卫等公共服务领域职工，体制性剩余工作者主要分布在行政社会管理、执法、保安等领域，数量在5 000万人左右。形成冗员的原因是，轻提供服务，重社会管理，各领域对安防任务层层加码和行行扩大，工作一刀切，过度搞环保、拆违、城管、农管和保安，"创造工作和岗位"而增加不必要的员工。随着线上办公、电子网络等管理现代化的发展，我认为在这5 000万名正式和非正式的公共管理人员中，至少有2 500万人是体制性剩余劳动力要素。政府应当进行改革，使他们投入财富的创造，而不去消耗国力。

从中国目前的情况来看，政府开支规模过大，企业税负较重，特别是制造业的利润率低导致投资和制造业等相对收缩。而减税可以降低企业成本，对于刺激投资、增加就业、提高收入、扩大劳动者有支付能力的消费需求和平衡过剩，有一定的作用。综上分析，经过反复比较，我们还是要以国民经济的供给侧结构性改革为主，从减税降费着手和发力，就经济政策、结构转变、税制改革和对外经济开放等方面，提出针对性的解决方案，并加以实施，才有可能使消费需求不足、生产过剩和经济下行问题从大的格局上得到破解。与此同时，我们要有执政成本意识，注重财政支出绩效，控制和降低已经较高的国家治理成本，以减轻经济基础的沉重负担。比如，各级政府年度一般公共预算、社保基金预算、国有资本经营预算、其他基金预算等均向人大提交详细的报告，压缩其他会议时间，延长预算辩论时间。再如，除非涉及极其保密的预算，各级政府所有预算均公开发出，做到上网能查得到，书店能买得到，并接受民众的询问、质疑。还有如机构编制的设立和增减与财政预算联动，对于没有通过的预算，任何人不得违法增加财政供养机构和人员，避免冗费、冗员问题。

小　结

中国近45年的经济体制改革，既有转轨创新带来要素生产力和土地房屋财富价值的巨大释放、经济和社会日新月异的发展，也有新旧体制之间的胶着和博弈，有数不清的改革碰壁甚至失败的案例。这些既为经济学研究展现了波澜壮阔的转轨历程，也为从经济学视角解释中国过去和推演未来积累了丰富的经验。中国经济学理论和政策界也经历了不同发展阶段。比如：经济学的发展，特别是市场经济学相关知识的引进翻译、外出学习和教育普及；与中国实践相结合确定转轨方向，选择行动逻辑，谋划改革方案，进行试点推广；双轨制、渐进改革、北京共识、企业制度、所有权产权与经济运行关系、政府与市场、新结构主义等的提炼和总结。如果中国经济一帆风顺，还继续保持中高速增长，那么进入发达国家行列将是大概率事件。而从全球经济形势来看，进入21世纪以来，主要经济体国家人口增速下降和老龄化加剧，使世界经济增长速度逐步放缓。其中，第二个十年反经济全球化兴起和大国之间贸易摩擦不断，第三个十年交替时又先后暴发了新冠疫情和俄乌冲突，引发了全球经济的低迷和动荡。就中国未来经济的变化趋势看，在2035年前的发展阶段中，由于受前20年生育率的影响，就业劳动力年均增长率为−1.11%，资本年均增长率可能从2011—2021年的6.92%进一步下降到3%—5%，经济增长速度有可能降低到1.5%—2.5%。现在的问题是，中国未来14年能不能在低投入水平下重现经济奇迹，将经济增长速度尽可能地保持在5%—6%呢？

对此，发展仍然是第一要务。中国既要提高发展的质量，也要谋求经济中高速的增长速度，以创造更多的GDP。如何支撑和推动国民经济高速增长？从逻辑上看，一方面要推进供给侧结构性改革，不仅要减税清费降社保，通过改革降低融资、运输、能源和土地等成本使企业休养生息，还要推进农村宅地、耕地、林地和其他经营性用地产权改革，深化知识产权改革；另一方面，减少各方面管理和服务人员，降低制度性运行成本，比如运输行政和安全管理所有经费由财政全额拨款，废除收费和罚款与公务挂钩的潜规则，等等。

经济学既要说明过去，理性和准确地展现中国经济社会转型的艰辛努力，也要温故而知新，总结经验，探索规律，学以致用，比较、推演、展望和模拟未来。我们尤其需要推动经济学研究从"黑板经济学"向"真实世界经济学"转化，扎根社会实践，循其内在规律，用其推断未来，借其寻找潜能，依其谋求发展。在这里，李炜光教授和臧建文博士撰写的《大减税：大国税改与经济发展》一书，正是鉴于当前与未来经济下行的压力与风险，重新思考与梳理自2016年以来中国实施大规模减税政策的国内外背景、逻辑架构与实施效果，是经济学理论知识联系实践的一次有益尝试，能够为今后现代财政制度的建设与完善提供针对性的经验借鉴，从而推动中国经济社会的行稳致远与高质量发展。他们是大减税的积极参与者，其多年潜心研究的成果，亦可为对"大减税"感兴趣的读者提供参考。中国近45年改革开放给中国学者提供了深厚的经济学研究土壤，李炜光教授就是这一广袤土地上勤奋的耕耘者。这一著作的出版，会给中国财政学和公共政策研究增添新的著述，记录我们减税波澜壮阔的历史和学者们的深层次解析。因而，我很高兴和欣然地予以推荐。

周天勇

东北财经大学国民经济工程实验室主任

于北京大有北里

目　录

第2部分 美国减税研究

第3部分 减税降费探讨

前　言

减税，尤其是企业层面税费负担的降低，已然成为国内外的热点问题。各国政府纷纷出台惠商、利商政策，特别是为提升资本的投资回报率而降低本地区的税费负担，这在无形中上演了一场"逆水行舟，不进则退"的国际税制竞赛，而且在近些年呈现愈演愈烈之势。

其中，最为抢眼的，当属2017年底美国时任总统特朗普签署的《减税与就业法案》（Tax Cuts and Jobs Act），这是美国历史上最大规模的减税行动。这部法律主要通过大幅降低企业所得税税率、回归"属地"征收原则、投资支出全额计入当年税前扣除等税负减免措施，协力吸引海外资本回流美国本土。短短两年多时间，美国资本投资活跃，数百万就业岗位得以创造，企业信心指数持续走高，失业率保持历史性低水平，居民家庭平均工资收入大幅增加。

显然，美国联邦政府并不满足于此，自2019年至今，美国白宫经济政策团队一直在磋商并准备适时启动第二波减税计划，大概率的情形是以社会保险税为重点，减轻工薪阶层养老、医疗等方面的制度性负担，从而保持强劲消费的经济增长模式，实现企业扩大生产、职工工资增加、市场供求平衡的良性循环。

作为世界上人口数量最多的国家之一，印度在这一轮的全球税制竞赛中，并未等闲视之。早在美国参众两院博弈减税草案之际，2017年7月1日，莫迪启动了印度自独立以来最为彻底的税制改革，颁布了《2017年中央商品服务税法》（The Central Goods and Services Tax Act，2017）。该法律的实施，旨在大幅降低多数商品的税负，提升税制透明度，明确并统一中央与地方的税权配置，避免重复征税，畅通印度全国范围内经济要素的供应链条，促进市场一体化进程，为推进"一国一税"的既定目标打下坚实的基础。印度税改的故事，没有结束。2019年5月，莫迪执政团队又酝酿推出新的减税方案，最终在9月20日由印度总统公布新的税收法律，将企业所得税税率从30%降至22%。此举大幅降低了印度企业经营成本，提升了印度税收制度的国际竞争力，进而吸引跨国资本的大量涌入。

归类美国、印度等国家为吸引投资所采取的政策，包括降低税率、简化税制、放松管制等具体做法，我们不难发现，私人投资活力的迸发、经济的持续增长，来源于政治领导人的放权让利，取决于辖区政府的轻徭薄赋。简而言之，国民财富蛋糕的创造及划分，应更多地交由民间来支配、选择乃至监督，这不仅有来自财税学界越来越多的理论验证，而且世界范围内越来越丰富的财税史及当前实践也在见证这一朴素认知。

中国也不例外，希望凭借"抢跑"夺胜。2018年，全国两会审议通过的《政府工作报告》，标志着中国开始着手推进以税率调整为代表的普惠式减税，以"降成本"为代表的供给侧结构性改革及时跟进。在这场世界范围内的税改大比拼中，我国政府又陆续推出了各类旨在改善营商环境的法律法规，在整体经济增速长期放缓的大背景下，对缓解市场主体经营困难、保持外商投资稳定起到了相当大的作用。其中，降低制度性交易成本的减税降费措施主要包括三点。

第一，在增值税方面，突出表现为税率的连续下调。2018年5月1

日，我国制造业等行业增值税税率从17%降至16%，交通运输、建筑等行业及农产品增值税税率从11%降至10%。2019年4月1日，原适用16%的税率再降至13%，原适用11%的税率再降至9%，致力于减轻企业流转税负担，增加市场主体留利。

第二，在"五险一金"方面，不仅部分保险缴费比例大幅下降，而且缴费基数首次出现调整。2018年4月1日，我国养老保险单位缴费比例统一从20%降至19%。2019年4月20日，我国养老保险单位缴费比例再统一从19%降至16%。与此同时，与单位缴费比例共同构成企业社保负担的就业人员平均工资指标，加入城镇私营单位就业人员平均工资这一权重，以减少企业用工费用，缓解用工压力。

第三，在个人所得税方面，2018年10月1日，新修订的个人所得税法案开始实施，免征额从3 500元提高至5 000元，相应税率级距也进行调整，综合减轻了工薪阶层税负，增加了居民家庭可支配收入。此外，六项专项附加扣除以及次年汇算清缴程序的添加，也照顾到了个人所得税制度的公平性。

可以说，大减税的时代到来了，这为财税学界对真实世界的跟进与观察提供了一个窗口。自2015年下半年开始，连续三年，我们在武汉、大连、北京、天津、杭州、温州、西安等城市开展企业调研，与当地企业家及其财务负责人座谈，记录、汇总、研究企业经营过程中的涉税问题，及时了解企业税负变化情况，定期发布民企税负调查报告。

特别是在2016年底围绕"死亡税率"的大争论中，我们借鉴世界银行总税率测算指标，拟定适用中国的企业税负衡量方法，发现企业"税利率"与"毛利率"的变化规律，并提出以总量轻税为目标的减税降费方案，稳步推进税制结构从以企业间接税为主体到以居民家庭直接税为主体的转型，使我国税收逐步具备"内在稳定器"功能。

聚焦增值税专用发票这一主题，我们发现企业上下游所频繁触及的专用发票"失联"问题，加重了部分企业的合规运行成本，如任由其一再发生，将冲抵增值税减税的红利效果，甚至将引致较为普遍的企业违规风险。对此，我们根据增值税的一般税收属性，在逐步精简增值税税制的基础上，强调完善以增值税抵扣权为原则的税制改革思路，遵从抵扣实质主义而非发票的形式主义，尊重企业经营自由，尤其考虑废除"以票控税"，试行实际扣税，保护纳税人利益。

针对社会保险制度存在的改革困局，我们倡议"社保税费加速改革、社保央地合理划分、社保基金预算公开透明"三位一体的现代社保制度改革步骤，以较大幅度降低社保缴费比例、提高企业社保缴纳合规水平、改善社保服务的"性价比"、增强中央政府在社保收入与支出责任方面的统一性为具体落实措施。

我国现代税制的改革似乎没有完成，尤其是近两年的中美贸易摩擦以及新冠疫情的暴发，我国经济企稳回升的压力只增不减。为降低疫情对我国社会经济运行的负面影响，国务院及各级地方政府及时且有针对性地出台了"稳投资""稳外资"的税收利好政策，比如社会保险阶段性暂免以及住房公积金缓缴等举措，有力地降低了企业用工费用，减轻了资本制度性负担，起到了稳定经济预期的积极作用。

我们还注意到，各国对资本的竞争日趋激烈，产业链的转移规模和速度也是空前的，而我国地方政府减税降费难度较大，以降低制度性交易成本为主的财税体制改革的紧迫性正在凸显。

我们究竟何去何从，值得国人斟酌思量，但基本方向不能错过，即萨伊在《政治经济学概论》中所言的"最好的财政是尽量少花钱，最好的租税是最轻的租税"。

第1部分

▼▼▼

中国减税观察

01

民营企业生存发展与税负

　　长期以来，中国经济最有活力的部分是民营企业。民营企业立足私人产权，依托开放市场，践行契约自由，奉行责任原则。它们是产权主体、市场主体、契约主体和责任主体。能否保持民营企业的活力，决定着中国经济能否实现长远稳定的发展。

　　民间投资是稳增长、调结构、促就业的重要支撑力量。民营企业无论在净资产还是GDP贡献方面，抑或纳税额、就业人数方面，几乎都超越了国有企业，这充分显示了民营经济在市场经济中的优越性。

　　根据政府公布的数据，民营企业创造了60%左右的GDP、80%左右的社会就业，民间投资已占到全社会固定资产投资的60%以上。[①] 近年来，中国社会转型进程加快，但国民经济内部的一些深层次问题也日益浮现出来。随着经济增长下行，财政保收增收压力加大，一些地方政府征收"过头税"的问题和"乱集资、乱摊派、乱收费"的问题时有发生。虽然"营改增"取得了全面进展，但部分行业的企业实际税负增加了，妨碍了企业的生存发展。以上种种微观问题并没有在当下得到学界和政策界的认真讨论和切实解决。

　　在这种背景下，我们专门对民营企业生存发展及税负问题进行了实

----

① 《刘鹤出席2021中国国际数字经济博览会开幕式》，新华社，2021年9月6日。

地调研，在微观层面展示企业的真实境况，希望向社会传达民营企业的呼声，也希望决策者站在民营企业的角度来观察中国经济的现实。我们认为，这一视角对于中国经济和社会未来的转型和发展十分重要。

2015年10月至11月，我们选择中国东部、中部、西部和东北地区各一城市作为调查对象，实地调查了杭州、武汉、贵阳和大连的民营企业生存发展与税负问题，与近百位民营企业家举行了座谈。我们在每个城市各发放30份企业问卷，回收、汇总和分析了113份有效问卷。2016年10月，我们又在大连、宁波、成都、武汉和贵州对另一些民营企业做了补充调研，发现企业税费负担方面的情况总体上并没有改善。

企业问卷主要涵盖了企业税收负担、企业家对税负的感受、税收程序和税费政策四个主要方面，并辅之以其他相关调研内容，比如社会保障费及其他企业负担。具体而言，在企业税收负担方面，调研内容主要包括涉税项目、纳税总额、涉费项目以及"五险一金"人力成本支出。在企业家对税负的感受方面，重点调研内容包括近三年的税负感知、税收占净利比重、税收占收入比重。在税收程序和税费政策方面，重点调研内容包括缴税程序是否合理、税收优惠政策是否落实、税务纠纷如何解决。辅助调查内容主要包括当地残保金征收政策、本单位残疾人就业人数、代征收单位与本单位的征纳关系，同时包括教育费附加、堤防维护费、价格平抑基金等费用缴纳情况。

在113份有效问卷中，杭州问卷有28份，武汉问卷有25份，贵阳问卷有30份，大连问卷有30份。样本企业分布在12个行业中，能够较为全面地反映出整个市场所面临的税负情况。2015年底，对于处于第二、三产业的企业来说，增值税和营业税是主要税种，分别有73家和26家企业以这两种税为最多纳税额的税种。由于营业税属于地方性收入，而增值税收入在中央和地方之间的分配比例为3:1，所以随着"营改增"的全面展开，征税部门内部的工作内容可能会有较大调整，中央和地方之间的财权划分矛盾有可能进一步加剧。

另外，以企业所得税、与土地使用及房产相关的税和个人所得税为最多缴纳税种的企业，分别有5家、6家和3家，这些企业主要是个体企业或者微型企业。企业家认为，最不合理的两项税分别是企业所得税和与土地使用及房产相关的税。但这两项税并不是企业家缴纳数额最多的税，证明这两项税在征收过程中给企业家和企业带来了较大的困扰。企业家表示，企业已经依法足额缴纳了增值税或营业税，这两项税本应用于公共支出或建设。但实际上，企业除此之外还要缴纳城建税、教育费附加等公共支出税费。企业已经通过营业税或增值税尽到了支持公用事业的责任，剩余部分理应归企业家所有。

此外，认为增值税和营业税不合理的企业也不少。但是，相对于增值税，认为营业税不合理的企业家人数更多，这表现出"营改增"在企业层面理应是一个利好，但是现行"营改增"改革并没有给企业带来实质性的减负作用。

企业认为税负不合理的原因依次是征税程序不规范（46家）、税制设计不合理（35家）、税率太高（29家）以及税收不容易转嫁（3家）。在以上几个原因中，被选择频次较高的是征税程序不规范和税制设计不合理，相比之下，税率太高并不是最主要的。这表明企业家对税负不合理的判断不仅仅停留在直观层面。对于能够存活下来的企业来说，税负可能并没有对企业生存产生致命影响，但是税制设计和对征税程序的遵守可能带给企业更多的负面影响。

"营改增"的真实效果

"营改增"不仅仅是中央和地方之间税收分配关系的重大变化，对企业的经营也有显著的影响。从理论上讲，"营改增"会降低企业的税负，原因是"营改增"只在增值环节征收，而企业进项税的抵扣可以增加议价能力。但实际上，"营改增"的效果并非完全如此。

根据本次调研，样本企业中有57家企业先后经历了"营改增"的过程，其中36家企业（63.2%）反映税负提高了，12家企业（21.1%）反映税负减轻了，9家企业（15.8%）反映税负不变。由于我们只是对几个城市进行了调研，我们的调研结果与国家税务总局公布的数据有所差异。根据国家税务总局公布的数据，我国全面实施"营改增"以来，减税企业比例高达78.7%，增税企业仅为1.3%。[①]

在我们的调研中，反映税负提高的36家企业所在行业是房地产（13家）、医药（9家）、金融（3家）、农产品加工（9家）以及住宿和餐饮（2家）。反映税负减轻的12家企业所在的行业是运输仓储（2家）、文化体育和娱乐（2家）、批发和零售（6家）以及住宿和餐饮（2家）。反映税负不变的9家企业所在行业是房地产（1家）、文化体育和娱乐（1家）、批发和零售（4家）、农产品加工（2家）以及住宿和餐饮（1家）。

接受调研的房地产企业一共有14家，其中13家企业认为"营改增"导致税负增加，占92.9%，仅有1家企业认为税负没有变化。此外，医药行业和农产品加工行业分别有9家企业的税负增加。这说明房地产行业、医药行业和农产品加工行业很可能难以实现"营改增"税负"只减不增"的初衷和承诺。

为什么理论上能够减税的税制征收变化却带来了与预期相反的结果？这和实际的税收操作是相关的。税收增加主要来源于两个方面：一是税率的提高（从3%或5%提高到11%或17%），主要表现为房地产行业实际税负的增加；二是取决于供应商的情况，供应商如果是营业税纳税人、小规模纳税人，就不容易提供专业发票，主要表现为农产品加工行业和金融行业的实际税负增加。

除以上原因外，实际税负的变化还受产业链条的影响。如果某些行

---

① 胡怡建：《全面实施"营改增"的效应》，国家税务总局，2016年10月17日。

业不容易向下游转嫁税负，像房地产行业这样最终增加值大幅增加，或者流转税影响了商品最后的需求，那么这些都会造成某些行业的企业实际承受的税负增加。而且，税务部门由于担心税收的降低，在征收率上也偏向于以5%为基准。

从税负减轻的行业来看，税负得到减轻或没有加重的行业集中在运输仓储、住宿和餐饮、批发和零售以及文化和娱乐行业。以批发和零售行业为例，虽然利润率比较低，但是营业额比较大，具有该种特征的行业的确是减少了税负负担。

增值税的征税链条是环环相扣的，各个企业会自行监督上下游企业的缴税情况。在税负严重的情况下，企业"避税"的激励是强有力的，而增值税使得该项激励落空。如果政策制定者没有考虑到这一因素，那么在假定企业不避税的情况下推演政策的最终结果显然是不科学的。

因此，税收政策的研究者和制定者必须从税收的微观环节推演整个政策的制定和影响，否则会带来南辕北辙的效果。

企业家的主观税负感受

从本质上说，税负应当是逆周期的，在经济下行阶段，政府通过减税来帮助企业渡过难关是符合整体经济利益的。"营改增"的目的是避免重复征税并降低企业负担，但该项改革还有可以改进之处，因为从实际效果来看，一些不利于企业生存发展的因素仍然存在。

既然大多数企业家认为企业税负过重，那么企业家能接受什么范围的税负便是十分重要的，也是政策制定者需要重点参考的一个参数。为此，在问卷调查及访谈中，我们请那些认为税负过重的企业家回答他们心目中合适的税负应该占到其企业营业额的比重。结果，40%的企业认为税负应该占到企业营业额的10%以下，56%的企业认为税负应该占到企业营业额的10%—20%。

　　对于一个以投资和出口为主的经济体来说，20%以上的税负是一个比较重的负担。除新兴行业以及金融等领域外，大部分企业的利润率不到10%。减税或者全面推行低税模式直接关乎企业的生存。

　　问题的另外一面是，高税负的归宿必然要在企业和消费者之间分割，尤其是在对多数商品适用价内税的情况下，消费者最终面临的市场价格是偏高的，这个偏高的价格也抑制了消费者的消费，即影响消费者对商品的需求。高额的税费会在正反两个方面给企业造成直接和间接的负面影响。从这个角度来看，低税率的单一税制可能在两个方面减轻企业的税负，有利于企业保持或者恢复活力，而且不一定会造成政府税收的减少，这一点还没有受到决策者和相关学者的重视。

　　税负的一端是税费的征收，另一端是税费的使用。与政府提供的公共服务水平和法律保障相比，假设企业根据公共服务水平自愿纳税，那么自愿纳税额所占营业收入的比例是衡量税收使用效率的一个主观指标。

　　当问及"与政府目前为企业所提供的公共服务和法律保障相比，假设没有强制力，您自愿拿出企业营业收入的多大比例作为税收"时，有71%的企业家认为目前政府提供的公共服务水平对应于低于10%的税负。而当问及"企业家认为的合适的税率范围"时，有60%的企业家自愿承担高于10%的税负。这两个数据的对比证明，企业家认为自己承担的税负并没有较充分地应用于公共物品的提供。

　　企业家对税收提供公共物品效率的低评价是重要的。企业家如果认为自己缴纳的税费严重高于公共物品的提供，那么他们对"偷漏税"便没有道义上的约束感，征税者也会采取更严厉的征税举措，从而形成"偷漏税—严征管—更严重的偷漏税"的循环。

　　除了税收外，社保费用也具有税收的性质。社保费用占用工总成本的比例严重影响企业的经营成本。在调研样本中，社保费用占用工总成本的比例超过30%的企业有近四成。虽然不同企业的用工情况不同，但是过高的社保费用一方面反映了企业的用工成本过大，另一方面反映了社会保障水平与收取的社保费用不够匹配。

当问及"本企业是否需要向当地税务部门的人员支付业务往来之外的费用"时，一部分企业还需要向税务部门支付"非正常费用"，其比例为44%。由于涉及问题的敏感性，我们无法通过调查了解支付"非正常费用"的渠道和规模，但是超过40%的企业需要花时间和成本在一些非正常交往中。

案例调查反映的税负问题

除了问卷调查外，我们还通过座谈和走访、面谈的方式进行了案例研究。民营企业家反映的问题有八点。

第一，偏重纳税人义务，漠视纳税人权利。中国还没有一部税收基本法，只有《中华人民共和国税收征收管理法》。18个税种中只有3个税种是以法律形式规定的，这三部税法为《中华人民共和国个人所得税法》《中华人民共和国企业所得税法》《中华人民共和国车船税法》，其他税种均以行政法规或者部门条例规定。

第二，重复计征和税种负担较重问题并存。现有的重要税种其实是在针对同一税源重复征税，而且税率偏高，税负偏重。首先，企业必须对其创造的增值部分支付增值税。如果企业缺乏进项抵扣或者不能获得进项抵扣发票，那么企业就是在为其上游企业已经付税的进项重复纳税。其次，政府对企业所得征收25%的企业所得税。未分配利润转增资本（股本）视同分红，个人要缴纳个人所得税。接下来，如果税后利润转化为企业家个人收入，那么企业家还需要缴纳占个人所得红利20%的个人所得税。如果企业家拿着所得红利去购置住房，那么企业家还得支付种种税费。这里，政府对"增值""企业所得""个人所得""购房"计征的税收，其实针对的是同一收入来源。这种"多重征税"导致企业未分配利润或资本公积剩余很多。

第三，发票控税制约部分企业发展并增加其税负。从计算原理来看，如果政府仅就增值的差价部分征税，那么增值税得以成立的前提是可以抵扣，也就是抵扣权优先。只要企业真实地购进了商品和服务，其中所包含的增值税就应该予以抵扣。可是，自增值税实施以来，企业一直是将增值税专用发票作为抵扣权前提的。也就是说，只有取得增值税专用发票，企业才能抵扣增值税的进项税额。可实际上，很多业务无法或者难以取得增值税专用发票。对于员工工资，劳动密集型产业、研发类产业会大大提高税负；对于贷款利息，资金密集型产业也会加大税负；对于初级资源产品，比如煤、砂石，由于其在取得矿权时所支付的款项是没有含税的，自然就没有抵扣，企业在采购这类产品时取得增值税专用发票就非常困难。另外，并不是所有的企业都可以对外开具增值税专用发票，比如小微企业、个人。

第四，社保费用、水利建设金等负担较重。参加座谈的民营企业对社保负担怨言较多。依照《中华人民共和国社会保险法》规定，凡企业雇用员工，均需要为员工缴纳"五险一金"。"五险一金"已日益成为企业发展的一大负担。

第五，民营企业的税收与国有企业待遇不平等。作为投资人，国有企业和民营企业存在很大的不平等。国有企业的最终投资者是代表政府管理国有资产的各级国资委或其他国资管理部门，因此在各级国有企业经营活动形成的利润以及利润分配中，只涉及25%的企业所得税，而民营企业最终的投资人必然是自然人。因此，在民营企业家投资企业的经营活动中，企业作为法人实体形成的利润首先要按25%的税率缴纳企业所得税，而缴纳了企业所得税以后的利润无论是用于再投资还是分配，还需缴纳20%的个人所得税。所以，企业家最终获取的利润实际需要承担40%的税负。

第六，税收管理权、自由裁量权、检查权模糊。在税务机关的权力中，最模糊的是管理权。在旧有的征管模式中，有一个"专管员"概念，这是一种源自家长式管理思想的征管模式。"专管员"会经常对所管辖的企业看账、了解税源情况。由于每个人所管辖的企业不多，"专管员"一般可以做到心中有数。可随着市场经济的发展，企业的数量呈几何倍数增长，每天都有很多公司成立，也有很多公司注销，"专管员"的管户规模最多达到上千户。显然，传统的管理员制度已经无法适应新情况。决策层也在强调取消管理制度，可是仍然有一些原因导致"专管员"至今若有若无。在需要加强征税时，"专管员"便又会出现，而且征税机关拥有自由裁量权和检查权，这些不明确的权力使得企业完全处在税收的被动地位。

第七，地区行政垄断部门扰动企业正常经营。贵州、武汉、大连的一些企业反映，不论是来自税务部门，还是来自公安、消防、环保、安监、文化等公共部门，哪怕是自来水、供电公司等垄断行业，都存在通过检查企业是否合规经营而捞取好处的问题。但是，这个问题近几年有所减轻。

第八，部分制造业企业"三角债"严重，遭遇"抽贷"问题。一些企业因为"三角债"问题亏损严重，但是必须足额缴纳税款，难以负担。

诸多围绕着税负的问题，形成了绑在企业身上的一条条绳索，最终使得企业的经营充满障碍，这些障碍在企业遭遇经济下行或遇到经营问题时成为直接的致命问题。

税制改革和税收政策调整的建议

与通行的税制原则相适应，针对调研中发现的民营企业税负问题，我们特提出三条有关税制改革和税收政策调整的宏观建议。

第一，通过推动税收法定落实纳税人权利。按照2015年3月颁布的

《中华人民共和国立法法》修改案，对"税种的设立、税率的确定和税收征收管理等税收基本制度"只能确立法律，这是对十八届三中全会《中共中央关于全面深化改革若干重大问题的决定》（以下简称《决定》）中"税收法定"承诺的进一步确认。按照深化财税体制改革时间表，"2016年基本完成深化财税体制改革的重点工作和任务，2020年各项改革基本到位，现代财税体制基本建立"，其中的"税收法定"原则应落实到位，相关配套改革需要依法展开。《决定》指出："加强人大常委会同人大代表的联系，充分发挥代表作用。通过建立健全代表联络机构、网络平台等形式密切代表同人民群众联系。完善人大工作机制，通过座谈、听证、评估、公布法律草案等扩大公民有序参与立法途径，通过询问、质询、特定问题调查、备案审查等积极回应社会关切。"在税收法定原则下，落实在现代财税体制改革路径中，离不开人大代表产生民主化、人大代表审议专职化、人大代表表决实质化等。我们应围绕市场在资源配置中的决定性作用，切实约束各级地方政府的征税权，构建轻税、高效政府，提供有质量公共服务，保障市场竞争运行的规则与法则，厘清政府边界，让利于民，继续扎实推进分税制改革的未竟之路，构建围绕省市各级政府拥有相对独立财源的主体，完善央地关系。这是面对并解决当前投资、出口、消费等诸多经济困局的长远考量。

第二，适时制定税收基本法。税收基本法应把各个单行税法的共同性问题和一些不宜由单行税法规定而在宪法中又没有具体说明的问题进行一个集中的概括说明。这是宪法和单行税法之间的桥梁，有利于改变宪法和单行税法脱节的现状。税收基本法应包括税法指导思想、适用范围、基本原则、税收管理体制、税收管辖权、税务主管机关、纳税人、税收征管、税收监察、法律责任等内容。税收基本法在出台后可以替代现行《中华人民共和国税收征收管理法》。

第三，轻税结构应成为财政改革目标。我们应该承认，无论是包括"四本账"预算在内的财税收入总量，还是包括增值税、企业所得税、个人所得税在内的税种税率，在国际对比中，中国的税负都是偏重的。因此，我们应该树立一以贯之的轻税观念，在税率上做减法，在税种上做删除，在建立轻税机制上下功夫，而非围绕结构性减税政策打转。轻税模式最能激活民营企业的经济活力，可以为企业创新、创业提供正向激励，最终推动国民经济持续稳健发展。

02

社保减负中的权利及成本考量

自2019年5月1日起，《降低社会保险费率综合方案》中的诸多"社保惠商"措施正式实施。其中，比较明显的是各地养老保险单位缴费比例下调3%—16%，这一举措进一步降低企业养老保险负担，有效减轻企业所配套的社保成本。此外，在"就业人员平均工资"的确定上，各地加入了处于较低水平的"私营单位就业人员平均工资"一项，拉低了社保的"缴费基数"，以期实现企业及职工社保负担的综合减轻的既定目标。

这不由让我们想起2015年底中央实施的以"三去一降一补"为代表的供给侧结构性改革，尽管社会保险缴费比例实现了阶段性降低，但是企业及职工的社会保险缴纳遵从度难有提高。依据《中国企业社保白皮书》，一个比较突出的问题持续存在：2018年，中国企业社会保险缴费基数合规比例仅为27.05%；近年来，中国企业社会保险缴费基数合规比例均不足30%。

对此，我们不禁要问，为何企业社保缴费基数合规比例如此之低，难道其原因仅仅是企业所承担的社会保险成本较高？近年来，中央及地方政府作为社会保险征收、投资、支出的受托方，难道其社会保险综合成本降幅效果不彰？职工参保人作为社会保险制度的直接受益者，为何对社会保险的缴纳积极性不高？

归根结底，社会保险是公民个人为保障自身的社会保险权，因面临年老、疾病、失业等风险时获得免于匮乏的待遇而支出的相应成本，比如企业及职工缴纳的养老、医疗、失业等保险。依照国际通行惯例，社会保险的征收数额以职工工资为缴费基数，依据社会保险预期的支出总额，由社会保险缴纳者指定的代理人（议会或政府）来确定相应的缴费比例。从这个方面来说，社会保险具有较为明显的税收性质（取之于民，用之于民），具有较强的针对性返还性质，并体现了多缴多得的制度激励性。

在中国社会保险的缴纳过程中，企业为职工承担着代扣代缴及配套缴纳的双重义务，而社会保险征缴部门，无论是既往的各级人力资源与社会保障部门，还是当前正在过渡的各级税务部门（税务部门仅为代征部门），均是接受社会保险缴纳者委托，及时、足额将社会保险支付给参保受益人。

由此，基于公民个人构建的社会保险制度，涉及企业、职工、政府三方。在中国社会保险制度的现实运行中，各方均面临较为突出的问题：部分地方政府养老、医疗保险收支不抵，部分地方职工医疗及养老等社保待遇兑现不充分、不及时，部分企业社会保险负担居高不下。这些皆为当前社会保险制度的顽疾，亟待治理与完善。

首先，制度改革的关键在于，理顺制度相关方权利和义务的关系。社会保险构建的初衷是以公民个人的社会保险权为核心的。因此，我们需要充分调动、发挥公民个人缴纳社会保险的积极性，保障包括"发声"在内的公民社保权利，监督政府在社保基金的征收、投资、支出等各环节的运作，规范企业的社保遵从行为，提升社保制度的公平性，实现社保"委托—代理"关系中所涉及的职工、企业、政府利益诉求的平衡。公民个人社会保险缴纳积极性的提升，又关系到其自身社会保险权利的实现及保障。

其次，社会保险缴纳遵从度的切实提升，不应仅仅依赖法律及其征收执行部门的强制性、权威性，而应取决于社会保险制度这一公共产品"性价比"的改善，比如社会保险的跨区域携带的便利性，养老保险的替代率水平提升，以及医疗保险的报销比例稳固提高，尤其是异地医疗保险的通用。

再次，制度状况的改良，离不开央地财政收支关系的调整及划拨，也离不开各级地方政府所确定的社会保险缴费比例及其待遇的协调一致。这些均取决于社会保险参保人及其代表人对社保基金预算的监督、审议。作为社保基金的委托人，参保人享有对社会保险缴费比例确定的监督审议权，有利于实践中共十八届三中全会有关"税收法定"的真正含义。

最后，职工在自身社会保险权利及利益保障下，可以使企业在扮演社保扣缴及配套缴纳双重义务人角色时足额、足员缴纳社会保险。职工社会保险缴纳意识增强，企业社会保险缴纳遵从度提升，与此同时，不同企业的社会保险缴纳负担实现公平。可以说，无论是中央调剂基金的设立，还是社会保险划归税务部门统一征管，对于社会保险制度中政府、企业、职工所面临的棘手问题，似乎是治标之策，而非治本之道。也无怪乎仅有不足三成的企业缴费基数合规，而作为社会保险制度设计核心的职工参保人，对所谓的企业侵犯职工利益现象也多见怪不怪。长此以往，法律往往因缺乏执行力而流于形式，不利于法治社会的构建。

综上所述，企业社会保险缴费基数合规性问题，尽管表现方式是成本较重（尤其是劳动力成本较高）和制度性交易成本加剧，但是内在制度关系中所涉及的企业、职工及政府三方的博弈，发挥着更为关键的作用。

对于社会保险缴费基数合规性问题的解决，我们不应仅仅寄希望于加强所谓社保征管的强制性，而应从理顺社会保险相关利益方的角色及其定位做起，构建社会保险权利及其成本的制约平衡机制，从而实现公民社会保险权利的保障、政府社会保险公共产品性价比的提升，以及企业作为扣缴义务人责任的充分履行，并为制度性交易成本的进一步下降、社会民生安全网的进一步加强提供较为充足、可行的现实条件。

03

国有资本充实社保基金可否缓解社保基金收支可持续问题

一直以来，在制度性成本中，涉及用工费用的"五险一金"会造成企业及职工的负担过重，挤压企业利润及职工收入，侵害市场投资及私人消费，引起社会各界广泛关注。一时间，降低"五险一金"缴费比例的呼声不断。与此同时，作为"五险一金"重要组成的养老金"赤字亏空"话题，也引起政府、居民等利益攸关方的担忧。

阶段性降低"五险一金"的缴费比例，势必影响社保基金的预期收入，本已收支紧张的社保基金的缺口可能增大，财政负担可能进一步加重。针对社保基金收支可持续性问题的解决，学界纷纷呼吁用国有资本充实以养老金为代表的社保基金，以保障社会保险安全网的稳定。

社保基金运行状况到底如何？社保征缴收入可否与基金支出实现平衡？养老金"赤字亏空"的具体状况是什么？国有资本收益充实养老金等社保基金这一决策的可行性怎样？我们围绕这些问题进行试探性思考。

社保基金实际收支如何

在社保基金历年总收入与总支出中，我们可以看到，2009—2019

年，我国社保基金预算收支历年均有结余，且累计结余呈上涨趋势，如图1-1所示。

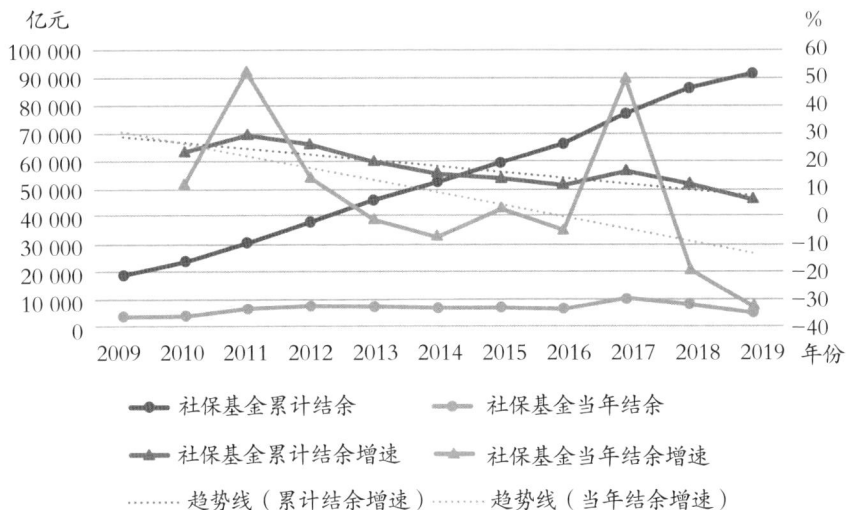

图1-1 2009—2019年我国社保基金当年结余及累计结余

数据来源：国家统计局及财政年度预算、决算报告。

但是，无论是社保基金当年结余还是累计结余，其增速都在不断下降。其中，之所以社保基金累计结余上涨趋势放缓，可能的原因有两个：一是社保基金支出不断上涨，且增速不减；二是社会保险费收入的增长呈现放缓趋势。

因此，财政补贴收入作为社保基金缺口（社会保险支出与社会保险费收入的差值）的重要补充，暂时得以维系社保基金的当年结余及累计结余出现正值。

如果我们剔除社保基金收入中的财政补贴一项，仅查看当年社会保险费收入与当年社会保险支出，那么我国社会保险收支的实际情况便有所不同，如图1-2所示。

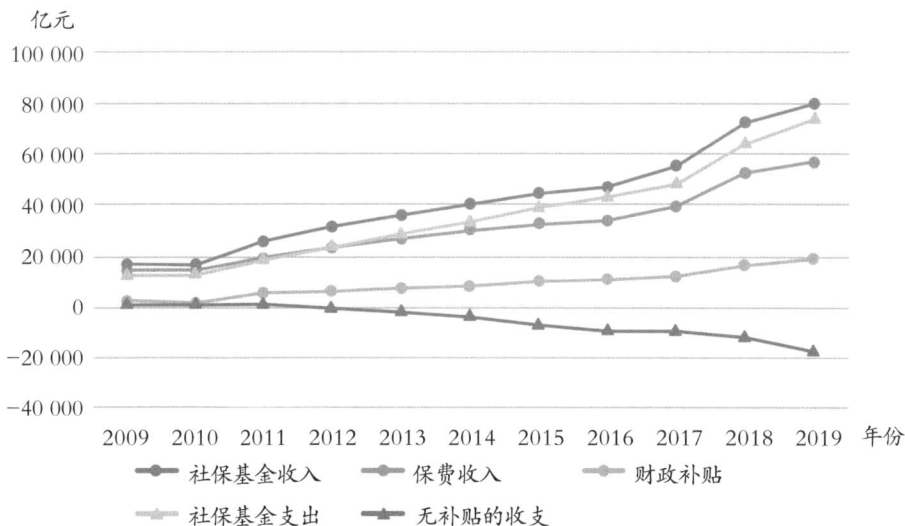

图1-2　2009—2019年社保基金收入与支出对比

数据来源：国家统计局。

但是，扣除财政补贴的社会保险实际收支余额在2009年后一路下滑，到2012年出现负数，并在2013—2019年呈现快速下降趋势。根据2019年财政预算报告，若扣除财政补贴收入，当年社保基金实际收支缺口将到达1.7万亿元，而这将由涵盖地方政府及中央政府在内的一般公共预算承担。

赤字原因分析——以2014年为例

尽管社会保险收支历年皆有结余，但是在扣除财政补贴后，我们可以观察到，社会保险当年收支缺口较大，各级政府的财政压力不可小觑。我们选择2014年的社保基金决算收支作为案例，以窥测具体是哪一类险种的收支运行加重了社会保险收支缺口。

2014年，全国社保基金收支决算情况显示，在7个险种中，吸纳财政补贴金额前两位的是"城乡居民基本医疗保险基金"和"企业职工基本养老保险基金", 一共占总财政补贴近80%（见表1-1）。

表1-1　2014年我国社保基金收支决算情况

项目（保险）	合计（亿元）	企业职工基本养老保险基金（亿元）	城乡居民基本养老保险基金（亿元）	职工基本医疗保险基金（亿元）	城乡居民基本医疗保险基金（亿元）	工伤保险基金（亿元）	失业保险基金（亿元）	生育保险基金（亿元）
一、收入	40 439	23 273	2 343	7 854	4 477	671	1 380	439
其中：								
1. 养老保费	19 408	18 726	682					
2. 医疗保费	8 307			7 464	843			
3. 工伤保费	623					623		
4. 失业保费	1 285						1 285	
5. 生育保费	415						0	415
6. 财政补贴	8 447	3 269	1 524	70	3 562	18	0	5
7. 利息	1 295	804	87	227	55	25	86	11
二、支出	33 681	19 797	1 593	6 532	4 243	538	615	363
其中：								
1. 养老支出	20 582	19 045	1 537					
2. 医疗支出	10 498			6 422	4 075			
3. 工伤支出	527					527		
4. 失业支出	233						233	
5. 生育支出	355							355
三、本年结余	6 758	3 476	750	1 323	234	134	765	76
四、滚存结余	51 635	30 376	3 854	9 183	2 086	1 107	4 453	577
（无补贴）收支	-2 156	-319	-855	1 042	-3 232	96	1 052	60

数据来源：根据财政部数据整理。

如果没有财政补贴，那么我们可以发现，"城乡居民基本医疗保险基金"的亏损最大，约为3 232亿元，"城乡居民基本养老保险基金"的亏损为855亿元，"企业职工基本养老保险基金"的亏损为319亿元。这些亏损是造成财政补贴压力增大的主要原因，也是社会各界担忧的缘由。但是，考虑到当前企业与职工的社会保险负担已然过重，企业与职工贡献的社保基金收入占绝大部分，"企业职工基本养老保险基金""职工基本医疗保险基金""失业保险基金"等的赤字率亟待降低。

"国有资产充实社保基金"的方案，肇因于1998年国有企业改革而形成至今的"现收现付"制度。由于计划经济时期占绝大部分的公有制企业实行重积累、轻消费的分配模式，职工社会保险分配份额较低，甚至部分国有企业在运营过程中没有为职工缴纳社会保险。但是，在国有企业改制后，公有制退休职工如期享受领取养老金及医疗保障等待遇，而这一成本将由改制后的全体社会尤其当前企业及在职职工共同负担，所以被学界称为国有企业转制成本。

因此，由转制后的国有资本来"反哺"日渐亏空的养老金等社保基金，似乎也就顺理成章。但是，国有企业的经营状况究竟如何？国有资本能否负担起这一历史当然责任？这将决定国有资本充实社保基金方案的现实可行性。

国有企业运行实际状况

考虑到国有资本经营预算收入将作为弥补社保基金收入中的财政补贴，我们可以将国有净资产充实社保基金，并将每年产生的净资产收益作为弥补社保基金进一步亏空的保障。

但是，国有企业的经营绩效并不乐观，特别是在2010年之后，净资产收益率从10%跌到4%，呈现下降趋势；而同期国有资本经营预算的主要构成国有资本收益，仅从421亿元增长到2 900亿元，在规模上远不足替代同期财政补贴支出。与此同时，2008—2018年，在资产负债率方面，国有企业保持在60%以上，且从60%增长到65%；在销售利润率方面，国有企业仅保持在6%左右（见表1-2）。

表1-2 2008—2018年国有企业经营状况及国有资本预算收入情况

年份	2008	2009	2010	2011	2012	2013	2014	2015	2016	2017	2018
营业总收入（亿元）	210 502	225 087	303 254	367 855	423 770	464 749	480 636	454 704	458 978	522 015	587 501
实现利润（亿元）	11 844	13 392	19 871	22 557	21 960	24 051	24 765	23 028	23 157	28 986	33 878
资产（亿元）	416 219	514 137	640 214	759 082	894 890	911 039	1021 188	1 192 049	1 317 174	1 517 115	1 787 483
负债总额（亿元）	250 008	315 417	406 043	486 091	575 135	593 167	665 558	790 671	870 377	997 157	1 156 475
所有者权益（亿元）	136 132	163 320	194 810	304 822	372 197	317 872	355 629	401 378	446 797	519 958	631 008
国有资本预算收入（亿元）	444	989	421	559	971	1 651	2 023	2 560	2 580	2 579	2 900
净资产收益率（%）	9	8	10	7	6	8	7	6	5	6	4
销售利润率（%）	6	6	7	6	5	5	5	5	5	6	6
资产负债率（%）	60	61	63	64	64	65	65	66	66	66	65

数据来源：财政部及历年《中国财政年鉴》。

结 语

依照中共十八届三中全会改革决定中的承诺，划拨国有企业利润的三成，以充实社保基金。假设这一划拨完成，那么社保基金收支状况是否有所改观？

根据表1-3，在出现社保基金赤字亏空的2012—2016年，划拨国企利润的三成确实可以实现社会保险赤字的弥补。也就是说，2012—2016年，国有企业利润的三成均大于同期社保基金的实际收支规模。

但是，随着老龄化社会的加速到来，我国养老及医疗保险支出将快速上涨。同时，年轻劳动力供应下降，将导致养老、医疗保险中运行较为良好的 "企业职工基本养老保险基金""职工基本医疗保险基金""失业保险基金"等也可能出现不断扩大的赤字规模。因此，社保基金收支缺口依然很大，财政补贴的压力将有增无减。

另外，值得注意的是，国有企业的净资产收益率不断下降，每年可供补充的国有企业利润将显得极为有限并日趋紧张。以国有企业的净资产或当年利润充实社保基金，在短期内或许可行，并且有利于弥补当年由于国企自身转制所造成的社会养老及医疗负担，但是长期内，社会保险收支依然难以避免较大的亏空风险。

表1-3 2008—2018年国有企业利润及净资产与社保基金运行情况

年份	2008	2009	2010	2011	2012	2013	2014	2015	2016	2017	2018
国有资本预算收入（亿元）	444	989	421	559	971	1 651	2 023	2 560	2 295	2 579	2 900
国有企业实现利润（亿元）	11 844	13 392	19 871	22 557	21 960	24 051	24 765	23 028	23 158	28 986	33 878
国有企业所有者权益（亿元）	136 132	163 320	194 810	304 822	372 197	317 872	355 629	401 378	446 797	240 071	631 008
国有资本收入×30%（亿元）	133	297	126	168	291	495	607	768	688	774	870
国有企业利润×30%（亿元）	3 553	4 018	5 961	6 767	6 588	7 215	7 430	6 908	6 947	8 696	10 163
无补贴的社保收支（亿元）	1 708	1 789	1 300	679	−234	−1 722	−3 642	−6 838	−9 170	−9 388	−12 043

数据来源：财政部及历年《中国财政年鉴》。

04

社保基金决算分析

    近期，有研究机构就中国养老金未来收支做出测算：当企业养老保险缴费率为16%时，2028年我国企业职工养老保险基金将收支不抵，2035年企业职工养老保险基金的累计结余将消耗殆尽。

    这一预测结果，导致舆论哗然，甚至引起不少企业职工担忧。鉴往知来，或许通过既往的社会保险收支状况，我们可以更好地跟进社保中各类险种的变动趋势，并据此发现其中的问题，进而提供较有针对性的解决方案。

企业职工基本养老保险

    企业职工基本养老保险，作为我国养老保险制度的最重要构成，其收支运转的状况不仅关系到数亿在职就业人员的切身利益，也影响着每个企业的制度性费用。

1. 入不敷出早已开始

    我国社保基金中的企业职工基本养老保险基金收支，包含财政补贴收入、上级转移等多项细目，并不反映养老保险基金自身收支状况。因此，我们需要剔除财政补贴收入来了解其运行的真实情况。

在养老保险基金收支数额方面，同期养老保险基金收入与养老保险基金支出变化趋势较为明显，尤其是2010—2013年，基本养老保险基金收入略大于基本养老保险基金支出，且这一差距在2011—2013年不断缩小，直到2014年，同年养老保险基金支出首次超过基本养老保险基金收入，且2015—2016年，这一差距呈现不断拉大态势（见图1-3）。

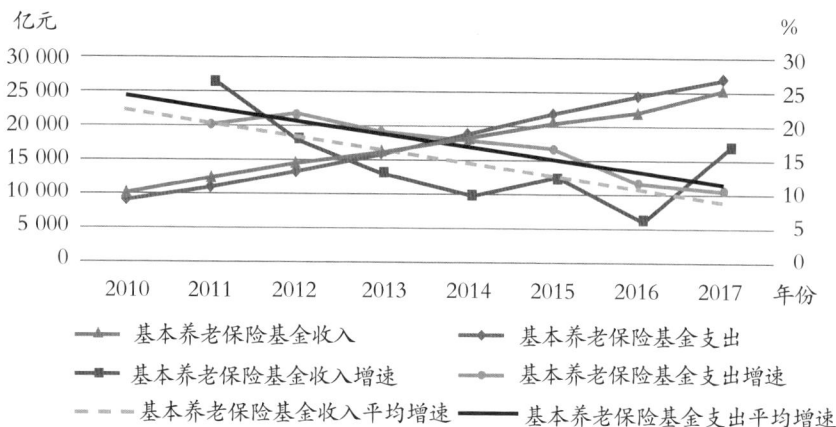

图1-3　2010—2017年企业职工基本养老保险基金收支及其增速

数据来源：根据财政部2010—2017年全国社保基金决算报告整理。

在养老保险费收支增速方面，尽管养老保险基金收入与养老保险基金支出的增速均呈现下滑趋势，但是就平均增速而言，养老保险基金支出远高于养老保险基金收入。这意味着养老保险基金收支差距将由此扩大，而收支不抵的部分也将由日益扩大的财政补贴来填补。

2. 财政补贴压力逐年加大

在企业职工基本养老保险基金收入中，财政补贴收入在2010—2017年上涨明显，与此相比，同期本年收支结余波动较大，且上涨趋势明显低于同期财政补贴收入（见图1-4）。特别是在2014年后，财政补贴收入超过同期本年收支结余。这就意味着，如果没有财政补贴收入作为企业职工基本养老保险的收入来源，那么当年企业职工基本养老保险基金将

入不敷出。也就是说，中央及地方各级公共财政的养老保险支出压力在
逐年增加。

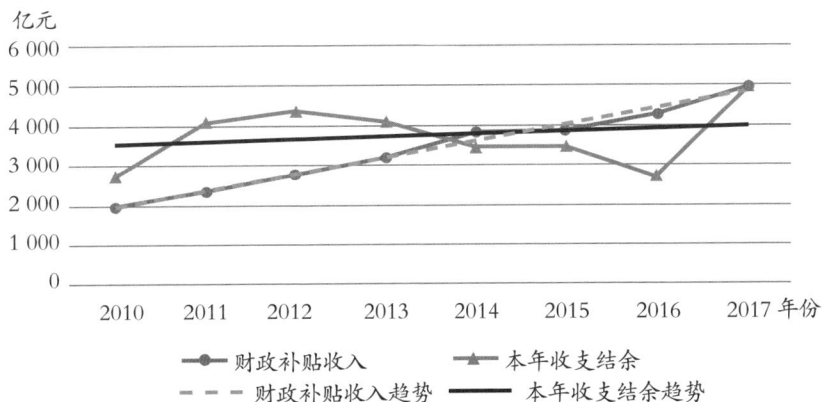

图1-4 2010—2017年企业职工基本养老保险基金财政补贴收入及当年收支余额

资料来源：根据财政部2010—2017年全国社保基金决算报告整理。

城乡居民基本养老保险

城乡居民基本养老保险作为养老保险体系的重要补充，与企业职工
基本养老保险共同构成了我国养老保障体系。这一保险体系建立的基础
是新型农村社会养老保险以及城镇居民社会养老保险的合并，由于这一
险种的缴费对象面向农村地区及城镇无就业单位的居民，缴费人收入受
限将导致此类险种的保费收入规模较小。另外，保险支出规模由于城乡
地区居民的基数大而日益扩张。

1. 保费收入始终低于保费支出

如图1-5所示，在剔除财政补贴收入后，城乡居民基本养老保险基
金收支赤字始终存在，且这一趋势不断加大，从2011年的104亿元增加
至2017年的1 479亿元，年均增速为55%。另外，财政补贴金额也维持
在较高水平，从2011年的756亿元上涨到2017年的2 319亿元。

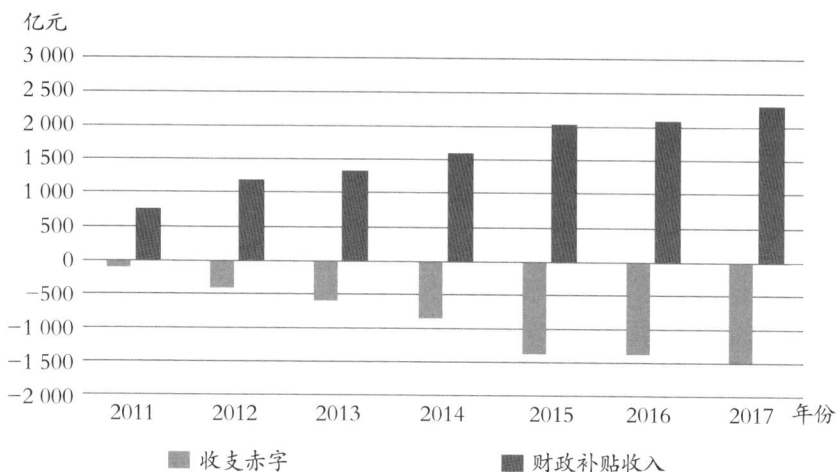

图1-5 2011—2017年城乡居民基本养老保险基金收支赤字及财政补贴金额

资料来源：根据财政部2010—2017年全国社保基金决算报告整理。

2. 保费收入占总收入比重下滑

在城乡居民基本养老保险基金收入构成中，真正来自社会保险受益人的缴费收入较少。2011年，缴费收入占保险基金总收入不到三成，且这一比例逐年下降（见1-6）。这意味着，财政补贴收入占比在逐年提高。可以说，如果没有财政补贴的支撑，那么这一险种自身运转将难以维系。

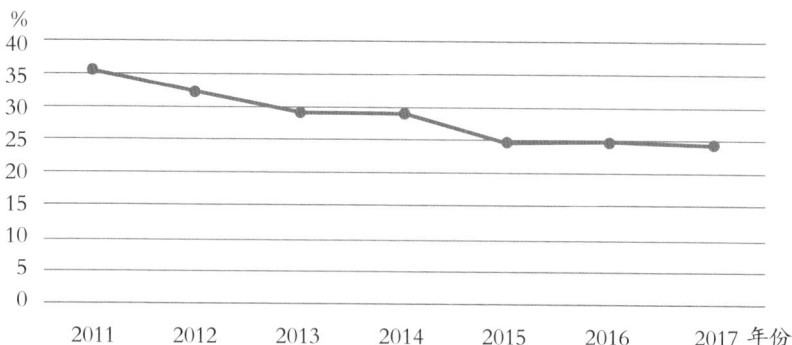

图1-6 2011—2017年城乡居民基本养老保险基金收入占比

资料来源：根据财政部2010—2017年全国社保基金决算报告整理。

职工基本医疗保险

与养老保险并驾齐驱的是医疗保险。类似于养老保险，医疗保险同样分为覆盖就业人员的城镇职工基本医疗保险以及覆盖城乡的居民基本医疗保险。医疗保险的收支状况不仅关系到城市医疗待遇的保障水平，也影响着企业用工成本及职工的可支配收入。

1. 保费收入始终大于支出

近似于企业职工基本养老保险基金收支，职工基本医疗保险基金收支状况也呈现较为明显的高速增长。

如图1-7所示，剔除财政补贴收入，2010—2017年，职工基本医疗保险基金收入始终高于支出，这为医疗保险基金收支结余提供了较大的增长空间。2010年的职工基本医疗保险基金收支结余为632亿元，2017年的职工基本医疗保险基金收支结余为2 836亿元，由此为累计结余从2010年的4 581亿元上涨到2017年的15 668亿元打下了基础。

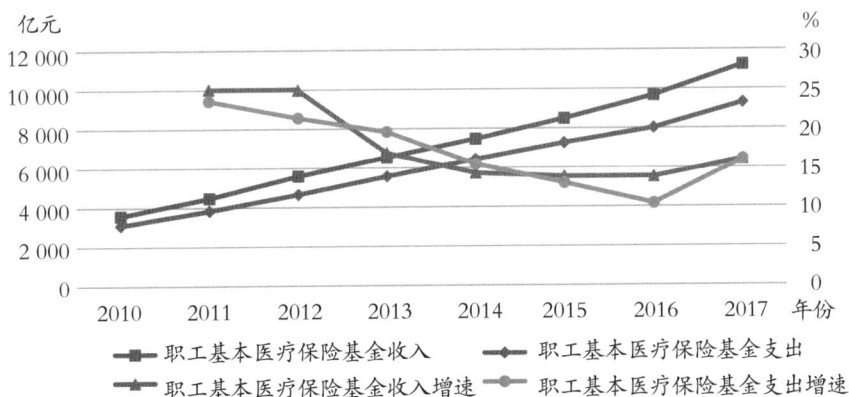

图1-7　2010—2017年职工基本医疗保险基金收支及其增速

资料来源：根据财政部2010—2017年全国社保基金决算报告整理。

在职工基本医疗保险基金收支增速方面，2010—2017年，职工基本医疗保险基金收入增速与支出增速呈现交替变化的态势，但总体上，收支增速由较高水平的25%降至15%，这可能与背后的经济形势总体出现下滑有关。

2. 财政补贴占比较小

由于职工基本医疗保险基金自身的收支水平可以实现略有结余，所以，地方政府财政补贴的压力相对较小。

如图1-8所示，2010—2017年，职工基本医疗保险基金的财政补贴收入尽管从2010年的156亿元上涨到2017年的910亿元，年均增速为28%，但是其所占同期职工基本医疗保险基金收入的比例仅在4%—7%徘徊。与同期当年结余数值相比，这一数值影响较小。由此可见，职工基本医疗保险基金当年结余的主要原因在于，职工基本医疗保险基金收入较为充足，可以满足同期职工基本医疗保险基金支出需求，且保持略有剩余的态势。

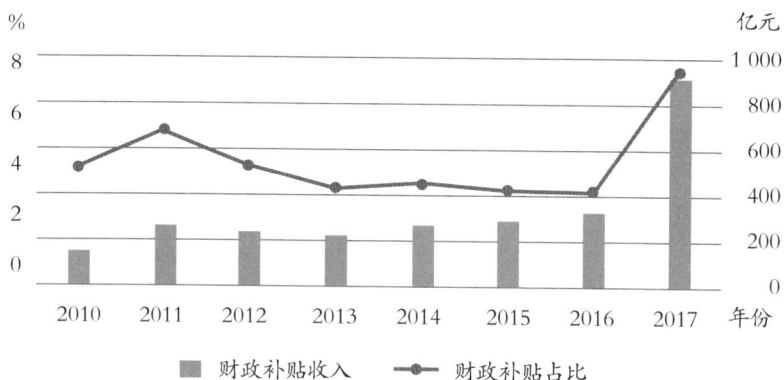

图1-8　2010—2017年职工基本医疗保险基金财政补贴金额及其占比

资料来源：根据财政部2010—2017年全国社保基金决算报告整理。

城乡居民基本医疗保险

城乡居民基本医疗保险，作为我国医疗保险制度的补充，是在职工基本医疗保险之外，针对城乡无就业以及农村地区农民的医疗需求，在整合城乡居民医疗保险以及新型农村合作医疗的基础上，逐渐建立并完善的。与城乡居民基本养老保险相同，其缴费对象为没有就业单位的农民，缴费能力的有限导致这类保险费收入规模及其增速相对较低。

1. 保费收入远低于待遇支出

如图1-9所示，城乡居民基本医疗保险基金收支赤字逐年扩大，从2011年的1 595亿元增加至2017年的4 282亿元，年均增速为17%。与此同时，财政补贴规模随之扩大，从2011年的2 145亿元增加至2017年的4 918亿元，大体略高于同期保险基金收支赤字，从而形成数百亿元的当年结余。

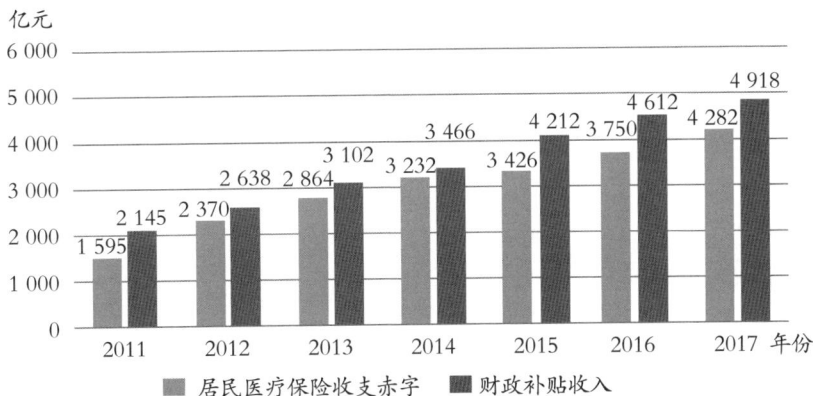

图1-9 2010—2017年城乡居民基本医疗保险基金收支赤字及财政补贴金额

资料来源：根据财政部2010—2017年全国社保基金决算报告整理。

2. 财政补贴占比始终维持高位

考虑到保险基金收入中利息、转移支付等收入细项的不确定，我们以保险费收入占比来反推财政补贴收入的比例。

如图1-10所示，城乡居民基本医疗保险基金收入尽管连年增加，从2011年的413亿元增加至2017年的1 812亿元，年均增速为27%，但其所占同期社保基金收入的比例仅在15%—25%徘徊。我们可以断定，财政补贴收入占比高达七成以上。因此，如果没有财政补贴的持续投入，那么此类险种的自身维系将难以长久。

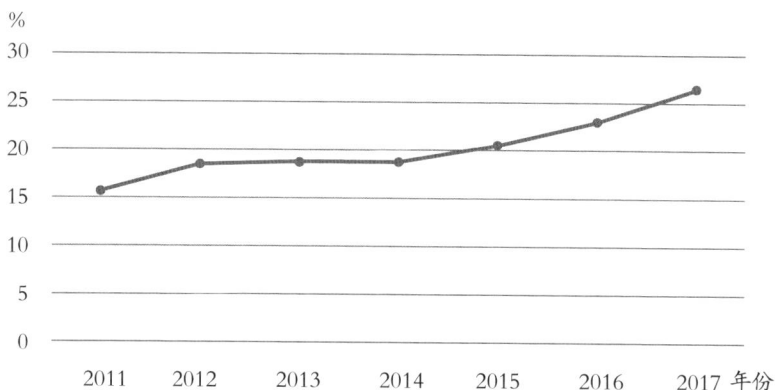

图1-10 2011—2017年城乡居民基本医疗保险基金收入占比

资料来源：根据财政部2010—2017年全国社保基金决算报告整理。

结　语

考虑到剔除财政补贴收入的保险费收支状况，处于较为良好运行状况的是职工基本医疗保险基金，其收支略有结余，且结余数额超过同期财政补贴收入；处于收支次优水平的是企业职工基本养老保险基金，但值得注意的是，其收支在2014年已出现赤字，且结余数额逐渐小于同期财政收入；处于较为危险水平的是城乡居民基本养老保险基金及居民基本医疗保险基金，其收支赤字较为明显，且财政补贴依存度（财政补贴收入占同期保险收入比重）明显较高，这给各级地方政府造成的压力不容小觑。

随着中国老龄化社会的加速到来，无论是养老保险还是医疗保险的支出，将呈现较为明显的快速且刚性增长。之所以增长是刚性的，不仅在于退休职工的绝对人数在持续增加，而且随着社会医疗需求的不断膨胀，为了保障公众的医疗待遇水平不断提高，亟待增加医疗保险投入。与此同时，养老金的绝对金额增速需要超过同期通胀率，为保障退休人员的基本待遇水平不降低，养老保险的投入数额将不容下降。

值得注意的现实情况是，尽管我国包括养老、医疗保险在内的社会保险名义税率较高，但是企业及职工的缴纳遵从度相对较低，导致养老、医疗保险的收入难以有效提高，进而形成较大的收支缺口。为了避免养老、医疗保险收支赤字的出现，来自一般公共预算的社会保障支出所形成的财政补贴收入，便起到冲抵社保赤字的作用，但是在某种程度上挤占了本已有限的公共财政资源，也造成了包括养老、医疗保险在内社会保险运营过程中的财政依存度相对较高，导致各级地方政府财政压力较大。

表1-4　社会保险四大保险险种财政补贴依存度

年份	2011	2012	2013	2014	2015	2016	2017
职工基本医疗保险（%）	5	4	3	4	3	3	7
企业职工基本养老保险（%）	15	15	15	16	15	15	15
城乡居民基本养老保险（%）	56	60	61	69	71	71	69
城乡居民基本医疗保险（%）	82	81	79	77	78	76	72

可以说，如果没有逐年扩大的财政补贴投入，那么包括医疗、养老保险在内的社会保险收支可能早已收支不抵，社会保险累计结余也将

随之枯竭。因此，在保持财政的持续投入的同时，我们需要注意社会保险，尤其是医疗及养老保险旗下的四类险种。社会保险能够实现自身的可持续运转是解决财政依存度加剧的直接切入口。

05

如何走出"社保改革困局"

关于价值的判断，我们不禁联想起上海财经大学的朱为群老师讲到的正直和责任。

其实，税收领域也有类似理念。征税目的要具有正义性，需要具有财务上的责任意识（当责）。在此，我讲一下更细节的问题，或者用数据来论证一下关于"社保改革困局"的问题及破解路径。

我国"社保改革困局"主要体现在三个方面。

第一，社保的成本过重，社保基金收支不抵。社保收支具体指的是去掉财政补贴收入所显示的保费收入和同期社保支出。

第二，不论是企业还是职工，社保的缴纳遵从度一直都是不高的。有调查数据显示，社保的缴纳遵从度不到三成。

第三，我国社保系统涉及合规问题。我国2011年公布的《中华人民共和国社会保险法》规定了社会保险的税基。按照《中华人民共和国社会保险法》的规定，如果征收合规的话，那么企业往往承受不了这个负担。但是，如果征收"不合规"的话，社会保险在法律上的执行力及其尊严就没有了。

"社保改革困局"里具体涉及三个社保方面的问题。

第一个问题是企业及职工社保成本的负担过重。原因之一是社保缴费比例过高，原因之二是社保缴费基数持续上涨。这里所说的社保缴费比例一般指"五险一金"的缴费比例，也有人称其为"五险"的缴费比例，但是通常会将住房公积金算作对企业的强制性收费，所以我国"五险一金"综合缴费比例大概是60%，而美国的社保缴费比例是15%（见图1-11）。

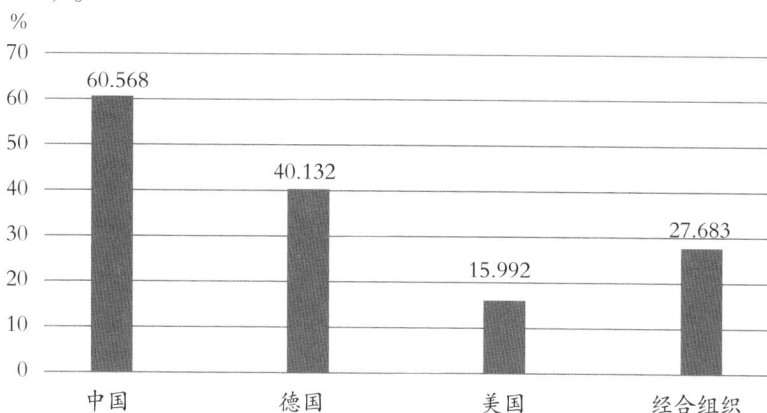

图1-11　2018年各个国家和地区社保缴费比例

数据来源：根据经合组织数据整理。

第二个问题是关于总税率测算下的社会保险占企业商业利润的比重（见图1-12）。2013—2018年，我国社保费占同期企业利润的比重略有下降，但是下降的幅度并不大。2013—2018年，美国总税率测算下社保费占同期创业利润比重是10%左右，非常平稳。

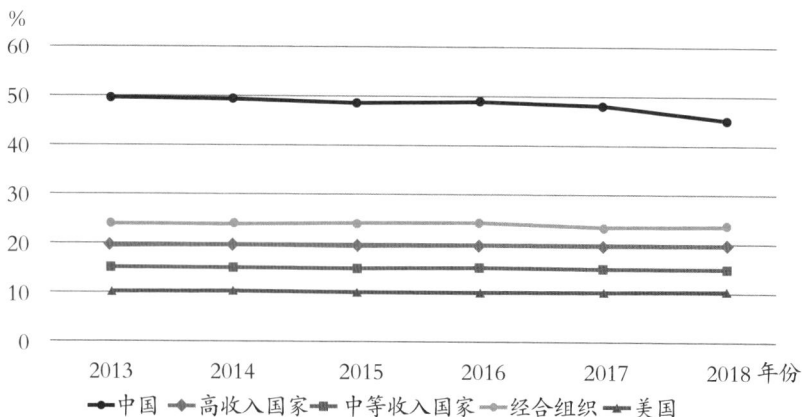

图1-12　总税率测算下社会保险缴费占同期企业利润比重

数据来源：根据世界银行发展指数数据库整理。

关于缴费基数，我们可以看一下2009—2018年我国城镇的平均工资（见图1-13），特别是在2019年社保的调整中，有一项缴费基数的调整政策，就是把私营企业的平均工资加到城镇社会平均工资里面去，将其作为新的缴费基数。但是，我国平均工资的增速大概在10%左右。尽管我国从2014年开始就阶段性降低"五险一金"缴费比例，但是社保阶段性缴费比例降低的幅度，仅围绕在失业保险和工伤保险里面，其1%或2%缴费比例的下调，远远比不过缴费基数每年大约10%的增长，这就导致企业感受不到用工制度性成本出现实质性下降。

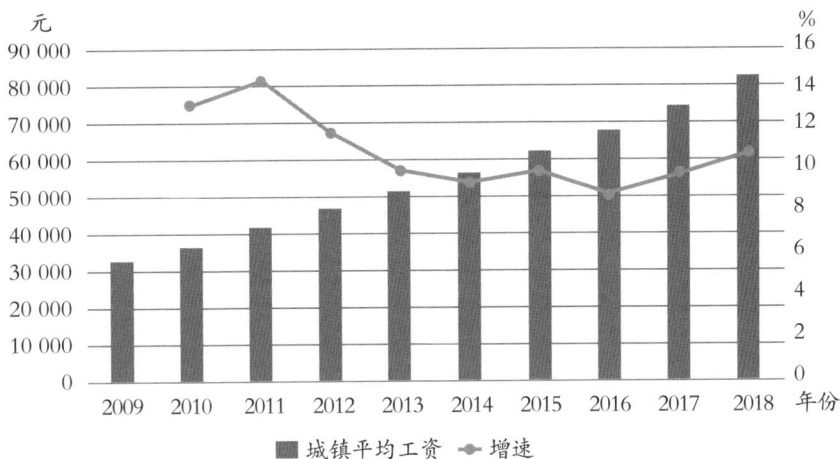

图1-13　我国城镇平均工资及增长率

数据来源：根据国家统计局年度数据整理。

关于社保基金的可持续收入，我们发现部分险种收入锐减，险种的支出金额呈现不断上涨态势（见图1-14）。我们可以看出，如果去掉财政补贴，那么大概从2012年开始，我国社会保险实际收支便呈现一个赤字的状态。2018年，社保基金收入为6万多亿元（光算保费的收入可能是4万多亿元，再加上补贴收入）。这个保费收入几乎等于我国第一大正税

（增值税）的收入，且增速是非常快的，而这造成了企业及职工税负的加重。

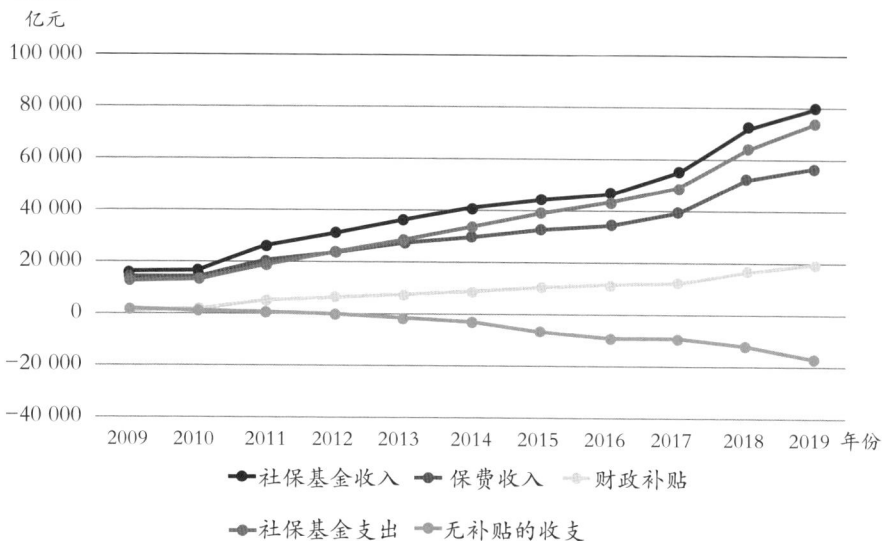

图1-14　2009—2019年社保基金收入与支出对比

数据来源：根据国家统计局数据整理。

在"五险一金"方面，财政补贴依存度最大的两个险种是城乡居民基本养老保险和城乡居民基本医疗保险，其财政补贴依存度都超过50%。只有在职职工所缴纳的医疗保险和养老保险的财政补贴依存度略低。如果没有各级地方政府的财政补贴收入，那么社保基金大部分险种的收支会出现一个比较严重的赤字状态。

第三个问题是社保缴纳遵从度一直不高。我们做了一个测算：我国社保缴纳遵从度大概不高于25%（见表1-5）。现实中，社保缴纳遵从度不高的表现形式有两个：一是不足额的缴纳，二是不足员的缴纳。《中国企业社保白皮书》做了一个抽样调查发现，社保的缴费基数合规比例不到三成，其余的都采用各种形式，比如不算所得，只看平均工资。其实，按照《中华人民共和国社会保险法》的规定，社保的缴费基数是按本人工资上一年的平均工资来算的。但是，很多企业负担不了这个实际工资所缴纳的社保负担，所以整体来看，这导致了社保制度缴纳方面的不公平。

表1-5 社保缴纳遵从测算

年份	劳动者报酬（亿元）	税率（%）	理论年收入（亿元）	实际年收入（亿元）	遵从度（%）
2006	106 554.74		41 769.46	6 789	16.25
2007	128 108.49		50 218.53	8 485	16.90
2008	150 701.73		59 075.08	10 604	17.95
2009	167 098.09		65 502.45	14 313	21.85
2010	190 967.99		74 859.45	14 610	19.52
2011	222 528.35	39.20	87 231.11	19 556	22.42
2012	256 676.81		100 617.31	23697	23.55
2013	299 072.28		117 236.33	27 022	23.05
2014	328 602.76		128 812.28	30 039	23.32
2015	357 432.03		140 113.36	32 518	23.21
2016	386 976.20		151 694.67	34 377	22.66

- 社会保险税理论年收入=劳动者报酬×税率
- 社保缴纳遵从度=社会保险费实际收入/社会保险税的理论年收入×100%

数据来源：根据国家统计局数据整理。

目前，国内提出了三个解决办法。

第一个办法是持续降低社保缴费比例。社保缴费比例的持续降低引发了一个社会的讨论，就是社保收支赤字状态能否让社保降费有持续性。因为对于城乡居民基本医疗保险和基本养老保险在内的社保收支来说，我国社保赤字还是非常高的。

第二个办法是社保入税。2018年3月，国务院实施机构改革，社会保险费征收统一划归到税务部门。但是，同年9月，连续两次的国务院常务会议都强调，社保征收总体上不增加企业负担，现行的缴费基础、费率等先保持不变。然而，这样做就可能错过社保规范缴纳的机遇期。可是，如果我们不这样做的话，企业就会面对制度上的不公平（有的企业合规缴纳，有的企业不合规缴纳）。这个问题似乎有点僵住了，下一步怎么走还不知道。

第三个办法是国有资本充实社会保险。这是2019年7月推进的划拨国有资本的股权进入社保基金。经过计算，我们不难发现，国有资本的投资回报以及运作效率一直是比较低的，而它的负债率非常高（见表1-6）。如果按照中共十八届三中全会所确定的划拨国有资本的30%进入社保基金，那么根据测算，从长远来说，我们还是无法弥补未来社保基金收支亏损。

表1-6　国有资本充实社会保险的可行性

年份	2008	2009	2010	2011	2012	2013	2014	2015	2016	2017	2018
净资产收益率（%）	9	8	10	7	6	8	7	6	5	6	4
销售利润率（%）	6	6	7	6	5	5	5	5	5	6	6
资产负债率（%）	60	61	63	64	64	65	65	66	66	66	65
国有资本预算收入（亿元）	444	989	421	559	971	1 651	2 023	2 560	2 295	2 579	2 900
国有资本收入×30%（亿元）	133	297	126	168	291	495	607	768	688	774	870

续表

年份	2008	2009	2010	2011	2012	2013	2014	2015	2016	2017	2018
国有企业利润×30%（亿元）	3 553	4 018	5 961	6 767	6 588	7 215	7 430	6 908	6 947	8 696	10 163
无补贴的社保收支（亿元）	1 708	1 789	1 300	679	−234	−1 722	−3 642	−6 838	−9 170	−9 388	−12 043

那么，这个问题究竟该如何破解？我们进行了粗浅的思考，这些方法尚未成熟，希望得到诸位的指正。

第一，考虑将社保缴费计入增值税的抵扣链条。一方面，将社保缴费作为增加值的进项抵扣，有效减轻企业增值税负担；另一方面，提高企业规范缴纳社保的积极性，保护职工的社保权益。

第二，重新梳理中央与地方政府的社保事权和支出责任。当前，社保事权与支出责任主要集中在各级地方政府，这就造成了地方政府社保负担较为沉重，不利于劳动力跨区域流动。因此，提高中央政府的社保事权与支出责任，能够缓解社保兑付危机，从而保障社保基金运营的可持续性。

第三，提高社保的"性价比"，在降低缴费比例的同时，提高企业职工的参保待遇。这里涉及包括税基、税率、征管方式等方面的系统性调整，政府应该落实税收法定原则，尊重纳税人发声及选择权，征求纳税人代表同意。

另外，尤其需要注意保障参保人（包括农民、职工在内）的社保权利，让老百姓认为社保缴纳对自己有好处，从而自发形成一种社保规范缴费的秩序，而不是感觉被收"保护费"。

06

现代社保制度改革

在企业各项制度性成本中，涉及用工成本的社会保险费用一直是造成企业及职工负担过重、挤压企业利润及职工收入、侵害市场投资及私人消费的主要因素，已引起政府、企业和社会的广泛关注。目前，降低企业和职工个人"五险一金"缴费比例已成为政府减税降费政策的重要内容。与此同时，作为社会保险重要组成的养老金"赤字亏空"的问题，也被提上相关政策调整和制度改革的日程。然而，社会保险制度存在的问题依然不少，企业对社保成本的预期依然不确定，这在一定程度上限制了企业家的资本投资及扩大再生产。

社保征收与支出的四大问题

第一，社会保险缴费比例较高。2019年，我国企业养老保险缴费比例尽管已降低了3%，但与国际一般水平相比，特别是与美国和经合组织相比，我国社会保险缴纳的名义税率依然偏高。2019年，我国社会保险（雇主）的缴费比例为32%，远高于美国社会保险（雇主）的缴费比例8%以及经合组织社会保险（雇主）的缴费比例21%。我国社会保险（雇主+雇员）的缴费比例在2019年达到43%，高于经合组织社会保险（雇主+雇员）的缴费比例33%，也远高于美国社会保险（雇主+雇员）的缴费比例15%。

第二，企业社会保险负担较重。企业缴纳的社会保险，作为制度性成本，直接减损投资盈利。2019年，与同期美国、经合组织及世界平均水平相比，我国的"劳务税占利润比重"较高。这里所说的"劳务税"，在我国指企业（雇主）缴纳的"五险一金"，相当于西方国家的社会保险税或工薪税。与2018年相比，我国"劳务税占利润比重"在2019年略有上涨（从45.4%到46.2%）。由此可见，我国企业缴纳的社会保险费占利润的比重在世界范围内处于较高水平。

第三，社会保险合规缴纳遵从度较低。根据我国企业社保外包服务的提供者"51社保"连续五年（2015—2019年）发布的《中国企业社保白皮书》的数据，我国企业缴纳社保的合规率不足30%，且近年来变化幅度不大。这意味着我国企业及职工缴纳社保的积极性并不高，相应的合规缴纳遵从度也一直徘徊在较低水平，难以提升。与此同时，企业因社保缴纳不合规而面临的法律风险问题也不可小觑，若处理不当，就会给企业正常的生产经营造成麻烦。

第四，社保改革困局隐忧逐渐显现。在社保基金运行方面，以养老、医疗保险为代表的社会保险刚性支出增加，部分地方社会保险收支不抵状况较为严重。地方财政需要补贴社保基金，以维系其基本运转，该问题自2012年（扣除财政补贴）全国社保基金收支出现赤字后逐年显现。

这些问题不利于构建实现企业、职工、政府三方共赢的社会保险征缴秩序，也使2018年3月开始推进的社保征收划归税务部门等相关举措以及加强社会保险征管力度的系列改革等，在某种程度上陷入停滞状态。

衍生的失衡与改革困局

第一，社会保险待遇水平普遍不高且不公平。当前，具备公共产品属性的社会保险"性价比"不高，表现为养老金平均替代率较低，约为60%，且公有制单位与非公有制单位养老金替代率差异较大。与此同时，医疗保险待遇水平较低，城镇职工、城乡居民等医疗保险报销比例差异较大，加剧了制度性不公，抑制了劳动力资源的自由流动。此外，失业、工伤、生育保险等不仅申请审批手续烦琐，而且待遇不高。这导致了企业及职工的社会保险缴纳遵从度偏低，社会保险税基流失较大，企业社保逃费较为严重，以及社会保险制度公平性在某种程度上欠缺。

第二，社保缴费基数上涨幅度超过社保缴费比例下降幅度。尽管我国社会保险缴费比例近年来有所降低，而且社会平均工资计算涵盖了非公有制企业职工工资，但是我国社会保险名义费率的降幅依然有限，名义费率的下降幅度远远赶不上当地社会平均工资的上涨幅度。考虑到我国社会平均工资每年增速约为10%，经测算，只有社会保险当年降低比例不低于9%才能保证企业社会保险负担只降不增。此外，企业对社会保险划归税务部门统一征收的预期，使企业投资受到一定影响，对劳动力就业市场形成冲击，也影响了职工工资水平的进一步提升。

第三，社保问题形成某种复杂难解的困局。目前，社会保险制度存在的问题不仅局限在费用的征缴方面，而且正在演变为某种难解的困局。首先，降低以养老保险为代表的社会保险缴费比例的目的是为企业减负，但现在看来，这一减税让利的良苦用心可能加剧社保基金预算的收支赤字，并且加大地方一般公共预算的补贴负担。其次，社会保险统一划归税务部门征收的目的在于增加征管强制性水平，督促企业及职工合规缴纳社保，直至大幅提高社保基金收入。但是，征管体制的改革可能使企业社保成本支出增加，以致税费负担难以有效下降。这违背了减税降费的政策初衷，不利于企业营商环境的改进。再次，全面推开国有资本充实社会保险，目的是通过国有资本股份收益分红，实现养老金赤字缺口的弥补，但这一补救方案可能使社会保险的收支平衡过度依赖国有企业，导致社保基金丧失健康运行的能力。最后，建立养老保险中央调剂基金制度，目标是加强养老金的全国调配，使养老金留存的省份能够通过中央调剂救济社保入不敷出的省份。但是，这种"抽肥补瘦"的政策，可能阻滞现代市场经济所要求的央地有序互动关系的形成，以致助长地方政府"逐底竞争"问题的发生。

政策建议

要想解开社保改革困局，我们应积极推动"社保税费改革、社保央地划分、社保基金预算"三位一体的现代社保制度改革。

第一，较大幅度降低社会保险缴费比例。在已有养老保险单位缴费比例降低至13%的基础上，政府可探索医疗保险单位缴费比例降低3%，从而形成较强的社会保险减负合力。医疗保险单位缴费比例降低3%，既可以有效降低企业医保负担，也可以兼顾当前医疗保险收支平衡，与养老保险单位缴费比例等幅降低，从而形成政策协同效应。当前，无论是国有资本充实社会保险的全面推开，还是社会保险统一划归税务部门征收，乃至企业社会保险负担的进一步减轻，我们都将希望寄托在持续进行以降低社保缴费比例为代表的社会保险税费改革上。只有坚持在此方面实质性推进，我们才能有效降低社会保险的制度性成本。一方面，这样做可提高资本投资报酬率，活跃民间资本投资，刺激市场生产供给；另一方面，这样做可提高职工税后工资水平，增加居民家庭可支配收入，扩大市场的消费需求。

第二，提高企业社会保险缴纳的合规水平。针对当前合规缴纳社保的企业比例不足30%的现实，政府可对不追缴企业社保历史欠账的问题做出承诺，从经济发达地区开始试点，每年将合规率提高约5%。与此同时，考虑到养老、医疗保险企业缴费比例均有较大幅度下降（约6%），企业社保缴纳合规水平的提高将避免增加合规企业的额外负担，并产生示范带动的效果。要想实现社会保险的强制性征收，政府应设置前提条件，既不影响企业的投资回报率，也不影响职工家庭的可支配收入，以保障社保基金长期、健康和可持续运营，在基本实现社会保险制度公平性的基础上，逐步提高企业及职工的社会保险缴纳遵从度。

第三，提高社会保险服务的"性价比"。政府提高医疗保险、养老保险的待遇水平（比如医保报销比例、养老金替代率等），提高社会保险手续跨区域流转的便利性，改进社会保险经办机构的服务水平及强化服务意识，加大电子化社保信息媒介的使用，保障社会保险缴费职工的权益，推动对社会保险缴纳和缴费基数调整的监督、审议过程，使企业和职工切实感受到选择购买社会保险将获得较高的成本收益率。

第四，增强中央政府在社会保险收入与支出责任方面的统一性。当前我国社会保险运行机制是一种以省市为单位，分险种、分城乡、分体制内外的运行模式。这是一种相对割裂、分散的征管模式，容易造成"公地悲剧"。在实现社会保险省级统筹乃至全国统筹的前提下，政府应切实保障包括养老、医疗等保险在内的社会保险在全国范围的有效衔接，以及异地无差别享受医疗、养老保险等待遇，为劳动力、资本的跨区域流动提供便利，推进构建高效、节约、法治、公平的社会保险缴纳秩序，激发企业及职工合规缴纳社会保险的自觉性，减少地方政府与中央政府在社会保险支出方面的财政压力。

07

新一轮减税降费与经济增长

2019年《政府工作报告》提出，2019年将开展新一轮减税降费，助推经济稳定增长。减税降费的主要内容包括：深化增值税改革，将制造业等行业现行16%的税率降至13%，将交通运输业、建筑业等行业现行10%的税率降至9%；下调城镇职工基本养老保险单位缴费比例，各地可降至16%；务必使企业特别是小微企业社保缴费负担有实质性下降；全年减轻企业税收和社保缴费负担近2万亿元。另外，《政府工作报告》还指出，稳步推进房地产税立法，促进房地产市场平稳发展，等等。

减税降费政策的实施效果

近年来，我国不断推出减税降费的相关政策，但普通企业和老百姓的获得感并不强烈。减税效果不明显的主要原因如下。第一，既往减税降费政策主要侧重在结构方面。例如，自2012年1月1日"营改增"试点至2016年5月1日的全面实施，这一政策的初衷是保证全行业进项税额的应抵尽抵，以消除重复征税，而与普惠式减税关系不大。第二，在普惠式减税方面，相应力度尤显不足。例如，2017年7月1日，13%的适用税率统一降至11%，导致受益行业范围较小。2018年5月1日，虽然部分增值税税率下调，但是下调幅度有限。第三，税基在税率降低的同时提高，抵消减税效果。比如，虽然有阶段性降低"五险一金"缴费比例的政策承诺，但"五险一金"的缴费基数上涨幅度依然高于缴费比例的降低幅度，导致企业及职工"五险一金"负担难有明显下降。第四，征管力度加强而税负降幅有限。随着2017年底"金税三期"正式上线，2018年初社会保险征收开始转移至税务部门。因此，不论增值税还是社保，都趋于严格征管。一方面，这有利于防堵逃漏税进而加强税制公平；但另一方面，这导致部分企业及职工的税负预期不稳，进而拖累投资、消费信心。

此次新一轮的减税措施，突出以税率大幅降低为代表的普惠式减税，让企业及市场主体看得见、摸得着。但究竟如何落实，我们需要避免上述问题，尤其是部分行业增值税抵扣问题，比如建筑业及交通运输行业的高税率进项抵扣以及缺少抵扣等政策不匹配问题。此外，对于"五险一金"来说，在暂缓清理企业社保欠款的基础上，我们还需要注意当地社会平均工资上涨幅度与养老保险缴费比例降低幅度的匹配，进而真正实现惠及企业及职工，促进投资、消费的目的。

放权让利的财税政策

在当前外有税收竞争和贸易摩擦，内有经济结构调整的压力下，我国亟待有针对性地出台一系列放权让利的财税政策，实现经济结构调整，助推经济平稳增长。

首先，借助此次较大规模的减税降费，尤其是减轻制造业等实体经济负担，激发企业家投资活力，避免资本脱实向虚，从而保障劳动力就业数量，进一步夯实国内经济基础，增加抵御外部不确定风险的能力。

其次，完善以竞争中性为原则的营商环境，倡导轻税型的市场经济。值得注意的是，政府应大幅减少国有企业补贴，淘汰以"僵尸企业"为代表的落后产能，推动混合所有制改革，进一步鼓励民营经济发展，稳定民营企业家未来经济预期，加快以产权保护、法治公平、自由保障为核心的现代市场经济体制构建进程。

再次，较大力度裁剪冗费、冗员，尽量压缩政府公共支出。大规模的减税，短期内可能对各级政府财政收入造成压力，甚至导致部分地区出现较大规模的财政赤字。因此，在减税降费的同时，我们需要强调较大力度削减政府低效支出。

最后，进一步落实"放管服"改革，规范政府"看得见"的手，简化政府相关管制措施，以期落实中共十八届三中全会改革决定中有关市场在资源配置中起决定性作用的政治承诺，进而把握并处理好政府与市场的协同关系。

房地产税立法

房地产税作为国际通行的地方政府主体税源，对于推进我国现代财政制度的建设有着较为显著的积极意义，也是落实中共十八届三中全会的财税改革承诺。当前我国政府即将出台的大规模减税政策，主要针对企业；而房地产税的立法推进，将主要针对居民家庭，尤其聚焦个人的存量财产。这有利于解决政府收支平衡问题，也有助于实现我国税收收入结构从间接税向直接税的有序过渡。

在公平方面，我们不仅应确保一般意义上的横向与纵向公平，即房屋所有者及房屋类别的一视同仁，包括拥有不同数量的房屋所有者，以及农村宅基地、小产权房等特殊情况，而且应确保房地产税的交易公平。也就是说，我们要保障纳税人在缴纳房地产税（让渡个人及家庭可支配收入）时，能够获得等值甚至超值的地方公共产品质量及服务水平，而这将是对各级政府执政能力及水平的考验与挑战，也是房地产税能否顺利推进的关键一环。

在效率方面，降低征收成本的关键在于行政与经济效率的考量。一方面，提升行政效率。地方征税机构在征收房地产税时，不仅有赖于征税机关的高效运作，而且有赖于纳税人遵从度的提高。另一方面，提高经济效率。鉴于当前各地房屋评估价值差异较大，房地产税税率的设置不宜过高且需考虑不同地域的情况，以免过度刺激房地产市场而违背房地产税的征税初衷。

08

增值税减税的政策效应

增值税是我国税收来源的第一大税种，自1994年实施以来，无论是其分档税率还是征收抵扣机制，都深刻影响着处于分工链条上的市场主体和终端消费者。其相关政策的调整，对社会经济产业结构的变化起着至关重要的作用。

从2012年上海试点实施"营改增"至2016年5月1日增值税全面推开，营业税走入了历史，增值税实现了行业全覆盖，增值税抵扣链条得以畅通，进一步深化了市场主体间的交易分工秩序。近年来，在简并增值税税率方面，我国先是取消13%的税率，然后将17%的税率降至16%、11%的税率降至10%。自2019年以来，我国又采取了持续性的增值税减税措施，将16%的税率降至13%、10%的税率降低至9%，增加了6%的税率适用行业进项抵扣，同时采取了三项政策措施。

第一，全行业留抵退税。增值税是流转税，企业税负不仅由税率高低决定，还存在进项税额抵扣的因素。期末留抵税额是纳税人销项税额不足以抵扣进项税额而未抵扣完的进项税额，我国对其实行结转下期抵扣而非给企业退税的办法，在一定程度上加重了企业负担。2018年，我国曾尝试对装备制造、研发服务、电网等企业一定时期内未抵扣完的进项税额实行一次性退还。自2019年4月1日起，我国又将增值税期末留抵退税扩大到全行业。作为新一轮减税降费政策重头戏，增值税留抵退税政策加大了小微企业以及制造业等行业的留抵退税力度，将先进制造业按月全额退还增值税增量留抵税额政策范围扩大至小微企业和制造业等行业，并一次性退还其存量留抵税额，对企业经营产生了良好效果，是一项切实的减税措施。

第二，加计抵减。这是2019年新出台的政策：2019年4月1日至2021年12月31日，允许生产、生活性服务业纳税人按照当期可抵扣进项税额加计10%，抵减应纳税额。这相当于企业花100元，可以抵110元。这是一种其他国家没有实行过的政策创新，目的是使相关行业尽快体会到税负下降的效应，并由此产生良好预期，政府减税意图的真切性在此表现得十分突出。

第三，不动产进项扣除。以往我国只允许企业购进机器设备的进项税额予以抵扣，取得不动产是不允许抵扣的。当"营改增"推进到房地产、建筑等行业时，我国只允许不动产购买方分两年抵扣，第一年抵扣60%，第二年抵扣40%。房地产行业固定资产投资大大超出制造业，不允许其进项全部抵扣有抑制该行业过热的政策意图，所以近年来常有建筑行业、房地产行业未享受减税红利的声音发出。自2019年以来，政策规定纳税人取得不动产或不动产在建工程的进项税额不再分两年抵扣，而是允许其当年一次性从销项税额中扣除，这也是增值税减税的一个重要变化。

由于我国减税主要是间接性减税，存在着较为鲜明的征收弹性和收入约束。又由于经济处在下行期，企业经营处在相对困难阶段，盈利减少，这在一定程度上抵消了企业减税红利，导致部分企业获得感不高。

首先，增值税与企业所得税均是对利润的重复征税。作为具备专项抵扣的一般纳税人，在销售产品给下游企业时，需要缴纳增值税适用税率为13%的销项税，在向上游供应商采购原材料时，也可以抵扣增值税适用税率为13%的进项税，对二者的差额（包括利润、折旧、职工工资在内的增加值）需要承担13%的税负。同时，利润作为增加值的重要构成，其适用的企业所得税税率为25%，因此，企业实际承担税负高达38%（以利润为税负分母）。考虑到上述一般纳税人需要承担较高的增值税税负，不少企业宁愿保持个体工商户这一小规模纳税人资格，以享受3%的征收率或定额征收的政策，因此容易造成上下游市场主体互不熟知，诱发上游企业虚开直至"走逃"，引诱下游企业虚抵乃至配合虚开的行为，致使我国增值税税源流失，以及增值税抵扣链条的涉税风险频发。

其次，增值税是对企业新创价值的征收。当减税政策降临时，同一条产业链上的企业都希望将增加值更多地留在本企业内，以较多占有政策红利，导致上下游企业争夺"减税红包"的事情时有发生。此种情形仅对竞争力和议价能力较强的企业有利，而对下游企业，特别是处在产业链中间环节的企业颇为不利，容易导致其成本上升、收入下降以及减税优惠被其他企业侵蚀。在调研过程中，有企业家反映资源性产业多存在行政垄断的问题，而资源性产业又往往处于产业链上游，其较强的竞争力并非来自市场。这成为民营企业遭受不公平境遇而被有缺陷的市场淘汰的原因。我们对西部部分制造业企业进行了调研，发现其减税获得感仅有20%左右。

再次，增值税专用发票存在比较严重的"失控"问题，加重了部分企业的运行成本及法律风险。"金税三期"全面上线，增值税抵扣链条愈加规范与完善，有效遏制了虚开增值税专用发票等违法行为。但是，增值税补丁文件繁杂，尤其是进项抵扣缺失的问题有增不减，诸多企业涉及增值税专用发票异常问题。尽管增值税专用发票的善意持有者可以免于违法处罚，但增值税专用发票下游接收方需承担如增值税进项转出、扣减相应成本并调增企业利润，进而补缴企业所得税等后续责任，导致部分企业成本支出明显加重。以商贸企业等交易中介为例，生产者（下游进货者）在采购原材料的过程中，往往就近在批发市场中寻找合适的供应商。这些供应商一般是供求双方信息汇集的平台，上游原材料供应者直接开票给下游采购商，下游采购商直接对公付款给上游原材料供应者，而商贸个体户的利润主要来自上游原材料供应者的"返点"（销售价与进货价的差额）。但是，一旦上游供应商企业出现"失联"，导致其所开发票出现异常，或其销项税额没有缴纳，抑或涉嫌虚开等，进而被税务机关认定为"失控"发票，下游采购商进项抵扣就会面临税务稽查，引发增值税专用发票抵扣链条上的"连坐"问题。

最后，关于企业增值税抵扣权的法律规范较为欠缺。我国增值税对纳税人的征管十分严格，但对纳税人抵扣权的保障有所忽略，增值税的中性原则难以体现。其主要表现如下：一是现行增值税专用发票抵扣条例将小规模纳税人及会计核算不健全的一般纳税人排除在抵扣权之外，导致此类市场主体税负增加，有违税收公平原则；二是过于强调"发票控税"，且过分膨胀发票功能（以较为苛刻的"三流一致"为代表），不顾及市场主体真实发生的交易，乃至排斥略有瑕疵的增值税专用发票抵扣权，显然有违增值税"抵扣+转嫁"的设计初衷。此外，由于欠缺抵扣权概念的引入，抵扣权的产生时间与抵扣权的范围界定在法律方面模糊不清。尤其在现实社会经济生产过程中，较多的市场交易并不能时时取得增值税发票，而企业往往因此面临现金流的压力及负担，比如缺乏进项抵扣等问题，进而导致企业税费负担提高的隐忧。

此外，关于金融行业增值税的税额抵扣问题，有的国家对金融行业实行零税率。利息若有含税因素，也只是含一些前部环节的税，金融行业自身环节没有税。也就是说，金融行业税负本身应该轻一些。因为金融行业是各行业核心，是现代经济的血脉，各行业会因为本行业承担的税收而引起税负叠加，导致其他行业的税负问题更加突出。目前，我国金融行业增值税适用税率为6%，但一般不涉及抵扣问题，这显然是一种增加企业负担的税制设计。金融行业不允许抵扣，导致其税负整体上增长了4%左右。也就是说，如果允许金融行业增值税抵扣，这至少可以降低4%的税负。这是一个不小的比例，而且更加符合与社会财富创造系统友好型的税制原理。

增值税的税基（增加值），主要来自生产环节和劳务提供中的新创价值，由于其税收贡献及其对市场要素配置的影响，涉及劳动力就业、GDP增长、政府正常运作等经济社会效应，政府跟企业便成为一对利益共同体，双方应是一种合作的关系，也因此而更加体现出财政是国家治理的基础和重要支柱。但是，各级政府在这个环节上往往较多考虑税收收入，而较少考虑如何回报企业以实现互利共赢的问题。在这次增值税减税过程中，我们应当有所观察、反思和改进。

基于上述问题及思考，我们尝试回归增值税作为一般税收的制度原理，提出三点改进建议。

第一，持续降低增值税各层级税率。我们可考虑继续降低13%这一档税率，将其分阶段降至9%，进而与9%这一档税率实现合并，或者保持13%这一档税率不变，继续降低9%这一档税率，将其分阶段降至6%。在不规模影响财政收入的前提下，我们可以进一步减轻以企业增加值为税基的各层级增值税税负。尽管在短期内，增值税税率分阶段的持续降低将对增值税收入造成影响，加大赤字水平，并且对财政收支平衡有所不利，但经济学理论显示，过高的税率不仅将扩大"无谓损失"（也称"死角损失"），进一步减损供求双方福利，而且将使得税收越发偏离其中性原则，进一步扭曲市场资源配置。因此，各层级增值税税率保持相对较低水平，将有助于解决当前增值税专用发票虚开、虚抵的规范性问题，为企业创造更多留利，提升投资回报率，提振市场经济活跃度，恢复并尊重主体间的自发交易秩序。

第二，持续推进增值税制度简化。在继续增值税税率降低的同时，我们要积极完成"三档归两档"既定目标。一段时间以来，增值税制度改革，确实在朝着这个方面的目标努力，而且取得了一定的效果。但是，增值税改革的推进依然落后于经济社会发展的税制要求，乃至在国际税收竞争中处于劣势。今后，我国增值税改革简化的最终目标是实行一档税率，从而与周边相关国家（比如新加坡、澳大利亚和日本等）保持一致。而这种税制的优点是显而易见的，能够减少多档税率对市场主体的干扰，废除华而不实的增值税优惠举措，便利纳税人，降低纳税人交易成本，实践亚当·斯密（Adam Smith）的税收四原则，进而保障税收制度的公平性。

第三，在增值税立法过程中，有必要引入并清晰界定企业增值税抵扣权。我们应强调增值税抵扣权，遵从抵扣实质主义而非发票的形式主义，回归增值税的一般税收属性，进而尊重企业经营自由，尤其考虑废除"以票控税"，试行实际扣税，保护纳税人利益。只要是企业采购用于生产经营所需而发生的实际成本，我们都应当允许市场主体据实准予扣除进项税。我们应保持增值税的中性原则，方便乃至活跃市场交易，有效降低市场交易的制度性成本，在较大程度上减少企业在增值税抵扣链条中面对"失控"发票时的困扰，进而规范市场秩序，倡导诚信经营，降低企业家及财务人员虚开增值税发票等相关违法犯罪风险。

根据表1-7，如果增值税税率下降3%，企业选择不降价，即含税销售额不变，则当期毛利提高0.02（$S-C$），相应增值税税负降低0.02（$S-C$）。与此同时，企业综合税负（增值税与企业所得税）降低1.5%。

但不容忽视的是，随着增值税税率实现3%的降幅，尽管以毛利为税基的综合税负也从35.5%降至34%，但是两者依然保持在30%以上高位运行，影响资本投资回报。

表1-7 增值税税率下降对企业毛利及税负的影响

假设含税销售额（S）不变			
增值税税率（%）	16	13	变化值
不含税销售额	$S/1.16$	$S/1.13$	$+0.02S$
销项税额	$0.16S/1.16$	$0.13S/1.13$	$-0.02S$
假设含税原材料采购额（C）不变			
原材料不含税价款	$C/1.16$	$C/1.13$	$+0.02C$
进项税额	$0.16C/1.16$	$0.13C/1.13$	$-0.02C$
当期应纳增值税税额	$0.14（S-C）$	$0.12（S-C）$	$-0.02（S-C）$
当期毛利	$0.86（S-C）$	$0.88（S-C）$	$+0.02（S-C）$
企业所得税税率（%）	25		
企业所得税	$0.215（S-C）$	$0.22（S-C）$	0
综合税负（增值税＋企业所得税）（%）	35.5	34	−1.50

09

当前持续性的减税举措建议

新冠疫情对经济的冲击不可小觑，对资本投资的预期乃至当前中小企业的负面影响，不可谓不大。

考虑到当前经济可能陷入"流动性陷阱"，我国及时、持续、有针对性地出台系列减税举措，可谓一场春雨。下面是一些持续性减税举措的建议，部分建议前文已讲过。

增值税方面

第一，继续降低增值税税率13%这一档税率，将其分阶段降至9%，进而与9%这一档税率实现合并，或者保持13%这一档税率不变，将9%的增值税税率分阶段降至6%。

第二，针对增值税失控发票问题频发，强调纳税人增值税抵扣权，遵从抵扣实质主义而非发票的形式主义，回归增值税的一般税收属性，进而尊重企业经营自由，尤其考虑废除"以票控税"，试行实际扣税，保护纳税人利益。

社会保险方面

第一，较大幅度降低社会保险缴费比例。在已有养老保险单位缴费比例降至13%的基础上，可探索医疗保险单位缴费比例降低3%，形成较强的社会保险减负合力。

第二，给予纳税人明确的社保负担预期，严格执行"社会保险征收单位由人社部门到税务部门的过渡阶段，不自行追缴企业既往社保欠账，不增加企业社会保险负担"。

企业所得税方面

第一，企业所得税税率的适应性调整应加速，可考虑从25%降至21%，增强税制国际竞争力。

第二，纳税人在进行上一年度汇算清缴工作时，可依据《中华人民共和国税收征收管理法》的规定，适当予以延期，涉及补缴税款困难的纳税人，经当地征税机构同意后，可酌情办理暂缓。

个人所得税方面

第一，企业作为扣缴义务人，在参与汇算清缴工作过程中，作为法定渠道之一，经汇算清缴委托人（企业职工）同意后可申请办理暂缓手续，同时增加专项扣缴信息的网络录入，提升电子化操作水平。

第二，适时授权地方人大的税收调整权利，特别是在城建税、土地增值税、房产税、残保金、工会经费、印花税等地方性税费的征缴方面，在地方政府财力可承受的前提下，适当暂缓或适度减免此类税费的征收，有针对性地施惠所辖区域的企业纳税人。

第三，推行网上电子办税，简化办税流程，便利纳税人。例如，在增值税专用发票开具、认证等环节，加大网络电子发票覆盖范围，便利纳税人申报、抵扣。再如，提高社会保险手续跨区域流转的便利性，改进社会保险经办机构的服务水平及强化服务意识，加大电子化社保信息媒介的使用，保障社会保险缴费职工的权益，推动对社保缴纳和缴费基数调整的监督、审议过程，切实提升社保产品的"性价比"。

10

地方政府财税战疫政策分析

过去几年，受新冠疫情影响，餐饮、旅游、住宿等服务行业受到较为严重的冲击，疫情地区企业复工、商铺复业、学校复课存在困难，劳动力跨区域流动、公共场所聚集均存在疫情反复暴发等社会安全隐患。各地正常生产秩序的恢复时间被一再延期，辖区内大部分企业生产无法如常运转，地方经济遭受不同程度的损失。

在进行常态化疫情防控工作的同时，不少地方政府纷纷出台企业复工、复产的财税类激励举措，以稳定就业、提振投资及消费信心，降低疫情蔓延对各地区经济社会带来的负面效应。

地方政府财税战疫政策梳理

2020年2月2日，在各地方政府相继决定延迟复工后，苏州作为江苏省的经济强市，为提升当地经济预期，率先有针对性地出台了惠商、惠企的政策意见，特别强调了要与当地中小企业共渡难关，简称"苏'惠'十条"。

在接下来的数天时间内，北京、上海、山东、浙江、福建、江苏、河北、四川、黑龙江、海南、广东、山西、甘肃等地省级政府，先后推出了类似的经济战疫举措，通过财税、金融、社保等手段，致力于减轻企业各类制度性负担，以稳定就业、投资，挽救地方经济。

在这些地方性优惠政策文件中，财税政策主要分为三类。

第一，在税费优惠方面，优惠政策全部集中在地方性的两类税种（房产税、城镇土地使用税）上，采用减半或减免征收（另一种表述是先征后补50%或先征后补100%）的措施，涉及因经营困难无法按期纳税的企业，可以申请税收缓缴，但能够申请延缓的时间限定为3个月，企业在此期间内可免除滞纳金。当然，部分地方政府在一定期间内额外采取减免如国有资产经营用房租金及行政事业性收费等措施。

第二，在"五险一金"利好方面，优惠政策主要指养老保险、失业保险及工伤保险三类，涉及企业可办理社保缓缴，能够延缓缴纳的时间限定为6个月，最长为1年。部分地方政府限定延缓缴纳的时间为3个月，企业在此期间同样可免除滞纳金，并且职工社会保险的各项权益不受影响。此外，部分地方政府出台住房公积金的优惠措施，辖区内企业可申请降低缴费比例至3%或直接缓缴，时间限定为1年。

第三，在财政补贴方面，优惠政策主要是通过社保基金的支出来补贴企业，特别是对于能够稳定就业坚持不裁员或少裁员的企业，部分地方政府采用返还3—6个月的社会保险费的50%或上一年度失业保险费的50%等措施予以奖励。此外，部分地方政府通过财政资金给予企业投资奖励，特别是对企业因疫情防控需要而采购的设备支出，给予投资额15%的财政补贴。

可见，为了降低新冠疫情传播给经济带来的负面影响，诸多地方政府在财政补贴、税收优惠及社保减免等方面，实施了具有激励性兼扶持性的财税举措。通盘来看，可以说是一场旨在争取投资、就业稳定的财税利好竞赛。这有利于区域内减税降费政策的持续深入，有助于营商环境的加速改善，也有利于加快恢复企业生产秩序以及保障居民家庭的工资收入，从而避免地区经济出现陡崖式下滑。

与此同时，我们应看到，地方政府在这场疫情抗击战中陆续出台的诸多财税政策，为经济学理论的延伸乃至创新，注入了一个新的观察视角，即"省际经济学"。这一经济理论的扩展与总结，或许可以为现实政策的适用性调整提供借鉴。

"省际经济学"理论借鉴

"省际经济学"理论的提出者是供给学派的代表人物阿瑟·拉弗（Arthur Laffer）。他在与斯蒂芬·摩尔（Steven Moore）等人合著的《州民财富的性质和原因的研究》（*An Inquiry into the Nature and Causes of the Wealth of States*）一书中，借鉴现有国际经济学理论有关要素资源的跨区域流动这一既定框架，基于美国各州经济社会发展指标，梳理各州政府所实行的财税政策，并观察其对本区域内土地价格、资本回报、劳动力工资、能源产量乃至公共产品供给等方面的影响。

这一经济学分支的基本逻辑是，将研究范围限定在一国内的不同州，暂不考虑进出口等对外贸易的影响，聚焦州民财富创造的原因与州政府所采取的财税政策之间的相关性，通过较长时间的数据对比分析发现，美国不同州存在着或显性或隐性的税收竞争关系，一州如果较早建立轻税、惠商机制，就能够加快吸引州外资本、劳动力及技术，使得本州能够扩大企业投资再生产、加速就业岗位创造、增长劳动力工资水平以及带动区域内GDP增长，进而实现居民家庭收入的持续增加。与此同时，这一州政府所提供的公共产品及服务，无论在数量还是质量上，不仅不会因减税降费政策的实施而受到负面影响，反而能够得到较大幅度的提升，最终在区域内形成较为良好的经济社会发展循环，而这一切的关键在于本州政府在税收竞赛中对减税降费举措直至轻税机制的率先实施。

例如，在讨论征收州所得税的利弊得失时，根据既往经验，省际经济学的学者得出的结论是，州所得税的课征并不能改善公共服务的供给，反而将导致本州人口外流、居民家庭收入锐减、贫困加剧、税收收入减少以及公共产品和服务质量下降。再如，在对比美国税负最重的州与税负最轻的州时，他们发现低税负将导致本州经济的高速增长和公共服务供给的相对充裕，而高税负将导致本州经济的低速增长和公共服务供给的相对不足。因此，我们不能不说，州政府所采取的财税政策，对于州内经济繁荣的持续与民生福祉的保障至关重要。

"省际经济学"的既有研究富有启发性，特别是在国家治理能力及治理体系的构建进程中，中央与地方政府财税相关权力的配置需要注意以下几点。

第一，省级地方公共机构应有相对独立且充足的税收立法及管理权。立法机构享有税收立法权，而行政机构享有税收管理权，但各行其道的起点在于中央与地方公权力有关财税权力的明确划分，并能够以法律的形式确定下来，明确各自的相对权限，并适当向下倾斜，因为"最好的救援来自身边"。

第二，减税降费等公共政策的出台来自理念的转变。地方公共部门之所以能够陆续出台减税降费政策，其持续的动力来自对区域内企业投资增加、居民收入增长以及经济繁荣发展的憧憬，加之新冠疫情的影响，持续性的减税降费更应加大力度。地方政策的制定者及执行人，也需要充分理解减税降费直至轻税机制建立的经济社会价值，特别是对疫情期间挽救经济的特殊时效意义。

第三，市场主体受激励而行动。减税降费政策之所以能够发挥作用，是因应包括企业、劳动力在内的市场主体具有趋利避害的特征——远离高税负的羁绊而向往低税负的洼地，借此实现更高的投资回报率、更多的工资收入以及整个社会经济活力的提升，并创造出更多的财富。对此，政策制定者应加以善用。

政策建议

各省市的财税政策竞赛不会因为疫情的结束而停止，更多惠商型的减税降费政策会出台，无论是在中央层面还是地方层面。

但是，通过对疫情期间各省市出台的财税战疫政策的分析，我们不难发现，央地关系在财税方面权责不明且权责分配不合理等问题依然突出，主要表现为中央层面财税权责过大而地方层面财税权责过小，部分制度性收费如住房公积金、医疗保险等方面的调整权力处于模糊地带，尚未清晰定位。这限制了地方政府积极性的发挥，也不利于地方政府治理能力及治理水平的有效提升。因此，我们亟待从现代财政制度构建方面加速央地关系调整方面的改革进程。

首先，明确中央层级财税管理权限。中央政府应在增值税、消费税、企业所得税、关税等中央税及央地共享税方面，厘清相应财权与支出责任，并借此出台涉及全国范围内的财税惠商措施。此外，针对不同省份出于地方政府职权内的财税竞争，中央政府应因势利导，予以尊重并给予相应的法治保障。

其次，赋予地方政府更大财税权限。在现有地方主体税种尚不明确的情况下，地方政府不仅应该在房产税、城镇土地使用税等方面进行调整，而且应该广泛利用央地共享税种里涉及地方返还分成部分，将其作为地方税收调整权的一部分，围绕区域经济发展现实状况，主动出击，精准施策。

再次，"五险一金"事关企业税负及职工就业，地方政府应加大作为。例如，在当前社会保险已逐步实现省级统筹但尚未实现全国统筹之前，各省级地方政府可依据本省社保基金实际收支状况，灵活调节本区域内的养老、医疗、失业、生育、工伤等社会保险的缴费比例，以兼顾企业与职工社保负担与本区域内社保基金收支可持续之间的平衡关系。这一点同样适应于住房公积金的调整，当前其5%—12%的浮动式缴费比例，对于中小企业及职工来说，依然显得过高。因此，地方政府可考虑尝试增加企业及职工在住房公积金缴费比例方面的选择权，尊重和保护企业及职工的切身利益，回归住房公积金制度设计的初衷。

最后，优惠财税政策出台，亟待"税收法定"原则在地方人大层级的确立及落实。遵照"税收法定"原则，无论是税率的调整还是税基的改动，乃至税收作为财政补贴定向支出的介入，均影响纳税人的负担及其可支配收入，因此需要由相应层级的纳税人及其代表给予审议及表决，以体现税制公平原则。显然，疫情期间各级地方政府在出台税收、社保的减免及财政补贴等优惠措施时，绕过了这道事关税收正义的应有程序。尽管疫情下，这项工作刻不容缓，但其稳妥推进（比如疫情下地方政府可争取同级人民代表大会授权，直至疫情后人民代表大会再予确认，上述折中方案涉及辖区内纳税人尊严）直接关系到纳税遵从度的大小，不可不慎。

11

"五险一金"作为增值税进项抵扣的可行性

自2015年底以来，我国多次明确"阶段性降低'五险一金'缴费比例"，以落实"降成本"的供给侧结构性改革承诺。如何缓解社保基金收支紧张局面，且有效降低企业社会保险制度性成本，成为社会各界关注与思考的焦点。

从实施效果来看，尽管中央政府持续下调养老及工伤保险缴费比例，但是地方政府实际掌握社保缴费基数的调节权力，并且针对企业的"五险一金"的征管趋于严格，导致市场主体"五险一金"缴费负担不降反增。长期来看，社会保险收入不容乐观，社保基金支出紧张局面难有缓解，公共财政补贴数额亦将不断增加，地方财政压力同时加重。

以工资为税基的重复征税问题

除"五险一金"外，增值税也是企业税费负担的重要构成。近年来，增值税实现了从生产型到消费型的转变。随着增值税抵扣范围（比如固定资产折旧）的扩大，其税基逐步演变为"利润+租金+工资"。在这里，企业增值税销项与进项的差值是增值税的缴纳数额，而职工工资作为企业增加值的关键部分，在增值税环节承担着增值税税负。

与此同时，"五险一金"尤其是企业配套缴纳的法定部分，亦可以看成对职工工资的征税（国际一般称之为"劳务税"）。另外，在我国，以工资为税基进行征收的制度性成本以及工会经费、残保金等，导致重复征税，加重企业税负，促使用工成本的刚性上涨。一方面，这不利于市场就业的扩大，从而影响均衡就业率；另一方面，这不利于职工可支配收入的提高，进而抑制消费。

减轻企业税需有的放矢

2018年，在上海，"五险一金"占同期商业利润比重仅次于增值税占同期商业利润比重，分别为47.64%与47.67%；排名第三位的企业所得税则远低于前两者，仅为7.76%。在北京，"五险一金"占同期商业利润比重高于增值税占同期商业利润比重，分别为48.68%与47.67%；而排名第三位的企业所得税远低于前两者，仅为7.61%。由此可见，企业税负的最重要构成是"五险一金"。

职工工资中的"五险一金"，尤其是企业为职工所配套缴纳的"五险一金"，已成为我国企业税费负担的重要构成。那么，我们该如何提高企业及职工缴纳"五险一金"的遵从度，为实现"五险一金"缴费比例有效降低提供政策空间，进而避免社会保险收支赤字过大危及财政收支的可持续运行？

综合企业税负的两类最主要构成是"五险一金"和增值税，前者主要影响职工，后者主要影响企业。我认为，将"五险一金"作为增加值的进项抵扣，可以缓解企业增值税进项缺乏的现实问题，从而使得企业的增值税负担切实减轻，以符合当前企业税负减轻的政策初衷。虽然这在一定程度上可能导致政府的增值税收入减少，但是在现实层面，这能激励企业为降低增值税税负而足额、足员缴纳"五险一金"，从而实现职工"五险一金"覆盖率的有效提升以及社会保险收入水平的持续增长。

正所谓"财散则人聚"。一般来说，为加强自身市场竞争力，以吸纳优秀人才聚集，企业是愿意提高职工福利待遇的。因此，如何提升企业及职工的社会保险缴纳积极性，成为政策制定者尤其需要注意的关键考量。

"五险一金"抵扣所影响的企业税负

1. 当企业足额、足员缴纳"五险一金"

假设 X_0 为企业的用工成本支出（主要为工资支出），企业在"五险一金"方面配套缴纳支出为 X_0S，其中 S 为"五险一金"缴费比例。如果企业实行"五险一金"进项抵扣政策，那么企业进项税额抵扣的"五险一金"部分为 X_0S。因此，企业的增值税支出减少 X_0ST，其中 T 为增值税适用税率。

由此可知，对于合规缴纳"五险一金"的企业来说，"五险一金"计入增值税抵扣链条可使得企业享受全部抵扣红利。

2. 当企业不足额、不足员缴纳"五险一金"

假设 X_0 为企业的用工成本支出（主要为工资支出），企业在"五险一金"方面配套缴纳支出为 X_0S。如果企业实行"五险一金"增值税进项抵扣政策，那么企业进项税额所抵扣的"五险一金"部分为 $(X_0+X)ST$，企业的增值税支出减少 $(X_0+X)ST$，与此同时，企业"五险一金"支出增加 XS。

由此可知，对于尚未合规缴纳"五险一金"的企业来说，尽管"五险一金"计入增值税抵扣链条将使得企业因"五险一金"支出增加而提高用工成本，但是企业的增值税税负可以下降，且企业"五险一金"相关的法律风险可以降低。

"成本—收益"视角下的激励效应

路德维希·冯·米塞斯（Ludwig von Mises）在《经济政策：对当下及未来的思考》（*Economic Policy：Thoughts for Today and Tomorrow*）中指出："美国的政策并非处处值得他国学习（发达国家也有急需改进的经济政策），但相对发达的国家对于一个坏的政策的承受能力要好一点。"

同时，米塞斯在《资本主义》一章中认为"自由应包含犯错误的自由"，这句话同样适用于养老、医疗等消费品的购买者，允许消费者有选择的权利，这远比由无所不能的计划型政府统领一切要更有效率，纵然选择失败，个人所付出的代价也会相对较小。人们加入社会契约的表现之一便是承担纳税义务，近似于产品的自愿交换，获得福利的提升。另外，在法律的制定及执行中，政府及民众应遵守纳税同意原则，尤其是对财政方面的征税，必须经过公民及其代表的授权同意。无论是同意原则还是交易原则，纳税人都可以通过纳税得到福利的提升。这是问题的关键，即在"成本—收益"的视角下，理性的个体感觉是"获利"。当前，"五险一金"的缴纳者普遍感到"五险一金"相关制度"性价比"不高，进而造成制度的遵从度较低，导致逃费、欠费等违规现象较为严重。

综上所述，将"五险一金"引入增值税抵扣链条，一方面可以减轻企业增值税负担，提升市场主体缴纳"五险一金"的积极性，另一方面有利于保障职工作为国家公民的社会保险权利，促进社会保险制度的可持续运行。

12

"五险一金"相关制度改革的紧迫性

疫情下，为鼓励企业投资、稳定地区就业，各地方政府曾纷纷出台财税、金融等方面的经济激励与扶持措施。在社会保险方面，部分地方政府允许经营困难的企业在申请后可以缓缴社会保险，但缓缴时限不超过3个月。与此同时，对于坚持不裁员或少裁员的企业，部分地方政府还会按一定比例返还失业保险费或上一年度的社会保险费。

受疫情影响，陆续有企业家反映复工、复产相对困难，"五险一金"依然占企业运行成本中的较大比重。部分学者提出，对于"五险一金"的优惠措施，我们不能局限于缓缴，而是要暂免，甚至提出6个月的暂免有效期，并测算出这一方案具有可行性。还有学者建议取消住房公积金，以直接减轻企业及职工负担。

然而，无论是"五险一金"的缓缴、暂免还是取消等应急措施，都可能陷于"头疼医头，脚疼医脚"的财税治理表象。对此，我们尝试从"五险一金"制度整体这一视角进行观察，梳理当前"五险一金"运行机制中存在的代表性问题并展开分析，从而提出有针对性的政策建议，以期兼顾疫情应对与制度建设的长远需要。

现存问题

疫情下，作为社会保障网重要构成的"五险一金"再次被推到了风口浪尖。究竟是怎么一回事儿？我们还需要从当前制度所暴露的诸多问题来看。

第一，"五险一金"的税费负担较重。无论是"五险一金"的名义缴费比例，还是"五险一金"支出金额占同期企业利润的比重，与同等发展水平国家相比，我国在全球税收竞争中明显处于劣势。这进一步影响国内就业岗位的创造及劳动者工资的持续增长。此外，尽管早在2015年底各级政府就实施了以阶段性降低企业"五险一金"缴费比例为代表的"降成本"方案，但是作为"五险一金"缴费基数的社会平均工资每年以10%左右的增速提高，这大大抵消了"五险一金"缴费比例降低的减负效应，加之疫情冲击，企业创造增加值的增速可能持续低迷。我们不难推测的是，在当前及今后一段时期内，"五险一金"支出金额与职工工资相比，或是与企业同期利润相比，均表现出较高的比例。这就是企业特别是民营企业普遍反映这类负担较重问题的原因。

第二，"五险一金"缴纳遵从度不高。按照《中华人民共和国社会保险法》《中华人民共和国劳动合同法》《住房公积金管理条例》等法律法规要求，在与每一位职工签订用工合同的同时，用工单位必须履行为其足额缴纳"五险一金"的法定义务。而现实中，根据2017—2019年的《中国企业社会保险白皮书》，企业社会保险缴费基数合规比例提升有限，均不足30%。也就是说，不足三分之一的企业遵照法律规定足额、足员缴纳社会保险，但是其余三分之二的企业选择各类方式规避社会保险的高额成本支出，比如按照最低缴费基数缴纳、自行分档或按剔除奖金绩效的固定工资部分缴纳等。这同样反映在住房公积金方面，其合规比例也是只低不高。不得不说，此类问题的产生加剧了"五险一金"相关制度的不公平。

第三，"五险一金"相关待遇水平较低。制度公平的体现，不仅在于规则执行与遵守上的一视同仁，而且蕴含在市场交易中的互惠互利中。在"五险一金"这一公共产品的购买上，参保人也有同样的期待，但是当前"五险一金"作为公共产品及服务的现实质量并不如意。比如，当前养老金的平均替代率普遍不高（不足50%且在逐年下降），机关事业单位与企业职工养老金平均待遇差距较大。再如，在医疗保险方面，不仅本地区居民在门诊、住院等方面的报销比例差异较大，医保药品目录也变化频繁、管理混乱，而且跨区域居民在医保待遇享受及报销等方面存在诸多限制。另外，失业、工伤、生育等保险不仅申请审批手续烦琐，而且保障待遇水平不高。

第四，"五险一金"经办机构服务水平亟待提高。比如，劳动者在跨区域更换工作时，常常遇到社会保险及住房公积金的缴费信息衔接问题。各地方政府"五险一金"相关信息不共享，导致远程网络化服务水平不足，加重了参保者的遵从负担。再如，当涉及入学考试、购房购车等需要开具"五险一金"参保缴费证明时，由于部分地区各险种数据彼此割裂且部分经办机构服务意识不够，劳动者无法透过网络获得统一电子盖章的缴费证明，增添参保者的困扰。

综上所述，缴费负担过重、合规遵从度偏低、参保待遇不高及经办机构服务水平不足等制度性问题，极大限制了"五险一金"相关制度"性价比"的提高。在疫情的持续影响下，这些问题能否得到妥善解决，不仅在宏观上关系到就业岗位的维系、社会保险网的安全，而且在微观上涉及企业投资信心及职工的切身利益与社保权利。

倒逼改革

针对"五险一金"相关制度现状及突出问题，政策制定者应以此次疫情应对为契机，倒逼社会保险及住房公积金等方面的制度改革，提升

"五险一金"作为公共产品的质量及服务水平，助力经济的企稳回升及民生就业的稳定，以"五险一金"相关的改革经验为国家治理现代化的稳妥推进提供宝贵借鉴。

13

个人所得税专项附加扣除应避免增加企业隐形成本

自2019年1月1日，《个人所得税专项附加扣除暂行办法》施行，遵照简便易行的原则，在子女教育、继续教育、房贷利息、赡养老人、住房租金等方面附加扣除专项，实施定额扣除，有利于减轻纳税人的遵从成本。

此外，住房租金专项附加扣除，考虑到了不同城市的房租水平差异较大，由此，按照城市户籍人口的数量，依次确定了相关城市的扣除标准，以期实现公平合理的减负效果。

在操作细则方面，尤其是根据居民家庭历年在教育、住房、医疗等方面的支出水平，应及时对专项附加扣除标准进行调整，并在此过程中，保障公开、透明，提前公布于众，广泛听取并征求纳税人意见，稳定纳税人的收入预期。

税收征管方式应由"以票控税"变为"信息控税"

在《个人所得税专项附加扣除暂行办法》的扣除标准中，与住房租金相关的税费缴纳涉及不同区域的不同操作方法。但是，在实施过程中，我们需要注意三个方面。

第一，确保不动产登记信息的完整有效，以便落实城市无房者的房租扣除待遇，保障制度的公平。

第二，建立房租扣除标准的动态调整机制，尤其是参考当地房租的涨幅、居民的收入，及时调整房租扣除标准。

第三，同一城市内，不同区域的房价及房租成本差异较大，因此，如何进行区别考虑应是下一步个人所得税专项附加扣除完善的重点。

《个人所得税专项附加扣除暂行办法》中针对大病医疗的专项扣除政策要求纳税人提供相关票据，凭发票按项扣除，承袭我国税收征管中的"以票控税"模式，在保障政府税收收入的同时，也在一定程度上增加了市场主体的遵从成本。

当前是信息化社会，我国税收征管方式，包括个人所得税专项扣除模式，应逐步相应调整，变"以票控税"为"信息控税"。这需要对掌握纳税人涉税信息的税务部门提出更高要求，比如，积极改进工作模式，发挥大数据的信息化优势，在提高征管效率的同时努力减轻纳税人遵从成本，真正实现便利纳税人的预期目的。

个人所得税免征额的提升空间已不大

自2006年以来，我国个人所得税免征额的调整情况如表1-8所示。

表1-8　2006年以来我国个人所得税免征额变化

年份	免征额（元）	
2006 年 1 月 1 日至 2008 年 2 月 28 日	1 600	
2008 年 3 月 1 日至 2011 年 8 月 31 日	2 000	
2011 年 9 月 1 日至 2018 年 9 月 30 日	3 500	
2018 年 10 月 1 日至今	5 000	

由此可见，十多年来，随着物价指数的上涨，个人所得税免征额的调整较为频繁，且涨幅较大。

2018年修订的个人所得税法案，增加了专项附加扣除，这进一步提升了免征额的上涨幅度，尤其是减轻了中等收入人群的个人所得税负担。因此，我们可以预见的是，未来个人所得税免征额的提升空间已不大。

个人所得税免征额类似企业因获得利润在缴纳企业所得税时所需要扣除的一定成本及费用。职工及其居民家庭在缴纳个人所得税时的免征额的设定，也有类似作用。因此，合理的个人所得税免征额，应考虑居民家庭维持生活的必需成本，尤其是受经济发展及物价等因素的影响，进行及时的动态调整，特别是综合参考个人所得税专项附加扣除标准的变动，以保障居民家庭免于匮乏的权利。

值得注意的是，个人所得税专项附加扣除与对企业社保费用的严格征收在时间上齐头并进，也在一定程度上相互影响。考虑到"五险一金"作为个人所得税的专项扣除，如果"五险一金"不能实现缴费比例的大幅下调，那么企业及职工的负担将加重，其可支配收入将减少，从而侵蚀个人所得税税基，这将偏离个人所得税专项附加扣除的减税初衷。

因此，针对社保费用的严格征收，为兑现企业负担只降不增的承诺，政府需要以社保缴费比例的切实下调为配套性政策，与个人所得税级距扩大及专项附加扣除等举措同步实施，从而形成合力的减税效果。

在国内，降低个人所得税负担，可以增加职工及居民家庭的可支配收入，进而提升社会公众购买力。这对刺激市场消费需求具有较大作用。另外，职工工资收入的增加，不仅在于个人所得税税负的降低，还在于企业税负的大幅降低，有利于增加就业需求，提升劳动者的工资收入水平，从而在更大程度上拉动市场消费需求，实现供求平衡，达到经济的良性循环。

在国际，2017年底美国实施的减税，特别是在个人所得税方面，侧重降低累进税率、提高免征额并简化个人所得税申报，综合降低居民家庭的个人所得税税负。我国在此方面及时跟进，有利于保持我国个人所得税制度的国际竞争力，避免资本、人才因税负差距过大而流失。

14

增加居民工资收入的源头活水

　　有学者提出，为减轻新冠疫情持续对居民家庭生活造成的负面影响，亟须减免当地居民个人所得税，并根据收入层级设定差异化的减免额度。一时间，众人纷纷附议。

　　诚然，当下减税的作用机制及影响效果，已渐渐为公众所熟悉。但是，减税方案的设计及出台，不能离开我国税制的现实情况——以间接税为主的税收结构。其中，90%以上的税收由企业等市场主体进行缴纳。

　　以涉及工薪阶层的个人所得税为例，它尽管为直接税，但在实际操作中并非由工薪阶层直接负责申报。原因在于，依据我国2018年新修订的《中华人民共和国个人所得税法》第九条规定："个人所得税以所得人为纳税人，以支付所得的单位或者个人为扣缴义务人。"这意味着，工薪阶层的个人所得税需要由其所在的企业来承担代扣代缴的法定义务。

　　因此，从居民家庭个人所得税减免的可行性来分析，我们需要聚焦企业这一市场主体。对于工薪阶层所承担的个人所得税来说，其税基来自企业职工的工资报酬，而工资报酬又来源于企业在参与社会分工交易过程中所创造的增加值。据此，我们可以说，唯有企业持续不断产生效益并获得利润，才能为市场创造充足的就业岗位并保障劳动者工资待遇水平的提升，才能为个人所得税创造出法定税基。

长期以来，以职工工资报酬为税基的制度性税费众多，比如增值税、"五险一金"、工会经费、残保金等工薪税。企业不仅需要扮演扣缴义务人的角色，还需要在"五险一金"等方面承担配套缴纳义务。这导致了企业在用工成本方面所负担的税费不轻，在一定程度上减损了企业投资回报率，也抑制了就业岗位的创造及职工可支配收入的增加。

这些问题不可避免地导致企业、职工双方纳税积极性不高。除了包括国有企业在内的体制内单位能够足额、足员缴纳制度性用工成本外，重压之下的非体制内市场主体，往往选择非足员、非足额等非合规方式缴纳工薪税，这不仅导致我国个人所得税税基流失较为严重，也是我国个人所得税工薪阶层缴纳人数迟迟难以有效上升的重要原因之一。

换句话说，仅针对某个地区下发"个人所得税减免红包"，或许对体制内单位职工有用，但对于当前广大中小型企业、个体工商户及其员工来说，作用甚微，可谓是"小惠未遍，民弗从也"。因为没有企业生产效率的恢复和提升，以及没有企业利润的持续创造，劳动者工资收入就是无根之树、无源之水，相应的工薪阶层个人所得税的减免举措也将流于形式。因此，对于税制改革未来走向的预判，即使是出于惠民的减税政策，均宜基于现行状况的事实认知，厘清可能影响未来走势的真实问题，对这些问题及相关影响因素进行分析乃至解决，才有可能助力改革实践的顺利推进。否则，我们极易陷入罗纳德·H. 科斯（Ronald H. Coase）所批评的"黑板经济学"。

庆幸的是，当前围绕"五险一金"出台的系列减税降费举措，是以企业现实状况为出发点的，相当具有针对性。

2020年2月18日，国务院常务会议确定"稳就业就必须稳企业"原则，并对当前企业的"五险一金"这一制度性税费负担实施阶段性减免与缓缴等措施，且在2020年2月至6月对湖北各类参保企业进行倾向性照顾，实行"三险"（养老、失业、工伤）免征。这些及时性举措的出台，可以说考虑到了实际，照顾到了各地社会经济生产秩序恢复中的痛点与难点。

第一，只有企业才能持续创造工作岗位。"就业是最大的民生"，当前我国数亿农民工、数亿个体工商户及其从业人员、数百万高校毕业生等人群的就业问题，摆在各级政府面前。而唯有推动市场主体复工复产进度的有序加快，保障工作岗位的充足提供，以及确保市场投资活力的充分迸发，才能稳妥解决这一民生问题，从而避免大规模失业问题的发生，确保社会生产秩序的稳定。

第二，社保减免与住房公积金缓缴，将直接且有力地降低市场主体用工制度成本，将促进企业投资扩大再生产及就业岗位的再创造，并且为"五险一金"相关制度合规性问题的解决提供了可能。"五险一金"阶段性减免与缓缴措施不仅为企业复工生产争取到一个较为难得的缓冲期，也为企业利润及增加值的创造营造了有利条件，有助于实现职工工资收入的平稳增长。与此同时，在减轻"五险一金"制度遵从成本的基础上，这些措施有利于未来"五险一金"相关制度遵从度的提升，进而为实现"五险一金"相关基金收支的可持续和保障职工各项社会保险权益，探索了一条可行的路径。因此，我们也可以说，"稳企业才能稳收入"。

第三，对湖北当地各类企业实施普惠式的"三险"减免措施具有针对性，也在倾向优惠政策且兼顾制度公平。2020年，湖北作为疫情的重灾区，经济损失最为严重，社会秩序的恢复更为急迫与严峻。因此，针对此区域所有市场主体，不分大小，在数月内均实行"三险"减免措施。这样做能够快速高效地确保利好政策的顺利落地，进而照顾到企业雇用职工的切身利益。

不可否认，这些有关"五险一金"的临时性减税降费举措的果断出台，是一场及时"春雨"，但是，如何在"五险一金"企业减免与缓缴基础上，兼顾到个人"五险一金"这一工薪税负的减免，并使上述优惠措施法治化、制度化、常态化，以期作为相对稳定的政策预期，保持税收制度的确定性，给予投资人及居民家庭较为乐观的经济前景，应该是"五险一金"相关制度当前与下一步改革的侧重点。

15

住房公积金的"福利幻觉"

针对疫情影响下如何鼓励企业加快复工进程等问题，社会各界围绕财税、金融等政策，纷纷献计献策。2020年，黄奇帆提出"取消企业住房公积金制度"，以减轻企业经营负担。此论抛出后，立即引发了社会热议，甚至有学者明确表示反对，认为这是一个坏的政策建议。一时间，讨论持续升温。

然而，上述观点的切磋交流，乃至针锋相对，至少不是一件坏事。这样的争辩需要成为公共治理领域的常态，也是凝聚共识、推进改革的必经之路。

那么，我们究竟该如何认识住房公积金？住房公积金的运行到底存在哪些问题？当前住房公积金的制度改革将通过哪些举措予以改进，以期实现住房公积金利益攸关方（企业、职工与政府）的共赢？

如何认识住房公积金

一般来说，作为社会保障网的重要组成，住房公积金基本属于福利范畴，而这一定性也为社会公众所接受。不仅是因为政府建立这一制度的初衷是为了保障公民住有所居的合法权益，而且还因为一直以来职工将住房公积金视为企业所提供的福利待遇的重要构成。企业在参与市场竞争特别是延揽人才时，也能够将提供住房公积金这一福利保障作为吸引劳动力的必备项目。

但是，"天下没有免费的午餐"，任何一项社会福利的设计及运作，其背后均是以某项成本的支出为代价来维系的，住房公积金这一福利体系也不例外。从住房公积金的征缴来看，无论是企业及职工同比例或高比例的配缴，还是缴费比例及缴费基数的确定、调整，抑或相对强制性的依法征收，我们都可以看出，市场主体（企业及职工）是住房公积金的直接负担者，而资本投资产生的增加值又是这一福利的本质来源。因此，住房公积金不仅仅是社会福利的构成，也是企业在创造利润过程中所承担的制度性成本。

既然是制度成本，那么住房公积金在劳动力供求市场中的强制性介入，将产生类似税收的"楔子效应"，即影响劳动力市场的原有均衡，一方面导致企业所支出的劳动力成本加重，另一方面致使职工可支配收入减少。资本投资回报率的减损，抑制了企业家投资活力，影响了就业岗位的创造，即产生经济学意义上的"无谓损失"，而将住房公积金视为福利待遇的企业职工，往往难以觉察到其经济影响机制。我们甚至可以说，住房公积金已然异化为职工的"福利幻觉"。正是这一幻觉诱导着社会公众以为："住房公积金的多少与自身效用的大小呈正相关。据此，住房公积金不仅不应该取消，反而应该提高缴费比例，这样自己就可以获得更多的住房公积金收入，即所谓的多多益善。"

住房公积金的突出问题

当我们从制度性成本观察住房公积金的征缴、管理及使用等环节时，其运行过程中所暴露出的突出问题也将一览无余，特别是当前住房公积金的过度征收对企业投资、规则公平、收入分配等潜在的负面影响，不容忽视。

1. 加重企业负担

住房公积金与社会保险在我国统称为"五险一金",这是企业投资特别是劳动密集型经济所负担的重要成本,也是世界银行营商环境测评指标总税率的重要构成。根据世界银行发布的《2020年纳税报告》,中国总税率偏高,而"劳务税占利润比重"一项是总税率指标持续走高的最重要成因。

在"劳务税占利润比重"这一指标方面,我国与同期美国、经合组织及世界平均水平的差距尤为显著(见表1-9)。与2018年相比,我国"劳务税占利润比重"在2019年呈现略有上涨的迹象,从45.4%涨到46.2%。因此,"五险一金"会加重资本负担,侵蚀企业利润,也不可避免地影响企业所创造的就业岗位数量及职工待遇水平。

表1-9　2013—2019年世界各地劳务税占利润比重

年份	2013	2014	2015	2016	2017	2018	2019
中国(%)	49.8	49.5	48.5	48.9	48.1	45.4	46.2
美国(%)	9.7	9.7	9.8	9.8	9.8	9.8	9.8
经合组织(%)	23.7	23.8	23.8	23.8	23.1	23.3	23.5
世界平均水平(%)	16.2	16.2	16.2	16.2	16.1	16.1	16.2

资料来源:根据2014—2020年世界银行营商环境报告整理。

2. 制度遵从度较低

一项制度的生命力在于制度利益相关者的合规程度。那么,住房公积金制度的企业及职工遵从度又如何呢?

根据2014—2018年住房公积金报告所提供的历年实缴职工人数,同时结合当年国家统计局所公布的全国城镇就业人口数,两者相比,我们大体可以算出城镇企业住房公积金的名义制度遵从度。

2014—2018年，我国住房公积金制度遵从度依次为30%、31%、32%、32%、33%（见图1-15）。也就是说，每3名住房公积金的应缴职工中仅有1名实缴职工，而实缴职工中还有一些非合规遵从情况。因此，我国住房公积金实际的制度遵从度远低于这一名义制度遵从度，这也加剧了住房公积金制度的不公平。

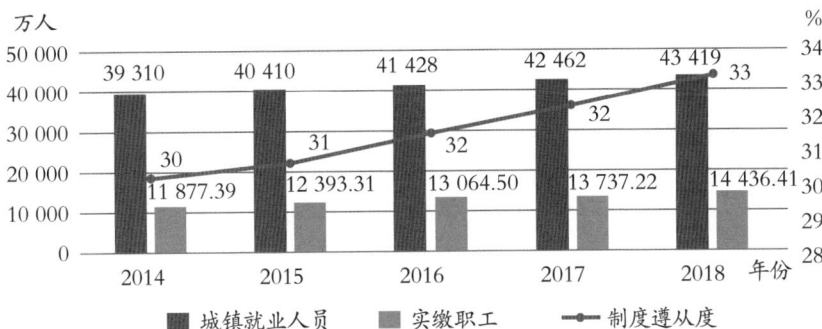

图1-15　2014—2018年我国住房公积金的制度遵从度

资料来源：根据国家统计局及历年住房公积金报告数据整理。

而造成这一问题的原因，并不能简单推责给企业及职工，也不能一味归因于住房公积金经办机构的征管强制力有限，我们还需要结合住房公积金制度成本及其"性价比"等方面来综合考量，而后两者的因素显然具有决定性。

3. 加剧贫富悬殊

回到住房公积金的实际运行效果，住房公积金是否实现了其作为社会保障制度熨平收入差距的制度初衷？根据历年住房公积金报告，我们整理出住房公积金缴费职工人数按单位性质划分所占比例，如图1-16所示。

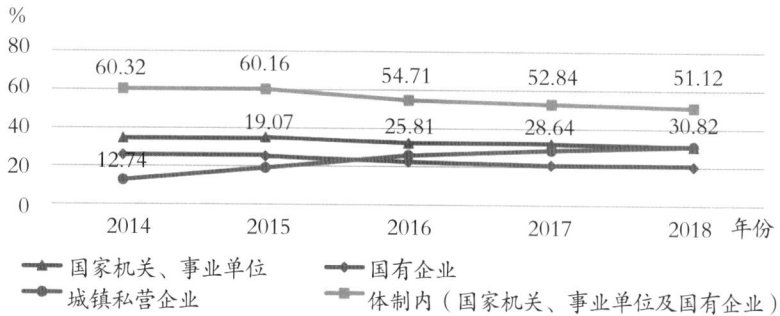

图1-16　2014—2018年我国住房公积金缴费职工人数按单位性质划分比例

资料来源：根据2014—2018年住房公积金报告整理。

我们可以发现，城镇私营企业缴费职工人数所占比例在逐年提高，从2014年的12.74%提高至2018年的30.82%。另外，体制内（国家机关、事业单位及国有企业）缴费职工总人数所占比例在近些年略有下降，但依然占据半数比例。

考虑到长期以来我国体制内外职工平均工资的相对落差不断扩大，以及体制内外预算约束程度的不同，正是住房公积金这一免税收入的强制性植入进一步拉大了体制内外工资水平的差距（见图1-17）。

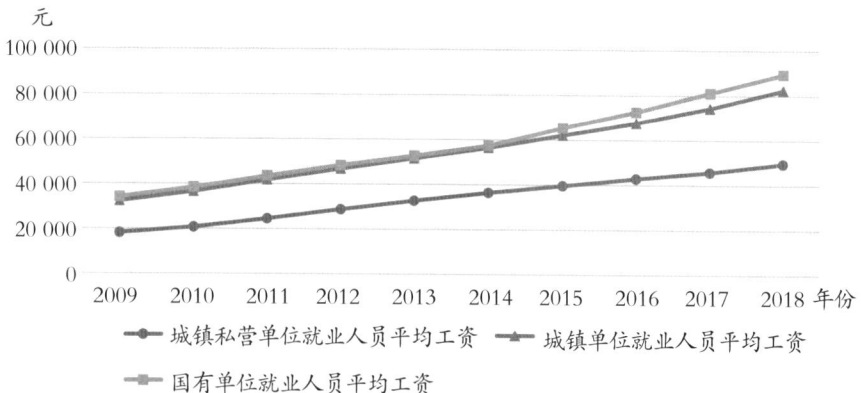

图1-17　2009—2018年我国就业人员按单位性质平均工资

资料来源：根据国家统计局数据整理。

4. 住房公积金管理存在诸多弊端

限于当前住房公积金管理的属地化特征，地方政府没有为企业及职工建立有效的发声及监督机制，往往视住房公积金为自己旗下的"一亩三分地"。一段时间以来，部分地方住房公积金经办机构违规使用乃至非法挪用的问题频发，致使住房公积金这一集体资金受损，危及企业及职工的公共利益。

与此同时，因部分地方住房公积金经办机构服务意识及水平不足，职工在涉及租房、房屋装修及贷款等法定情况，需要提取及使用住房公积金时，往往受制于烦琐的审核及管制环节，从而增加社会遵从成本。职工在离职、跨区域转换工作岗位时，往往涉及住房公积金缴费信息的衔接及账户金额的提取，部分地方住房公积金经办机构相关配套设施不健全同样困扰着企业及职工，不利于市场劳动力要素的充分流动。

住房公积金的制度改革举措

现实中，住房公积金制度存在的诸多弊病看起来错综复杂，但相关问题的解决依然有章可循。我们针对住房公积金改革的总体思路是，将住房公积金作为涉及众人利益的公共产品及服务。而公共产品及服务能否赢得社会公众的认可，不能仅仅依赖其表层的所谓法律强制性，而是来自其本身的"性价比"，即一方面取决于产品及服务的成本，另一方面决定于产品的质量及服务水平，还需要尊重类似市场竞争条件下消费者的选择。

1. 降低缴费比例以减轻企业遵从成本

当前，在依然较大可能出台持续性减税降费的政策预期下，我们建议下调住房公积金缴费比例的下限，从而与社会保险特别是养老及医疗保险缴费比例的降低、缴费基数的有序调整等举措相配套，形成制度减税合力，这也在相当程度上减轻了企业及职工的遵从成本。

根据李实等学者的测算，住房公积金缴费比例降低1%，不仅可以使企业用工成本减少0.6%，也能够促使企业在利润上增长8%，进而有效刺激企业资本投资及就业岗位的加速创造。

2. 落实职工所有权以改进经办机构服务水平

根据《住房公积金管理条例》第三条"职工个人缴存的住房公积金和职工所在单位为职工缴存的住房公积金，属于职工个人所有"，这意味着住房公积金的经办机构作为代理人，需要对住房公积金的所有者负责。因此，各地方住房公积金的历年预算（支出使用明细）、缴费基数和缴费比例的确定及调整，因为关系到辖区内企业及职工的切身利益，需要征求职工这一所有人及其代表的同意，而这一同意原则也将影响企业及职工的制度遵从度。

另外，各地方住房公积金经办机构，特别是在涉及企业及职工办理住房公积金相关注册、缴纳、衔接、提取等手续时，需要为企业及职工提供高质量的服务，而这一服务的过程需要当地职工及其代表的监督与问责，以期稳步推进其服务意识的回归，促使其服务水平的改善，借此加速地方治理体系及治理水平的提升。

3. 增加制度选择权以倒逼制度改善进程

针对企业职工在住房公积金缴纳方面的积极性不高等问题，我们建议可考虑增加企业及职工的选择权。企业及职工既可以选择法定约束条件下的缴费比例，也可以选择是否缴纳。

选择权的设置来源于市场经济的自愿交换原则。在詹姆斯·M. 布坎南（James M. Buchanan）看来，这也同样适用于公共产品及服务。布坎南在《民主财政论》（*Public Finance in Democratic Process*）一书中谈道："实际民主制度下的个人态度与实际非民主制度下的个人态度之间的显著区别，在于个人是否拥有潜在的选择权。"可见，这一选择权的加入，作为企业及职工个体的保留项，不仅是企业纳税人对住房公积金相关征管机构的博弈资本，也是公众倒逼政府公共治理改革的推进剂，更是社会民主水平是否实质性提高的重要标志。

此外，随着住房公积金缴费比例的降低，选择权的设置不但可以增加企业利润，还有助于职工工资这一可支配收入的提高。毕竟对于一部分职工个人来说，与只能用于房屋相关支出的住房公积金相比，口袋中的现金显得更为实在，而口袋里的钱唯有自己花才能实现其最大的价值。

16

餐饮个体户日记账

各类市场主体稳步推进复工、复产。其中，个体工商户作为国民经济体系运转中的毛细血管，与百姓日常生活密切相关，对宏观经济影响显著。

某研究机构利用支付宝交易大数据，测算全国范围内个体工商户基本布局及既往收入波动情况，较为客观地分析出疫情暴发对个体工商户收入的冲击程度。但是，该机构对个体工商户经营成本状况的了解相对欠缺，这显然不利于公共政策的有的放矢。

我们以一家具有代表性的餐饮个体户为研究对象，特别是聚焦其连续18个月的财务收支、成本结构及变化趋势，以管窥我国个体工商户的横断面情况，为当前优惠举措的及时调整提供针对性建议。

初始投资

一名怀揣着创业梦想的本科毕业生，在一家全球知名的会计师事务所从事税务审计工作两年后，终于做出辞职以追梦的决定。经过两年国外餐饮管理及技术等方面的学习实践，并在回国后历经数月店铺选址、设备采购、原材料筛选等前期准备，他在2014年9月中旬确定开店。

该创业者作为股东，联合其他两名投资人，各自投入资金10万元，同时借款4.5万元，共投资34.5万元（初始投资资金）。

这一初始资金的详细用度如表1–10所示。

表1–10　餐饮个体户初始投资及用度

初始投资决算表（元）			
投资额	345 000	剩余投资额（作流动现金）	29 869
其中：实有资本	300 000	实际发生总支出	315 131
其中：借款	45 000	其中：转让费	125 000
		其中：商铺房租（半年）	90 000
		其中：商铺押金	10 000
		其中：烤肉设备	18 899
		其中：厨房设备	10 457
		其中：水电气	5 820
		其中：原材料	9 757
		其中：装修	21 968
		其中：其他	23 230

通过观察初始投资及用度，我们可以看出，在实际发生的31.513 1万元支出中，仅店铺转让费（向上一承租人支付的房租以及装修成本）就达到12.5万元，而一次性支付给房东的半年房租、押金分别为9万元、1万元，合计22.5万元，大约占初始投资总额的65.2%。

经营效益分析

创业者担任店长，负责具体运营，并雇用厨师长、厨房长助理、服务员及洗碗工，创造就业岗位4—6个。餐饮个体户每天自上午9点开始，提供中、晚两餐服务，直至晚10点结束当天营业，除春节休息3天外，连续营业18个月。在每天营业结束后，创业者以日记账方式持续记录当日经营状况，并形成月记账，如表1-11所示。

表1-11　2014年9月至2016年3月餐饮个体户经营收支、利润

时间	利润（元）	营业额（元）	成本（元）	利润率（%）
2014 年 9 月	1 547.84	31 723.00	30 175.16	5
2014 年 10 月	9 484.46	68 439.90	58 955.44	14
2014 年 11 月	10 211.50	73 363.70	63 152.20	14
2014 年 12 月	24 222.19	87 313.05	63 090.86	28
2015 年 1 月	15 792.25	87 684.30	71 892.05	18
2015 年 2 月	29 208.54	95 874.54	6 665.00	30
2015 年 3 月	42 325.61	123 405.11	81 079.50	34
2015 年 4 月	18 203.79	87 396.79	69 193.00	21
2015 年 5 月	13 218.68	75 769.68	62 551.00	17
2015 年 6 月	10 544.49	80 196.50	69 652.01	13
2015 年 7 月	7 975.42	69 219.00	61 243.58	12
2015 年 8 月	2 804.85	62 322.00	59 517.15	5
2015 年 9 月	2 560.07	70 298.00	67 737.93	4
2015 年 10 月	1 262.94	63 188.00	61 925.06	2
2015 年 11 月	1 610.45	68 820.00	67 209.55	2
2015 年 12 月	3 473.55	77 241.00	73 767.45	4
2016 年 1 月	10 876.61	74 356.00	63 479.39	15
2016 年 2 月	4 674.57	54 624.00	49 949.43	9
2016 年 3 月	5 731.948	69 603.00	63 871.05	8

可见，每月所投入成本相对平稳，大多数月份的成本为5万—6万元。但是，每月经营额波动较大，在开业当年的12月至次年的6月相对较高，基本处于7万元以上。与此同时，同期利润能够保持万元以上规模，利润率达到10%以上。

考虑到每月经营天数的不同，尤其开业当月及春节月份经营天数较少，为了相对客观反映每日营业状况，我们制作了日均营业额及成本柱状图，如图1-18所示。

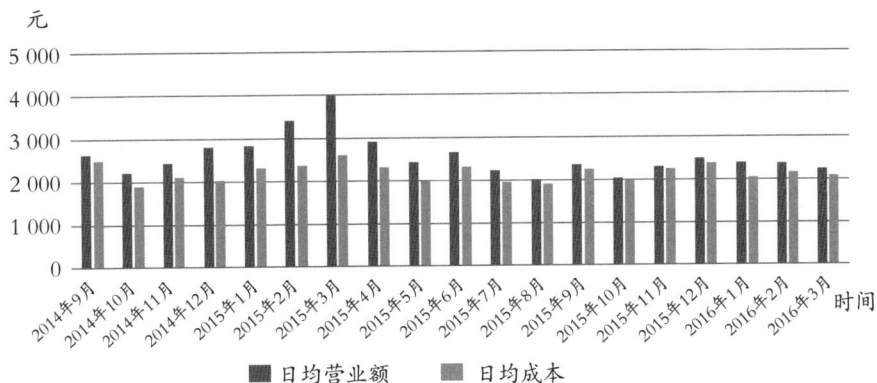

图1-18　2014年9月至2016年3月餐饮个体户日均营业额及成本

由此可得，2014年10月至2015年3月，餐饮个体户日均营业额始终保持上涨，大体在2 200元至3 900元间波动，与每月营业额变化趋势大体一致。与此同时，每月的日均成本基本在2 000元至2 500元间波动，也保持相对平稳。

综上所述，我们可以初步算得18个月来的投资报酬率，如表1-12所示。由此可知，三位股东的投资回报率约为63%，每位股东每年分红约4.8万元，平均每个月分红0.4万元左右。

表1–12　2014年9月至2016年3月餐饮个体户投资报酬率

投资周期（月）	投资总额（元）	利润总额（元）	投资回报率（%）	年投资回报率（%）
18	345 000	215 731	63	42

成本结构透视

在商业经营过程中，各类市场主体体现的是对利润的竞相追逐，而成本因素的影响至关重要。在经济学的概念中，成本分为可变成本和固定成本。作为一家餐饮个体户的创业者，其所面临的微观成本，特别是固定成本的占比，在支出预算硬约束及投资回报的双重刺激下，直接影响菜品质量以及服务水平的高低。

因此，在整理创业者月记账时，为了便于观察统计，我们将总成本支出的各个细目归类为房租、原材料成本、人工成本和税票四类，如图1-19所示。

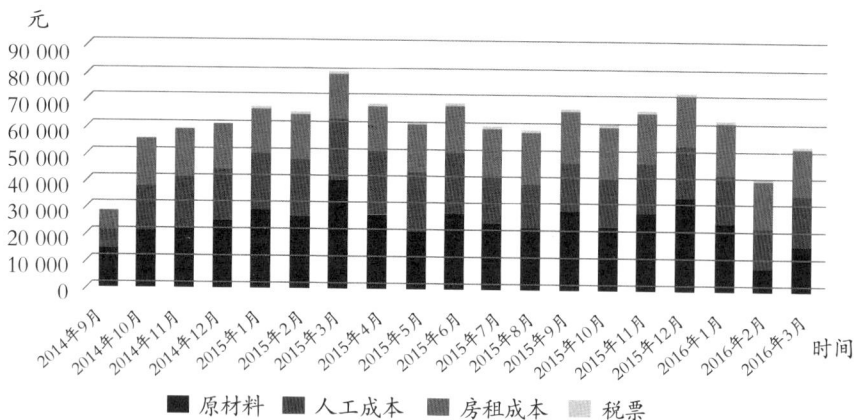

图1–19　2014年9月至2016年3月餐饮个体户总成本构成细目

1. 房租成本

房租成本主要是指商铺及员工住房的租用费用，这与初始投资中的转让费、一次性支付半年房租和押金的性质一致，其支出的份额一般占同期总成本支出的三分之一。房租成本具体构成如表1-13所示。

表1-13　2014年9月至2016年3月餐饮个体户房租成本

时间	房租总成本（元）	员工房租（元）	商铺房租（元）	备注
2014 年 9 月	7 280	1 280	6 000	0918-0930
2014 年 10 月	18 200	3 200	15 000	1001-1031
2014 年 11 月	18 200	3 200	15 000	1101-1130
2014 年 12 月	17 000	2 000	15 000	1201-1231
2015 年 1 月	17 000	2 000	15 000	0101-0131
2015 年 2 月	17 000	2 000	15 000	0201-0228
2015 年 3 月	17 000	2 000	15 000	0301-0331
2015 年 4 月	17 000	2 000	15 000	0401-0430
2015 年 5 月	17 800	2 000	15 800	0501-0531
2015 年 6 月	17 800	2 000	15 800	0601-0630
2015 年 7 月	17 800	2 000	15 800	0701-0731
2015 年 8 月	19 328	3 528	15 800	0801-0831
2015 年 9 月	19 328	3 528	15 800	0901-0930
2015 年 10 月	19 328	3 528	15 800	1001-1130
2015 年 11 月	19 328	3 528	15 800	1101-1130
2015 年 12 月	19 328	3 528	15 800	1201-1231
2016 年 1 月	19 328	3 528	15 800	0101-0131
2016 年 2 月	17 800	2 000	15 800	0201-0229
2016 年 3 月	17 800	2 000	15 800	0301-0331

以商铺房租为例，在最初6个月，即2014年9月至2015年4月，每月支出额为15 000元。自2015年5月起，在房东要求下，商铺房租每月上涨800元，至15 800元，上涨幅度为5.3%。与此同时，员工房租支出也因用工人数的变化，在一定阶段内出现波动。

2. 原材料成本

原材料成本主要是指包括菜、肉、配料在内的食材费用，与房租占比类似，约为同期总成本的三分之一。这部分作为可变成本，与当期营业收入呈现较为密切的正相关关系，直接决定着产品质量的优劣。

因此，我们使用"投出—产出"方法（将营业收入与同期原材料采购成本做比较）来测算可变成本对营业收入的影响，具体如图1-20所示。

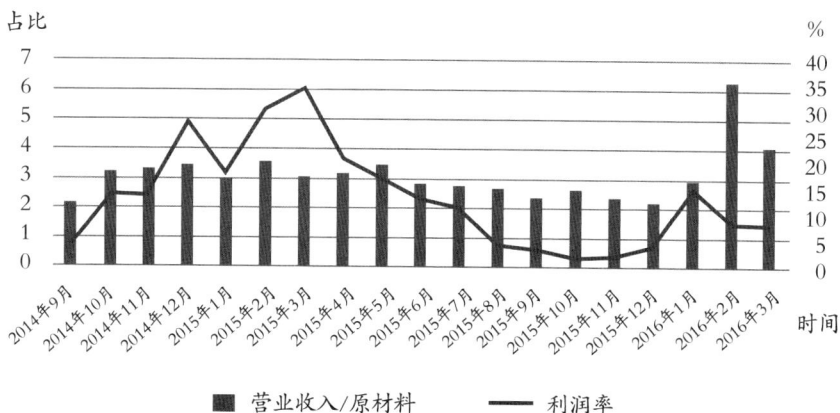

图1-20　2014年9月至2016年3月餐饮个体户"投入—产出"

我们可以看出，营业收入与原材料之比大体上保持3的水平，即1元的原材料投入可以产出3元的营业收入，此时的毛利率接近60%。

但是，居高不下的房租成本挤压着原材料成本支出。创业者面临"两难问题"：选择高质量的原材料，意味着创业者要付出更多成本，而这将在一定程度上侵蚀同期利润及回报率；选择低质量的原材料，意味着创业者可以节省费用，享有相对大的利润及回报率，而这可能引起食品安全问题，导致消费者投诉乃至订单流失，与餐饮创业者所秉持的"健康、绿色"等理念相背离。

3. 人工成本

人工成本主要是指包括店长、厨房长、服务员等在内的雇用费用，一般由基础工资及绩效工资两部分构成，分别受当月经营天数及营业额的影响。工资待遇的高低也是决定餐饮从业者服务水平的关键因素之一。

根据表1-14，我们不难看出，在餐饮个体户各岗位的月工资中，除厨房长的工资稍高外，其余员工基本在3 000元至4 000元浮动。当然，该餐饮个体户除了为员工提供这一显性工资待遇外，还提供了住宿及一日三餐等隐形福利。

表1-14 2014年9月至2016年3月餐饮个体户雇用人员工资构成

时间	工资总额（元）	就业人数（人）	店长（元）	厨房长（元）	厨房助理（元）	服务员（元）	洗碗工（元）	厨房学徒（元）	兼职费用（元）
2014年9月	6 289	4	1 467	2 516	1 258	1 048	暂无	暂无	
2014年10月	15 000	4	3 500	6 000	3 000	2 500			
2014年11月	16 678	5	3 500	6 000	2458	2 800	1 920		
2014年12月	17 800	5	3 500	6 000	3 000	2 800	2 500		
2015年1月	19 170	6	3 500	6 000	3 000	2 800	2 500	1 370	暂无
2015年2月	19 550	6	3 500	6 000	3 000	2 800	1 750	2 500	
2015年3月	19 950	6	3 500	6 000	3 000	3 000	2 500	975	
2015年4月	23 084	6	3 500	6 000	3 000	2 700	2 500	2 700	
2015年5月	21 800	6	4 000	6 000	3 000	2 900	3 000	2 900	
2015年6月	22 400	6	3 500	6 000	3 500	3 000	2 900	3 500	
2015年7月	17 555	6	3 500	3 500	3 500	3 000	2 055	2 000	
2015年8月	16 000	5	3 500	3 500	3 500	3 000	2 500	暂无	
2015年9月	17 975	6	3 500	3 500	3 500	3 000	2 700	1 775	
2015年10月	17 336	6	3 500	3 500	3 500	2 700	2 340	1 006	790
2015年11月	18 316	6	3 500	3 500	3 500	2 500	2 500	2 700	116
2015年12月	18 935	6	3 500	3 500	3 500	2 735	2 700	2 900	暂无
2016年1月	18 200	6	3 500	3 500	3 500	2 700	2 500	2 500	
2016年2月	14 985	6	3 500	3 500	3 500	2 240	1 145	1 200	400
2016年3月	18 600	6	3 500	3 500	3 500	27 000	2 700	2 700	暂无

注：因9月19日开店，9月份工资仅有12天；10月份开始为全月工资额。

此外，市场主体的人工成本不仅包括各项显性与隐形工资待遇，还包括社会保险等强制性成本。但是，该餐饮个体户显然并未合规缴纳上述费用。而且，此类现象并非孤例。

按照《中华人民共和国社会保险法》第十条、第二十三条、第三十三条、第四十四条、第五十三条规定，职工应当参加养老、医疗、失业、生育、工伤等社会保险，其中由用人单位及职工共同缴纳养老、医疗、失业保险，由用人单位缴纳工伤、生育保险。法律条文中用词"应当"，可以理解为"必须"，同时规定"无雇工的个体工商户可以缴纳社保"，"可以"意为"有选择的可缴可不缴"。但是，对于案例中的餐饮个体户来说，使用雇工是多数情况。按照《中华人民共和国社会保险法》规定，该企业必须为员工缴纳社保。

因此，按照当地社保政策规定，该餐饮个体户不但要为雇工缴纳社会保险，还要为雇工个人代扣代缴社会保险费用。但是，这样做的结果不仅会导致个体工商户成本增加、利润减少，就连雇工个人实际工资所得也会下降（见表1–15）。

表1–15　合规缴纳社会保险成本后该餐饮个体户经营收支调整

时间	调整后利润率（%）	调整后利润（元）	调整后成本（元）	单位社保支出（元）	职工社保支出（元）	社保支出（元）
2014 年 9 月	0	73	31 650	2 785	907	3 692
2014 年 10 月	9	5 904	62 536	6 620	4 191	10 811
2014 年 11 月	9	6 445	66 919	7 502	4 750	12 252
2014 年 12 月	22	18 970	68 434	7 069	4 476	11 545
2015 年 1 月	14	12 039	75 646	7 717	4 886	12 602
2015 年 2 月	23	22 095	73 779	7 881	4 990	12 871
2015 年 3 月	28	33 943	89 462	8 383	5 307	13 690
2015 年 4 月	11	9 449	77 948	8 755	5 543	14 298
2015 年 5 月	7	5 050	70 720	8 169	5 172	13 341

时间	调整后利润率（％）	调整后利润（元）	调整后成本（元）	单位社保支出（元）	职工社保支出（元）	社保支出（元）
2015年6月	3	2 122	78 074	8 422	5 332	13 755
2015年7月	2	1 304	67 915	6 671	4 224	10 895
2015年8月	-6	-3 909	66 231	6 714	4 251	10 964
2015年9月	-7	-4 773	75 071	7 333	4 643	11 976
2015年10月	-10	-6 034	69 222	7 297	4 620	11 917
2015年11月	-8	-5 773	74 593	7 383	4 675	12 058
2015年12月	-5	-4 119	81 360	7 592	4 807	12 400
2016年1月	5	3 533	70 823	7 344	4 650	11 994
2016年2月	-1	-390	55 014	5 065	3 207	8 272
2016年3月	-2	-1 231	70 834	6 963	1 309	8 272

如果餐饮个体户合规缴纳社会保险，成本支出就会大幅增加，直至在2015年8月出现亏损，利润率也呈现负数。

据此算得该假设之下的投资回报率仅为23%，即投资100元，创业者在18个月中仅赚23元钱，平均每个月赚1.27元（见表1-16）。

表1-16 合规缴纳社会保险后的投资报酬率

投资周期（月）	投资总额（元）	修正后利润总额（元）	投资回报率（％）	年投资回报率（％）
18	345 000	80 065	23	15

由此，我们不难看出，该餐饮个体户在社会保险缴纳方面也同样面临"两难问题"：如果不合规缴纳社会保险，则人工成本支出较低，虽然利润相对较高，但是法律风险增加；如果合规缴纳社会保险，尽管法律风险得以避免，但是成本支出增加将导致利润流失严重，这不仅会引起投资人不满意，就连个体户旗下的大多数雇工也将因社保扣费致使的收入减少而反对雇主合规缴纳社会保险。

4. 税票

税票主要是指个人所得税、营业税（"营改增"扩围之前）及其附加税费。该餐饮个体户自2014年12月进行税务登记以来，因其申报月利润为3 150元，按照当时5%的个人所得税税率，当月缴纳个人所得税金额为157.50元。2015年1月，除常规个人所得税缴纳外，该餐饮个体户还需要负担5%的营业税及其基础上5%的教育费附加、7%的城建税、1%的防洪费等，每月共计665.55元。该餐饮个体户经与该区域税务征管员协商，自2015年2月起，按照营业场所面积、设备购置等情况，以定额营业收入8 000元为基准，向税务机关购买发票，以综合税率8.125%计征，进而确定每月固定税票额度为650元。具体情况如表1-17所示。

表1-17　餐饮个体户所适用"个人所得税"与"核定征收"缴税细项

餐饮个体户所适用"个人所得税"		
申报利润（元）	个人所得税税率（%）	缴纳个人所得税（元）
3 150	5	157
餐饮个体户所适用"核定征收"缴税细项		
缴纳税项	计算方法	具体数据
营业税（元）	填报营业额（8 240）×5%	412
城建税（元）	营业税×7%	28
教育费附加（元）	营业税×3%	12
地方教育费附加（元）	营业税×2%	8
防洪费（元）	营业税×1%	4
个人所得税（元）	所得利润（3 300）×5%	165
合计		629

注：为表示简单，均省略小数，做整数处理。

我们可以看出，就此餐饮个体户所承担的直接综合税负（每月650元）来说，无论占营业成本支出还是占营业收入，两者的比值均不高。

但是，税收占比较低并不代表着税费负担不重。因为2014年9月至2016年3月，该餐饮个体户月营业额为6万—12万元。在相当一段时间内，核定征收所确定的名义营业额为8 000元，仅为实际营业额的6%—13%。这意味着餐饮个体户每月实际税收支出的650元，仅为应缴税收的6%—13%。而该餐饮个体户一旦据实申报，将直接减损营业利润及投资回报率。可以说，正是低报的营业收入才表现为较低的税收负担，也才使得个体工商户保有相对可观的投资收益。

结　语

自改革开放以来，个体工商户是率先冲破公有制束缚的私有经济成分，无论是吸纳就业还是贡献税收，抑或丰富市场产品及服务等方面，其重要地位不言而喻。个体工商户作为与广大消费者日常生活联系最为密切的市场主体，其经营状态不仅关系着千万个体工商户主及其数亿就业人员的生活水平，还关系着不同规模的生产制造型企业的销售收入能否顺利实现，也影响着消费者能否获得等值的产品及服务。

当前，为降低疫情对个体工商户的负面影响，中央及地方各级政府已经出台了如降低增值税征收率、减免社会保险及城镇土地使用税等方面的举措，但是全国范围内个体工商户的复工、复产依然遭受到不同程度的困难。因此，针对本案例中餐饮个体户在经营过程中所反映的具有一定程度代表性的成本结构问题，我们提出三点建议。

第一，在国有出租方减免租金的基础上，中央银行可考虑适度下调房贷还款利率，减轻房贷者还款压力，并采取税收优惠措施。特别是涉及个体工商户房屋租赁类型的出租方，其所缴纳的个人所得税及增值税等税费，在租金降低的条件下可享受税收减免，以实质性鼓励此类出租方为个体工商户减租降负。

第二，各级政府必须尊重个体工商户及其从业人员参加社会保险的选择权，既不做追缴，也不做"一刀切"式强令缴纳，保障部分个体工商户作为灵活就业人员参保的既有方式。与此同时，持续降低包括养老保险、医疗保险在内的社会保险名义比例，提高社会保险这一公共产品及服务的"性价比"，以调动个体工商户及其从业人员参保积极性。

第三，在地方政府阶段性减免城建税、教育费附加等税费基础上，可考虑进一步下调个体工商户所适用个人所得税税率，落实新修订的《中华人民共和国个人所得税法》及其实施条例中有关个人经营所得收入类型相关规定，增加并明确必要的成本、费用等税前扣除项，以使得潜在销售收入合法化，降低市场主体逃税的法律风险。

第2部分

▼
▼
▼

美国减税研究

01

餐巾纸上的税收革命

"最佳税制"应该具有帮助穷人致富的效用，但不能导致富人变穷。阿瑟·拉弗指出，在日常生活中，"扶贫"的最佳办法是给穷人创业和发展创造更多的机会和空间，但政府更热衷于用高税率惩罚富人。历史上，政府通过高税率来重新分配财富的做法很少有成功的。

1974年12月的一天，一群美国人在华盛顿的一家名叫"双洲"的餐厅里聚餐。这是一家古老而宏伟的餐厅，坐落在宾州大道，与美国财政部大楼相对，与白宫只隔着一栋建筑。在当晚参加聚会的这群人里，有《华尔街日报》（*The Street Wall Journal*）社论版副主编裘德·瓦尼斯基（Jude Wanniski）、白宫办公厅主任唐纳德·拉姆斯菲尔德（Donald Rumsfeld）及其助手迪克·切尼（Dick Cheney）。还有一位，就是日后大名鼎鼎的拉弗博士。

当时，拉弗还是一个34岁的小伙子。开始的时候，他只是静静地坐在角落里听旁人高谈阔论。据在场的人回忆，当大家谈到福特总统制订通胀和经济脱困的计划时，这位年轻的博士从口袋里掏出一支圆珠笔，随手在一张餐巾纸上画了几条曲线，据说是用来说明税率和经济增长的关系的。当时，旁边的人也没多加注意，大家继续吃饭、聊天，之后也就散了。这次聚餐看上去如同那里举行过的几百场政治晚宴一样平常。

归齐还是编辑先生更敏感些。瓦尼斯基事后偶然想起了这件事，在

《公共利益》（*The Public Interest*）杂志上发表了一篇文章，把拉弗博士随手画的那几条线展示出来，而且给它起了一个好听的名字，即"拉弗曲线"（见图2-1）。这虽然是几年以后的事情，却引起了当初未曾发生的"共振效应"。小布什任内升任副总统的切尼回忆"拉弗曲线"的产生过程时说："拉弗想要阐明的重点，正是供给学派的理论基础，那就是减税能够改变人们的行为——人们会更加努力地工作，创造出更多的产值，我深信维持低档税率的重要性，我还相信这样做能够为政府提供出更多的税收。在里根任期内，我们中的许多人成为供给学派的拥护者。"

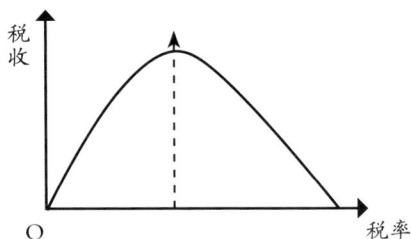

图2-1　拉弗曲线

这个当时还缺乏完整体系的尚未发展成熟的"异端"学派，异乎寻常地受到美国政府的青睐，成为"里根经济学"的主要理论依据。拉弗本人因为这几条留在餐巾纸上的曲线一举成名，被奉为"供给经济学之父"，亦成为自20世纪30年代"精品经济学家"凯恩斯之后迅速施展政治影响力的经济学家。这一现象在西方经济学说发展史上是极为罕见的。

"拉弗曲线"有着不同一般的逻辑，这个逻辑似乎只有在税收问题上才成立，不懂或不愿费心观察研究税收问题的人，似乎很难一下子明白这个独特的逻辑：高税率不一定增加税收，而低税率不一定减少税收。

"拉弗曲线"从学术上阐述了一个原理，即导致零税收的税率一定有两种：一种是零税率等于零税收（这句话看似什么都没说，其实不简单）；另一种是100%的税率也会导致零税收。因为如果政府把人们的所得全部拿走，人们就不会再去工作了。无人创造财富，也就无人照章纳税，政府收入来源就会枯竭。但实际上，人们为了生活还是要工作的，只不过他们不会再规规矩矩地纳税而已。

"拉弗曲线"阐述的另一个道理是，在0%与100%两个税率之间，有两个税率能产生一样的税收结果，即在较小的税基上实施较高的税率，以及在较大的税基上实施较低的税率。"拉弗曲线"并未断定减税会增加税收还是减少税收。税率改变后的税收额如何变化，还得看其他因素的影响，比如税收征管力度、法律的执行情况、税负计算的口径以及地下经济的规模等。

如果沿着曲线的走向观察，我们就会发现税率越高，税收不仅不跟着升高，反而会愈加递减。理由很简单：当税率上升到过高的位置时，人们投资和创新的热情肯定会下降，政府的收入自然会减少。那么，什么是税基呢？税基不过是某种税的经济基础，例如流转税的课税基础是流转额，所得税的课税基础是所得额，房产税的课税基础就是房产的价值，等等。说到底，影响税负的最重要因素在税收之外，比如工作热情、投资动力和创新积极性，以及人们为了做这些事甘愿承担什么样的风险，等等。

供给学派主张减税政策或轻税机制以促进经济增长，其实这一主张并非全新的税收理念，也说不上是激进的观点。比如，亚当·斯密在《国富论》一书所言："高税率会阻止人们购买课税商品，或鼓励走私，而政府税收反而不如税率较低的时候。"亚当·斯密还说："法律和政府的目的是，保护那些积累了巨资的人，使他们能够平安地享受劳动成果。"

奥地利学派被认为是古典自由主义的忠实传承者，其思想领袖之一米塞斯说，如果人们无法获得本属于自己的资本，那么他们宁愿把它们毁掉。米塞斯指出："人们通常认为这种没收式的课税只是有损于直接纳税的富人，很明显，这是个谬误。"他引用安·兰德（Ayn Rand）的小说《阿特拉斯耸耸肩》（*Atlas Shrugged*）中的故事说："石油家被政府掠夺，最后宁可烧毁他的油井，也不把财产交给掠夺者。"由于资本额的减少，经济的发展和技术进步将受到阻碍，劳动生产率难以提升，工人的实际工资率也无法增加。

中国学者经常把凯恩斯划为政府扩张和重税主义的代表人物，这是一种误解。早在1931年，凯恩斯就指出，"税负过高，反而无法达成当初增税的目的"，"如果能做到耐心等待政策发生效力，则减税要比增税更有利于实现预算平衡。可是现在的政府对此持完全相反的态度，就像处于亏损状态的企业主一样，在经营业绩下滑、亏损增加的时候，仍然傻傻地等待有利的核算结果出现，以为再度涨价才是明智之举，其实完全不是这样的"。

这当然属于看似直白、实则艰深的经济学理论，直到今天很多学者仍未理解其中深意。归结起来，拉弗在他的著作中所阐释的征税原则主要有六条。

原则一：政府只要向某事物征税，就会导致相关经济活动减少。具体来说，政府征税会减损生产者和消费者所能获得的市场盈余。这说明政府对工作、储蓄和投资的课税应当尽量压低，否则将妨碍这些活动的正常进行。而且，事情远没有到此为止。过高的税率会中止一些本来可以继续进行的交易，政府自身也会成为利益受损者。如果那些交易能够正常进行，那么政府本来是可以征到税的。格里高利·曼昆（Gregory Mankiw）阐述的"无谓损失"原理，就是对这个理论的进一步诠释。

原则二："最佳税制"应该具有帮助穷人致富的效用，但不能导致富人变穷。历史上，政府通过高税率来重新分配财富的做法很少有成功的，而经济增长会因此而受到拖累，国民收入水平会被严重拉低，每个人都会变穷，经济社会的发展最终将会失去动力。

原则三：高税率对经济损害大，但是在较高水平上降税，比在税率较低水平上降税的效果更好，更能有效地扩大经济产出和税基。拉弗不厌其烦地以数据分析的方式阐明这个道理，其对执政者的启示是，亡羊补牢胜过一错到底。减税，或者说持续性地实行轻税政策，永远是正确的选择。

原则四：过高的税率最终会导致税收征收量的减少。这是"拉弗曲线"给人们的最重要的提示。我们也可以对这个结论进行反向理解：适时减税，税收收入不见得会减少，甚至反而会增多。20世纪20年代、60年代和80年代都出现过因减税运动的发生而政府收入大为增加的案例。

原则五：理想的税制应当具有较强的中性特征。政府应尽量在不扭曲或不拖累经济活动原有状态的情况下获取税收，要想做到这一点，就不能只围绕着税率高低做文章，而是要想方设法扩大税基。只要税基足够大，政府就完全可以将税率维持在低档的水平，甚至可以考虑实行单一税率。

原则六：税收竞争是不可避免的，但它应当有利于资本与人才的任意流动。正如拉弗所说的："幸好，外门的城市和乡村，没有柏林墙的屏障。这意味着，人口和经济资源可以自由迁徙到各行政区域去，从高税负地区迁到低税负地区去。"现在，拉弗的这个预言早就成为现实，经济全球化与自由贸易深刻地改变着这个世界，资本与利润的流动性成为各国减税的压力。拉弗证明了亚当·斯密早在200年前就指出的那个道理是成立的：低税负国家的竞争力要远高于高税负国家。

我们用"拉弗曲线"理论来分析我国当前的宏观税负和企业整体税负，至少可以得出四点启示。

第一，减税与政府收入的减少不是一个概念，我们应将其区分并加以认识。因为政府在高税率时减税会使税收收入增加，而不是减少。可是现实中，学者们经常把它们混为一谈。

第二，政府收入减少不一定是减税政策产生的效应，也可能是前期政策不当消灭了一部分企业、税基，已然受损的表现。所以，我们不能直接用政府收入减少来证明当期政策的成功，还要做具体分析。

第三，如果税率未变，企业税负不一定就轻。这也是部分学者用来批评别人的理由，但实际上我们还要考虑税负转嫁问题。如果是增值税，我们还要看其获得进项税额是否充分，能否实现应抵尽抵；如果是所得税，我们还要看费用扣除过程是否充分，能否做到应扣尽扣。

第四，征税并不是征到企业倒闭才算税负过重。如果企业纳税后无法保持市场平均价格，或无法获得市场平均利润，那么即使税率没有改变，税负也已然过重。所以，我们不能用企业尚未倒闭来证明税负不重，而是应当把税收禁区线划在维持企业正常投资和创新的临界点上。

最后一点是连拉弗也没有解决的"诺贝尔奖"级别的问题了，但它是一个真实世界里的真实问题。

02

里根的"河船赌博"

由于里根实施了以大幅度减税为核心但不止于减税的"经济复兴计划",1982—1999年成为美国经济的超级扩张期,被称为"20世纪最持久的繁荣阶段"。美国除了在2001年出现过8个月的短暂紧缩之外,其经济的强劲增长实际上一直维持到2007年才结束,前后延续了25年之久。

亚瑟·拉弗在《一张餐巾纸改变了世界》一书中说,导致20世纪30年代和70年代出现严重经济衰退的"杀手"主要有四个,即增税与政府支出无度、政府对经济的不当干预、贸易保护主义和货币政策失误。他认为,美国经济之所以能在20世纪80年代重新找回繁荣,靠的是以他本人描绘的那条著名的曲线为基础形成的供给经济学。里根依据这一理论阐述他的经济哲学思想,将其应用于治国实践并毫无争议地取得了成功。

供给学派与凯恩斯学派有着根本的区别。在凯恩斯学派看来,减税只是通过影响需求来影响经济,然而,减税1美元比起增加1美元政府开支,前者产生的额外需求要小于后者。因为减税的乘数效应小于政府开支的乘数效应。供给学派并不关注需求侧和税收对政府开支的影响,而是认为税收能够直接影响商品和劳务的供给。较低的税率意味着对工作、储蓄、承担风险以及投资的更多刺激。

当人们对较高的税收回报或较高的盈利率做出反应时,收入就会相应增加,税基随之扩大,因而也就补偿了财政部门的收入损失。同时,储蓄率也会上升，并为政府和私人部门信贷的扩张提供更多的资金来源。而减税导致私人部门留利增加和资金来源充足绝不会成为问题，私人部门会将其用于投资和创新，甚至从事高风险的事业。

里根就任美国总统后，提出了"经济复兴计划"，削减政府开支，减少政府对经济的干预，同时减少货币供给，扩展自由贸易，推进经济全球化，并以此政策组合全面取代自罗斯福新政时代以来一直居于支配地位的凯恩斯经济学。

里根减税计划的重点是削减个人所得税率，将个人所得税税率由原来的70%削减为50%，并于1986年以后进一步降到28%。里根减税的另一大主轴是资本利得税，其税率从28%降到20%，企业所得税率则从46%下调到33%。减税的目的是刺激储蓄、投资、工作和效率。这一减税计划在里根上任8个月之后颁布实施。

里根的新经济政策起初几乎无人看好，但人们尝试新经济计划的愿望还是占了上风，里根的减税方案总算在一片争议声中于1981年8月获得通过。当时参议院多数党领袖霍华德·贝克（Howard Baker）就把该财政计划贬称为"河船赌博"（riverboat gamble，参见1996年8月20日《纽约时报》），引起整个国会的议论纷纷。至于为什么他将该计划称为"河船赌博"，以我本人目前掌握的材料，只有美国学者I. M. 德斯特勒（I. M. Destler）在其著作《美国贸易政治》（*American Trade Politics*）中的一条简短的注释："冒极大风险的孤注一掷。"

但是，减税计划执行一年以后，美国经济情况非但没有好转，反倒变得更加糟糕，陷入了更加严重的衰退中。文献上的记载是，经济增长创下了自20世纪30年代大萧条以来新低，而企业破产数创下那个时期以来的新高。1982年夏天的时候，道琼斯工业指数跌到了770点，股票市场滑落到历史最低点，房地产市场则整体性跌入低谷，一年之中销售额削减了10%。美国多个州的失业率达到10%以上，中产阶级多半待业家中，刚刚毕业的大学生若能在汉堡店找到一份工作就算是很幸运的了。

在最困难的时候，这位演员总统身边的多位顾问都失去了信心，纷纷提议改变政策，开始增税，认为不及时调整政策将使财政赤字迅速增加，以致把政府彻底压垮。甚至内阁中以往主张减税最为积极的戴维·斯托克曼（David Stockman）先生也向《大西洋月刊》（*The Atlantic*）诉苦，说白宫里没有人知道究竟如何抵挡如潮水般的负债，他的一句"执行这项政策全靠信心"引起轩然大波，暴露出新政府面临的公共关系危机。

供给学派当时只是暂露头角，在学术上还没有什么地位，经常被一些政客拿来取笑。典型的例子是里根刚刚上任时发生的事——减税政策的坚定反对者、堪萨斯州共和党参议员鲍勃·杜尔（Bob Dole）在一次会议上讲了一个笑话："我有个好消息和坏消息要告诉大家。好消息是，一辆坐满供给学派的游览车坠入山谷，车上人无一生还；坏消息是，亚瑟·拉弗没在车上。哈哈！"

与此同时，麻省理工学院和宾夕法尼亚大学的一些经济学教授提出了一个新的"产业规划"模式，主张由政府直接投资电子和半导体、航空、电脑软件开发和钢铁等制造业，以恢复和振兴经济。众议院中的民主党议员们认为这项新的产业政策非常具有吸引力，并且立即开始行动，制定出预计花费上百万美元的资助上述产业的法案，目的是尽快提升美国企业的国际竞争力。

在减税法案实施的过程中，最值得赞扬的是里根。他十分果断地拒绝了所有经济政策上的凯恩斯学派言论，一而再、再而三地告诫人们：减税，一定要坚持住！但抵制减税政策的力量还是非常强大，周折难以避免。1982年，就在里根上任18个月之际，白宫幕僚长（总统办公室主任）詹姆斯·贝克（James Baker）、经济事务顾问斯托克曼等曾成功地说服他同意增税，同时取消了1981年减税法案中公司营业税的部分优惠政策。他们向总统承诺，每增加1美元的税，就会缩减3美元的财政支出，以至于里根多年后还对此事耿耿于怀。每当有人提议增加税负以降低赤字的时候，他总是这样回答对方："我还在等着国会答应过我的那3美元删减下来的支出呢！"

许多时候，减税更像是打仗，里根则更像个孤军奋战的勇士，每前进一步都非常纠结和艰难。1983年1月3日，《华尔街日报》以粗体大字头版宣布："终于减税了！"与此同时，减税的反对者们却在忙着宣告供给经济学的破产。经济学家艾伦·布林德（Alan Blinder）在《纽约时报》上撰文称："供给经济学派的失败，使我们再度恢复了对凯恩斯学派经济学的信心。"《华盛顿邮报》（*The Washington Post*）甚至宣称："大家都亲眼看到了里根经济学是一大失败。"

1983年5月17日，里根"东山再起"。在当天举行的记者招待会上，他充满信心地说："现在是划定界线与民众站在一起的时候了。在我们走出经济衰退之际，我不会支持有关提高税收的预算决议案。我将否决任何想这样做的税收议案。"他接着说："美国民众选我们上台，不是让我们继续增加他们的税收，从而在浪费性的计划上增加更多的开支。"

在减税问题上，里根和他的顾问和助手们发生了明显的分歧。1983年5月21日，《华盛顿邮报》发表了题为"里根的顾问们支持增税"的头条新闻，介绍了"已向总统提交的"到1985年1月1日增税450亿美元的白宫计划。谁知第二天，这家报纸又报道说，总统称对此计划不感兴趣，总统说"这也许是政府中某些人的态度，但绝不是我的态度"。

然而，就在这一年，峰回路转，柳暗花明，美国经济突然起死回生，发生了根本性的改变，其回升和增长的速度和力道甚至连里根自己一时都不敢相信。根据美国经济分析局，1983年底，美国经济的增长率已经上升到3.5%，到1984年，扣除通胀因素之后的增长率更是达到6.8%，创下了50年来年度增长率的最高水平，通胀率则下降了65%以上。

大规模减税难以避免预算赤字的上升，这也是减税的反对派们所持的主要理由。在这一轮减税中，人们看到的是伴随经济增长而来的庞大的预算赤字，先是1 000亿美元，接着又上升到难以置信的2 000亿美元。严重的赤字甚至影响到总统大选。1984年，民主党推举沃尔特·蒙代尔（Walter Mondale）作为总统候选人。蒙代尔指责里根的预算赤字和"为富人减税"的政策，并向选民承诺，他要增加税收以解决严重的赤字问题。里根则在竞选演说中问了美国民众一句话："你们的生活比四年前好，还是不好？"人们一致说好。里根说："那好，我们继续坚持低税率不动摇。"他以95%的得票率击败了蒙代尔，这一年被称为"一边倒的1984年"。

1986年，里根推出了日后得到更加广泛好评的《税制改革法案》（Tax Reform Act），进一步扩展了税基，个人所得税的税率级次只保留了15%和28%两级，其余的全部取消了。

接下来，美国经济持续保持了3.5%的增速，一直到20世纪90年代后期才开始出现衰退的迹象。美国经济的强劲增长前后延续了25年之久，创造出的财富远远超过美国前200年的总和，经济总规模几乎是美国20世纪70年代后期的两倍，这25年成为人类历史上最伟大的一个财富创造期。

有人认为减税只会使富人受益，实际上并非如此。里根卸任后不久，著名的财经记者沃伦·布鲁克斯（Warren Brookes）曾经做了一个估算：如果没有里根减税，1990年这一年美国人将多支付多少税？他的结论是，年薪低于1万美元的纳税人，平均每年需多支付500美元的税，比他们在这一年的实际支付多出了134%；收入介于1万到3万美元的纳税人，每年需多支付2 000美元，比实际支付多出79%；年收入6万美元的家庭，需多支付6 000美元以上的税。里根减税政策的受益者不只是富人阶层。实际上，在那个时代，有上百万美国人变得富有，但并没有贫者愈加贫穷的证据。

另据美国联邦税务局2006年更新的统计资料，所得最高的1%、5%和10%的人口缴纳税额占比在1980年分别是8.5%、21%和32.1%，在2005

年分别为21%、33%和44.4%；所得最低的50%的人口缴纳税额占比在1980年是17.7%，在2005年仅为13.4%。而这个区间几乎涵盖了整个减税时代。人们应该可以看出来，低税率使税制更加成熟和先进，而这种得自"拉弗曲线"的深刻学理，即使是税收专家，也未必弄得清楚其中的奥妙。

科林·鲍威尔（Colin Powell）讲过一个关于里根总统在白宫最后一天的故事。1989年1月的一个寒冷的早上，身为国家安全事务顾问的他向里根报告："总统先生，以下是我对您提出的最后一个安全报告。全球处于安全状态，没有危机，本国的经济状态也很健康。"他的报告简短有力，含义清晰，是对里根时代即将结束时美国整体状况的一个评估。事后证明，这一评估是准确的，在当时和这以后的若干年里，美国面临的全球状况和经济形势与八年前里根上任时相比，已是天壤之别。

在哲学观念上，供给学派是古典自由主义的，信奉自由市场经济，维护个体自由选择权，反对国家干预，所以供给学派是站在凯恩斯学派对立面的，在价值上对后者持全盘否定的态度。但是，供给学派对政府干预问题是有所保留的，实际上主张把国家干预的程度和范围调整到最低或较为适宜的水平上。供给学派反对的只是国家对市场的过度干预，所以供给学派的古典自由主义立场并不十分彻底。

不管人们喜不喜欢供给经济学，"拉弗曲线"的理念已经影响美国经济政策35年以上，至今方兴未艾，并且影响了世界上其他数十个国家。在这期间，世界各国总体上经历了最大规模和范围的人类生活水平的提升，包括中国这样的新兴经济体也受益于它。目前，人们对这条曲线还有争议。但毫无疑问，世界各地的学者、企业家和所有的纳税人对它都不陌生了。

03

减税的法律程序与法治思维

美国2018财年预算草案大幅度削减美国国务院、国际开发署以及环保部门的预算（包括一系列国际项目的预算），并增加了国防部、国土安全部、退役军人事务部的预算支出。与此同时，草案还提出，未来10年内将削减3.6万亿美元财政支出，这与美国时任总统特朗普之前公布的"一页纸"税改建议是相呼应的。

在这份引人瞩目的草案第一页，特朗普在致美国国会的信函中指出，削减联邦支出如同有限预算下家庭的财务决定，政府必须确保纳税人所珍视的每一分钱以最有效和最务实的方式投入国家优先的领域。他希望国会投票通过该预算草案，同时建议全体议员在美国建国250周年之际，为自己的国家做出切实的贡献。

美国1986年《税制改革法案》的国会立法过程

不无相似，早在20世纪80年代初，里根就提出过"复兴美国"的口号，以激起美国民众对未来的希望，并于1981年由众议院将《经济复兴法案》提交国会立法，之后又在1986年将《税制改革法案》提交国会立法。当时，供给学派一度占据上风，而里根打破了根深蒂固的政治惯例，其主要的政策倾向是通过减税和加速企业折旧，为企业经营者提供更加宽松自由的环境和政策空间，以激励其投资和创新热情，同时削减政府开支、控制货币供应量、降低通胀率。凭借坚强的毅力，里根将减税进行到底，并最终获得了成功，在此基础上形成的"里根经济学"至今仍被人们津津乐道。

但从草案酝酿到参众两院各自审议、联席修订，再到参众两院各自投票通过并由总统签署形成税法的整个过程，并非那么简单，其中充分体现了美国减税的法律程序。在理解特朗普预算草案的动向前，我们不妨看看里根于1981年签署的《经济复兴法案》的国会立法过程。

1981年7月23日，众议员丹·罗斯滕科夫斯基（Dan Rostenkowski）提案至众议院。

1981年7月24日，众议院筹款委员会向众议院报告。

1981年7月29日，众议院以323:107表决通过该提案修改版。

1981年7月31日，参议院口头表决通过HIRES.266替代议案；同日，众议院口头表决不同意参议院修订草案，履行分歧处理的法律程序；同日，两院联席委员会举行会议讨论，以求弥合分歧。

1981年8月1日，两院联席委员会通过会议联席报告；同日，两院联席讨论会议报告，参议员多尔（Dole）投票反对修订案；同日，两院联席会议达成97—125号会议报告并提交众议院审议。

1981年8月3日，参议院以67:8投票通过联席会议报告。

1981年8月4日，众议院以282:95投票通过联席会议报告。

1981年8月12日，该报告提交给总统签署。

1981年8月13日，总统签署，该文件正式成为美国公共法律（public law）。

美国1986年的《税制改革法案》的国会立法过程与1981年的《经济复兴法案》立法在法律程序上相同，这是宪法框架事先规定了的，只是经历的时间不同。

美国宪法第一条第8款规定：国会有权规定和征收直接税、进口税、捐税和其他税收。1913年发布的美国宪法第16条修正案进而规定：国会有权对任何来源之收入课征所得税，所得税收入不必分配于各州。美国宪法第一条第7款规定：所有关于征税的议案应首先由众议院提出，参议院可以对此议案表示同意或提出修正案。据此，政府收入和开支的所有项目都必须得到国会的审查、批准，众议员提出的税收议案，必须经参众两院专门委员会各自的听证、讨论乃至博弈，方可进入简单多数表决投票的阶段。参议院不能独自提出税收议案，而政府的所有财政行为只限于国会同意的范围之内。

此外，美国宪法第一条第2款规定：众议院和参议院通过的每一议案在成为法律之前，必须送交总统。总统接到两院议案后，如果同意，应签署；如果不批准，应将该议案连同反对意见退回最初提出该议案的议院。该议院应将其详细载入本院会议记录并进行复议。复议之后，如果该议院有三分之二议员同意通过，该议案将连同反对意见一起送交另一议院进行复议，如另一议院也有三分之二议员赞同，则该议案成为法律。两院通过的税改修正案如果有所不同，则由两院联席委员会协商修订，并再次返回各自议院分别审议表决，直至形成意见统一的两院税改方案，然后提交总统签署，才能成为正式的公共法律。若任何议案在送交总统后10天内没有被退回，则该议案如同已经签署，自动成为法律。

我们不妨请注意一下其中的英文表达：描述"国会议员引入议案"用的是"introduce"，描述"总统建议"用的是"propose"。在法律意义方面，两者应该有所区别。"introduce"是进入立法磋商程序的第一步，而"propose"顶多是个倡议性的文件。显然，在国会启动立法程序之前，总统提出的减税方案跟社会大众的呼声没什么两样，都只是"政策建议"而已。

这是一种十分精致的高门槛的制度设计，其中蕴含的税收正义、权力制衡等现代国家建构的意义和价值，与美国政治体制的日常运行有机地融合在一起。之所以说"高门槛"，是因为参众两院都要达到三分之二多数才可以推翻总统立法否决权，做到这一点相当不易。自美国建国至2001年，国会共推翻总统否决权106次，这只占全部否决权案的7%，比例并不高，但我们不能就此认为国会的反对不重要。

当初在费城，美国宪法的设计者就是把它作为总统和国会在立法程序上的一种权力的分立和制衡机制来考虑的。一方面，国会不能因为立法权在手就随意立法或变更法律，否则将面临总统的否决；另一方面，总统不能因为握有立法否决权而轻易否决国会已经通过的法案，必须认真对待国会的意志，他如果做不到这些，就会面临国会的再次否决。国会的难度在于，必须有能力凝聚起足够多的政治力量，才能显示出其权力的有效性；而总统的难度在于，总统行使权力时必须时刻如履薄冰，如遭遇国会的强力反对，总统的否决将失去意义。对于总统来说，否决权只是一种消极的武器，只对想阻止立法的总统有用，而不适用于那些寻求规则的实质性改变的总统。所以，长期以来，虽然美国总统和国会的冲突不断，但合作才是主流。

如何预估美国税收政策

一个国家如果没有共识就没有未来，共识形成的基础是民主的讨论以及与其相配适的一整套法律程序和规则。而根据美国减税的法律程序，我们可以了解美国时任总统特朗普在减税问题上如何与国会参众两院具体沟通及其未来的政策走向。

事实上，税改是法治国家的头等大事之一，不是谁想通过就能通过的，因为权力的分立和制衡的制度设计使得公共决策必然是一个妥协和磋商的产物。我们要想看美国税收政策的下一步走向，不是看总统，而是看国会。

20世纪80年代的英美两国减税带动世界上超过20个国家同时减税，形成了一股延续时间相当长的世界性的减税风潮，在此基础上开启并影响至今的数字经济和新军事革命都与此次减税运动有关。相似的情景再次上演，不是没有可能。

特朗普减税事件的启示

对我们而言，2017年美国减税事件的启示在于四个方面。第一，税收是一国政治的权力，而且是其重要部分。税收是体制运行必须预设的部分，由诸项基本性质的法律构成，我们切不可把天大的问题往小处说。第二，国家税收治理体系必须遵循权力制约的原则，不允许绝对权力的存在。实际上，现代国家预算本质上就是一种外部政治控制机制。第三，征税和用税权的获得、行使包括增减税收，均需要严格依照法律进行，听证和磋商是不可或缺的程序。第四，政策制定者需要认真倾听企业家阶层的意见，并给予积极回应。

我国《立法法》早已规定，税率等税制要素法定，由全国人民代表大会审议通过，形成法律方能执行。但目前我国第一大税种（增值税）尚未完成立法程序，行政部门单方面决定的事实一时还难以改变，而对于具备税收性质的社保缴费，各地方社保部门可以自行调整变更。

04

印第安纳州的智慧

2016年9月，美国时任总统特朗普发表演讲，公布了酝酿已久的减税提案，引起了世界性的轰动效应。他还特别提到，"印第安纳州是透过减税实现繁荣并成就公民梦想的典型案例"，借此肯定了他的团队伙伴彭斯（曾任印第安纳州州长，其间签署了该州历史上最大规模的减税法案），并由衷地发出了"此时华盛顿应借鉴印第安纳州的智慧"的感慨。

2013年1月14日，彭斯就任印第安纳州州长。同年4月17日，在一份名为《赢得就业争夺战：为印第安纳州降低个人所得税税率10%的经济措施》的文件中，彭斯表达了对印第安纳州经济状况的担忧。文件梳理了2012年美国各州的主要经济数据，我们借此观察印第安纳州的经济地位和处境，如表2–1所示。

表2–1　2012年印第安纳州主要经济指标在美国各州的排名

经济指标	在美国50个州中的排名
个人收入增速	第16位
人均个人收入	第39位（仅为美国平均值的86%）
人均地区生产总值	第32位（仅超美国平均值5 000美元）
地区生产总值增速	第25位（仅为1.1%）

经济指标	在美国 50 个州中的排名
就业增长	第 15 位
州内大学中来自州外的学生人数	第 2 位
就业人员中拥有高等教育学历的人数	第 44 位

在高学历的劳动资源吸纳上，尽管印第安纳州每年大学毕业生数量众多，但由于本地无法提供足够多的高工资、高福利就业岗位，该地区沦为智力资源的净流失地。彭斯提醒说："无论是否情愿，我们都身处于一场围绕智力资源、资本、思想以及商业的争夺战中，而这些都与未来就业的创造息息相关，印第安纳州的未来系于我们在这场战争中的表现。"同时，彭斯也意识到，在投资、就业领域的竞争方面，其所涉及的范围不仅仅局限在美国国内，而且已经延伸至国际上，形势日益紧迫。

减税的理由

如何带领印第安纳州在激烈的区域竞争中脱颖而出，成为摆在州长面前一道必须解决的难题。彭斯认为："提升本州竞争力的政策工具有多种，但税收政策无疑是首选，因为税率对个人及商业行为有着显著影响。"他敏锐地观察到："一些具有前瞻性的地区常常着眼于如何改善本州的税制环境，以吸引更多的外来投资。尤其是当某些地区在驱赶人口及就业时，另一些地区在努力吸引这些经济发展的关键要素。"

2013年1月22日，彭斯在州情咨文中特别强调了本州实施减税政策的数点理由。此时距离他正式就任仅一周时间。他阐述的政策理由有三点。

第一，借助此次减税，本州每年可让利私营经济5亿美元，州内民众可以有更多的钱去选择消费、投资或者储蓄。这样做，无论是对家庭还是商业发展，均有裨益。

第二，此前州内92%的小商业者需要支付州内的个人所得税，税负显然偏重。如果将降低个人所得税税率作为减轻小商业者及家庭农场税负的手段，人们就可以从中获得更多的利润，从而雇用更多的劳动者、采购更多的新设备，进而激励经济增长。

第三，如果降低个人所得税税率10%的目标得以实现，本州的税率将是美国中西部地区的最低水平。由此，州内诸多企业将会更加倾向于扩大再生产，并吸引州外的企业前来投资。

减税的程序

在税收法治环境成熟的社会，即使政治家一再宣称将实施为民谋福利的政策，这类政策从酝酿到实施还是要经历一个相对漫长的过程，履行严格的法律程序，遵守一定的规则，以确保民众及其代表享有充分的知情权、同意权乃至不服从的权利。

2013年1月14日，彭斯在就职演说中提出："公共政策必须以就业为中心，并保证当代及未来的机会。"为了促进此目标的实现，他建议压缩公共开支，使得民众能够留住更多的辛苦所得，这是他最初的施政方针。我们不难看出，这里已经有围绕就业目标酝酿减税政策的影子了。

数天后（2013年1月22日），在州情咨文中，彭斯的施政理念开始逐一落地：秉持"经济增长的坚实基础——规范财政预算"原则，保持预算平衡且不增加税收，同时确保政府预算增速不超过民间家庭预算，进而提出个人所得税税率降低10%的减税策略，并"代表本州数百万勤奋的工人、小商业者以及家庭农场主"，向在座的州议会议员寻求对这一减税提案的支持。

但是，减税策略的实现还是不免经历了一些波折。2013年2月，州众议院仅通过了不含降低个人所得税税率的预算议案；同年4月初，州参议院通过了仅降低个人所得税税率3%的预算议案；当月26日，州议会与州长共同磋商拟定，在未来四年内将个人所得税税率下调5%，这意味着2015年的印第安纳州个人所得税税率由2013年的3.40%下降至3.30%，并于2017年下调至3.23%（见表2-2）。2013年5月8日，彭斯签署了这项涉及300亿美元的为期两年的预算法案，总共为本州居民减税超过10亿美元，在很大程度上兑现了他对本州选民的承诺。

表2-2　2014—2015年美国预算法案规定的各税种税率变化

年份	个人所得税税率（%）	企业所得税税率（%）	遗产税税率（%）
2013	3.40	7.50	
2014	3.40	7.00	
2015	3.30	6.50	废除
2016	3.30	6.50	
2017	3.23	6.50	

资料来源：https://taxfoundation.org/indiana-approves-income-tax-reduction/。

我们以彭斯2013年的税改提案为例，阐述了税收法定主义思维和施政过程中必须遵循的税收法治程序问题。2014—2016年，彭斯继续坚持"减税促进就业"的理念，在本州的其他多个税种上亦做了类似推动，比如2014年的商业个人财产税等。

减税的效果

在2016年的州情咨文中，彭斯回顾了就任三年来本州经济发展发生的变化。

第一，新增12.90万个就业岗位，失业率从三年前的8.60%下降至4.40%，仅有少于3.40万人处于失业状态。

第二，持续上榜十大最适宜经商的地区，仅2015年，通用、斯巴鲁、劳斯莱斯以及雷神等规模企业就累计实现投资数十亿美元，创造了前所未有的就业岗位。

第三，改革医疗保险，确保以个人责任为基础。超过35万名低收入者通过购买健康保险，在一定程度上改善了生活状况。

我们借助美国商务部经济分析局、劳工部数据库，摘取1998—2016年印第安纳州就业人口、地区生产总值、人均个人收入、失业率等指标进行验证（见图2-2至图2-5）。尤其是2013—2016年，相关指标延续既往趋势，地区生产总值、就业人口以及人均个人收入呈现上升态势，失业率则呈下降态势，与彭斯在任期间所称的减税效果基本一致。

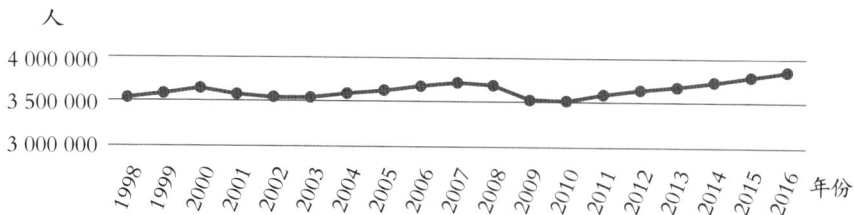

图2-2　1998—2016年印第安纳州就业人口

资料来源：根据美国商务部经济分析局数据库整理。

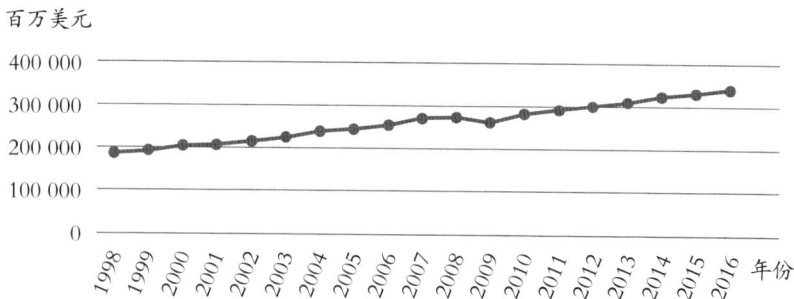

图2-3　1998—2016年印第安纳州地区生产总值

资料来源：根据美国商务部经济分析局数据库整理。

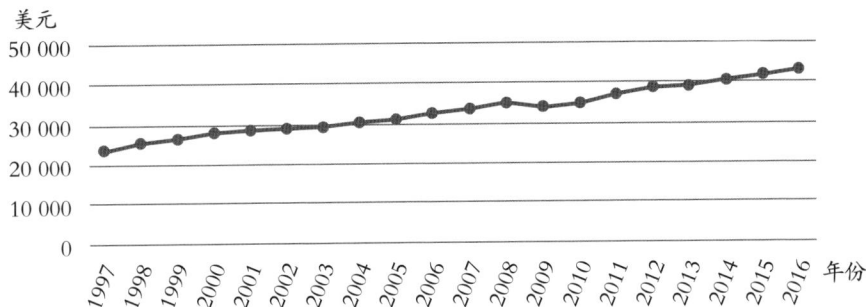

图2-4　1997—2016年印第安纳州人均个人收入

资料来源：根据美国商务部经济分析局数据库整理。

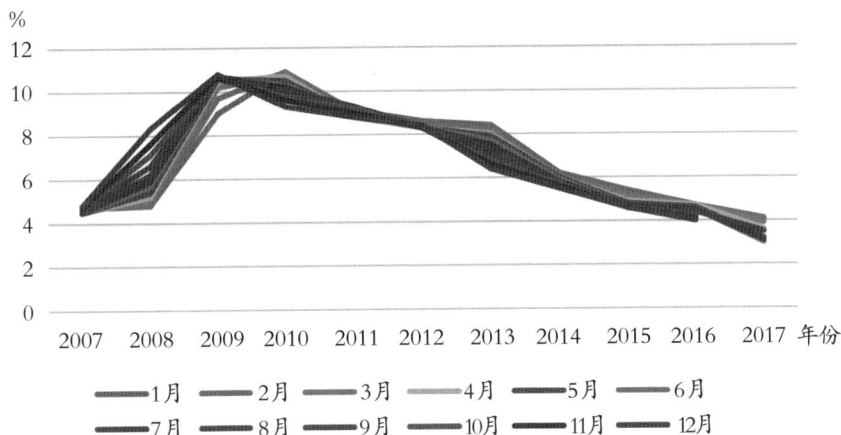

图2-5　2007—2017年印第安纳州失业率

资料来源：根据美国劳工部数据库整理。

有益的启发

在任职州长期间，彭斯坚持以促进就业为目标，在激烈的税收竞争环境中，坚定地推动各项税率的降低，以吸引企业投资，同时压缩财政开支，确保预算平衡，进而持续性地维持以轻税为主的税收制度，因而获得很大的成效。彭斯施政经验主要表现在两个方面。

第一，严守政府本分，厘清政府与市场的边界。在市场经济条件下，政府"看得见"的手的权力边界应该在哪里？政府应该运用什么手段和通过什么途径来促进就业？彭斯在2013年的州情咨文中回答了这些问题："政府除了政府岗位之外，自身并不创造工作，但是政府可以创造条件，鼓励人们成为风险承担者、创新者以及工人，这些人都在创造明天的就业机会。"彭斯所指政府可以创造的"条件"，便是依据法定程序征求公众同意下的减税行动——实实在在地让利于民。

在市场与政府的关系的矫正上，除政府主动减税外，"废除繁文缛节"（放松政府对市场经济的过分管制）也是彭斯始终坚持推进的事项。美国白宫经济顾问委员会（CEA）公布的《放松管制下的经济增长潜力》指出："过分的管制对经济是一种'税'，自1980年以来，每年抑制经济增长约0.8%。"可见，这一施政方针在特朗普就任美国总统后得以一脉相承，尤其是针对发生在各个领域的制度性束缚，美国政府着力降低市场主体的制度性成本，即发挥某种程度上的"减税"作用。

第二，关于中央政府与地方政府的财政关系如何界定的问题，彭斯引用30多年前里根的名言"各地方政府无法管理好自己的事务（需要联邦政府的干预，如转移支付等）"，并预言"伟大的美国实验（各州地方政府的尝试）将为国家提供最具创造性的解决方案，并因此带来希望"。

在美国联邦财政体制的分税制下，联邦政府事权对应联邦政府一级的财政支出责任，地方政府事权对应地方政府的财政支出责任，地方征收上来的税款尽可能地留在当地，并交由当地民众及其代理者议会、政府支配使用，这是自英格兰实现现代化以来一直秉持的原则。这样做可以降低联邦转移支付所带来的效率、资金损失，从而将有限的财政资金花在刀刃上，这也是包括彭斯在内的美国行政团队，一直努力推动废除"奥巴马医保"这一联邦税种，并鼓励地方政府探索适宜本地区的医疗保险征缴体制的重要原因。

一方面，政府要注重财政资金的征收规模，尤其从政府与市场的边界出发，将其作为政府提供公共产品的依据，即征税的实在理由，征求纳税人同意乃至理解；另一方面，央地关系的划分保证将征收而来的税收资金合理分配使用，尤其是保证地方财政资金的规范充足，进而提高税收资金的使用效率，为纳税人切实负责。

05

一份税改报告引发的争论

2017年10月中上旬，美国众议院、参议院相继通过了由白宫提交的2018财年预算，为"特朗普税改"的下一步推进奠定了重要基础。美国白宫经济顾问委员会在2017年10月16日（星期一）发布了一份题为《企业税改与工资增长：理论与实证》的报告，为酝酿多时的税改提供了进一步的政策依据。该报告认为，企业税率的降低可以有效提升居民家庭的工资收入，这句话主要是针对企业税率降低至20%这一减税方案来说的。在这份报告中，美国白宫经济顾问委员会还做出了一个"偏于保守"的估计：降低企业税率这一举措如果能够如期且不打折地付诸实施，就可将美国居民家庭年均收入增加4 000美元。之所以称其"保守"，是因为乐观估计居民家庭年均收入增幅将达到9 000美元以上。报告在发布后立即成为美国社会各界关注的焦点。

报告发布当天的观点对垒

就在报告发布的当天，美国经济学家杰森·福尔曼（Jason Furman）在社交媒体上发表评论说："美国白宫经济顾问委员会这一新的研究成果，为经济学中有关'劳动者对企业税负有多大贡献'这一争论提供了一个250%的参考答案。"他给出了一个较为简单的计算公式：每户家庭年收入增加4 000美元，涉及1.25亿户家庭，国民福利因此受益5 000亿美元（4 000美元×1.25亿），与企业税率降低带来的税收减少2 000亿美元相比，可以视为劳动者对企业税率的贡献为250%。

早在2017年10月上旬，经济学家劳伦斯·H. 萨默斯（Lawrence H. Summers）在接受美国消费者新闻与商业频道（CNBC）《即时报道》节目采访时，就对这份即将出炉的报告中增加4 000美元年收入的观点做过直截了当的评论，称其为"无稽之谈"。他指出："创纪录的企业高利润显示，公司并不需要提升员工工资。"

针对萨默斯的说法，2017年9月才走马上任的美国白宫经济顾问委员会主席凯文·哈塞特（Kevin Hassett）在报告发布的当天接受了美国消费者新闻与商业频道《街谈巷议》节目采访，他不客气地指出："不清楚他（萨默斯）所说的荒谬在哪里，我可以告诉大家的是，或许他压根儿就不知道，所以他没有具体说出来。"哈塞特仍然坚持减税与工资增长的逻辑："如果美国企业税率自35%降至20%，这将为企业创造更多的利润，继而扩大再生产，这样就增加了劳动者市场需求，最终将导致劳动者工资的提高。"

我们不难想象，作为经济学"大佬"的萨默斯，在听到针对他的这番强硬言论后肯定会感到不高兴，这就为后续的论战埋下了伏笔。

异议者的阐述

果不其然，萨默斯快速回应了。在报告发布的第二天，他在《华盛顿邮报》撰文，开门见山写道："特朗普首席经济顾问的税收分析不仅是错误的，而且'不够诚实'。考虑到之前的电视采访并非合适的辩论平台，我以撰写文章的形式做进一步的观点阐述。"

萨默斯认为，哈塞特的核心论点（企业税率降至20%可增加居民收入4 000美元）的荒谬之处显而易见：降低税率至20%将导致税收减少2 000亿美元，但多大程度的减税有益于资本及劳动，经济学界尚未达成共识。

另外，工资的增长可能是多种因素的组合，不只是企业税率降低的结果。第一，经济发展需要逐步达到接近充分就业的水平；第二，资本的成本处于较低水平；第三，减税对利率产生压力；第四，区域水平内的系统措施将产生外溢效果。这些问题很关键，萨默斯认为哈塞特几乎没有注意到这些问题。

萨默斯还不厌其烦地一一指出了哈塞特在技术层面的错误：第一，在全面扩张状态下，企业税率的降低无助于降低股权融资的投资成本，且会提高债务融资的投资成本；第二，税收政策影响的价格变化并不代表经济福利及居民真实收入的改变；第三，在现代经济学中，尚无税率水平的相关理论认为工资的下降与税率的增长有关，理论倾向认同工资与税率各自变化的相关性，而非公司税率水平与工资增长的相关性。另外，部分学者研究表明，较低的公司税率将刺激股东投资者压低劳动者工资。

在文章结尾，萨默斯略带讽刺意味地说："如果这是一个博士生提交的有关公共财政方面的学期论文，那么我不会让其顺利通过。我的预测是，随着税收政策讨论的深入，会有更多的本应表达严谨的共和党经济学者站出来为'特朗普税改'背书和辩护。"他还警告说："哈塞特先生如果想保持美国白宫经济顾问委员会和他个人的声誉，那么以后在做此类经济分析时最好表现得更加诚实和慎重一些。"

曼昆的一道公开练习题

两方辩论正酣之际，第三天的时候，著名经济学家、哈佛大学经济学教授曼昆也参与到了这场"企业税率的降低将引起工资增长多大程度的变化"的讨论中。他选择的参与形式颇为独特，他在其学术博客主页上出了一道经济学的练习题。他将企业税率与工资增长的变动关系设定在一个开放经济体中，即经济体的总产出（增加值）仅由资本与劳动两个生产要素决定，并将其与其他生产函数相比，而暂不考虑土地、技术、企业家才能等其他要素对总产出的影响。

对于每单位逐利的资本来说，投资路径一般有两条：第一条是投入实体企业用于扩大再生产以赚取利润，第二条是存入银行以获取利息。在市场长期均衡的条件下，两个选择的最终收益应趋于相等。但在现实中，两者又常常是不对等的。当银行利率较高时，资本纷纷涌向银行，即人们常说的脱实向虚；当实体毛利率较高时，资本纷纷涌向实体经济，直至实现均衡，即每单位资本投入实体所赚取的利润应等于其存入银行所获取的利息。

在这里，曼昆巧妙引入了企业税率t。也就是说，对于资本投入实体赚取利润的这一方来说，我们还应考虑企业税率所影响的企业税负扣除，即税后利润应等于银行利息，即等式1［其中，r为均衡利率、t为企业税率、k为每单位劳动的资本量，$f(k)$为产出］。

$$r=(1-t)f'(k) \qquad 等式1$$

对于另外一个变量——工资收入及其增长，曼昆认为，资本投入实体经济产出（增加值）因仅涉及资本与劳动两个生产要素，即资本与劳动各自贡献相应的实体产出（增加值），分别表现为企业利润与工资收入，构建了围绕工资收入与企业产出（增加值）、税前利润三者之间的关系，即等式2［w为工资、$f'(k)k$为税前利润、$f(k)$为产出］。

$$w=f(k)-f'(k)k \qquad 等式2$$

在两个关键变量引入等式1与等式2后，曼昆利用企业税率变动所引起的成本变化为探究关键变量的相关性做出铺垫，即等式3（t为税率，x

为由税率变动所引起的成本变化）。

$$dx = f'(k)\,kdt \qquad 等式3$$

根据上述条件，尤其是企业税率与成本变动的边际关系，我们可以求导出每单位由税率变化所引起的成本浮动，进而得出其影响的劳动者工资变化，并以t的代数式表示。

$$dw/dx = 1/(1-t) \qquad 等式4$$

针对以上推导过程，曼昆不仅给出了具体论证细节，还介绍了其他学者对此的分析，包括凯西·马利根（Casey B. Mulligan）、约翰·柯克伦（John Cochrane）等教授。其一致的论证结果为：如果税率t是1/3，等式4等于1.5，即表明如果企业税率每减少1美元，工资收入将提升1.5美元，并且认为，在资本满足一定条件时，减税导致的工资收入增幅将大于1.5倍。

由此，曼昆对这场辩论中最为关键的问题"企业税率的降低将引起工资增长多大程度的变化"做出了最终回答：大于或等于1.5倍。

芝加哥大学教授的评论

在税改大讨论的第三天，马利根教授撰文与萨默斯商榷。他围绕杰森·福尔曼教授提出的经济学疑问，认为其设想来源于经济学供给需求理论（又称"无谓损失"）。

在图2–6中，尽管政府税收收入为"$B+D$"，但消费者与生产者的福利损失为"$B+D+C+E$"。在经济学中，"税收楔子"介入经济交易活动而引起市场交易主体的损失，被称为"无谓损失"，即"$C+E$"。

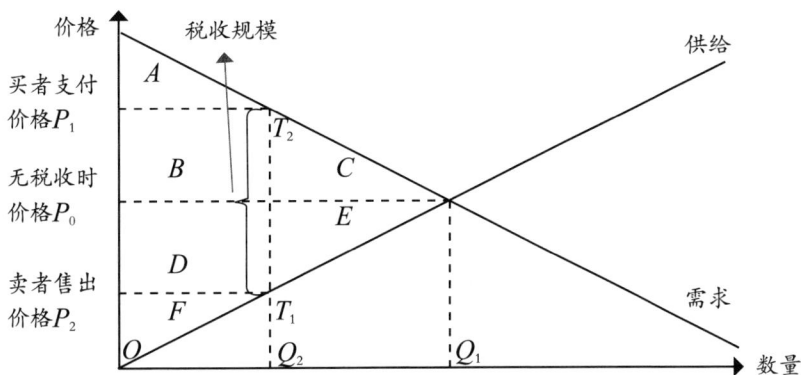

图2-6　税收如何影响福利

　　关于"税收楔子"对企业作为要素所有者的影响，马利根教授认为，资本利得税介入市场交易，将导致资本利得税收入小于要素所有者的损失，而且税收收入仅仅是要素所有者损失的"下限"。长期来看，由资本利得税的征收所导致的要素所有者损失，均是劳动者的损失。因此，资本利得税收入是劳动者损失的"下限"。

　　接下来，马利根教授依次回答了三个问题。第一，为什么长期来看劳动者承担了所有的福利损失？他的回答是，供给曲线长期可能倾向于水平线，水平线以下损失区域可忽略不计，可以全部归结为劳动者损失。第二，长期来看，劳动者对资本利得税的贡献率在100%以上，那么究竟有多大？借助柯布-道格拉斯生产函数中劳动占比70%的观点，如果实施50%的资本利得税，那么福尔曼的设想值为350%；如果实施40%税率，则福尔曼的设想值为233%。[①]第三，劳动者因政府减税而获得的收益是否显示于图2-6中？马利根说，萨默斯曾经对供给学派经济学做出过贡献。《供给学派的经济政策》（*The Supply-side Effects of Economic Policy*）一书收录了萨默斯的一篇文章，即《经济政策对投资的影响》

[①] Lawrence H. Summers，Barry P. Bosworth，James Tobin and Philip M. White，"Taxation and Corporate Investment: A q-theory Approach，"*Brookings Papers on Economic Activity*，1981，1981（1）：67-140.

（Tax Effect of Econoimic Policy on Investment）。文章写道："劳动者极有可能受益于企业税率的降低，甚至无须资本的增加，因为资本本身会在企业中得以优化配置。"马利根的言下之意是，萨默斯作为经济学者的学术立场前后表现出较大的差异，很难让人接受。

以子之矛攻子之盾，马利根在文章的最后调侃说："总之，任何使用萨默斯的研究成果做政策分析的学者，用萨默斯的话来说，都是不真实、不合格及荒谬的。"

美国白宫经济顾问委员会在第四天的回应

讨论持续到第四天，2017年10月19日，美国白宫经济顾问委员会研究员发表了一篇名为《关于税收、数学计量及学术诚信》的文章，回顾了自星期一发布《企业税改与工资增长：理论与实证》报告以来所引发的社会讨论，并指出，类似的学术分歧自古希腊时代的亚里士多德开始，到200多年前亚当·斯密开创现代经济学一直存在，但学界至少在一个问题上是可以达成共识的，即征收赋税会减少经济产出。

这是一个极其重要的思想，不仅在亚当·斯密的《国富论》中早有经典论述，在经济学理论中的"无谓损失"原理中也得到当代学者的进一步确认："如果没有人投资建设工厂，那么产出便会消失，工人无法就业，工资收入便无法实现。"[①]尤其在当前世界性竞争的大背景下，投资和人才会自行寻找"成本洼地"，在全球范围内实现优化配置。因此，保持当地企业税率的较低水平，有助于赢得投资，促进就业和增加收入。另外，政策所在地的工人是相对固定的，这也会在一定程度上影响投资。

---

① ［英］亚当·斯密著，郭大力、王亚南译：《国民财富的性质和原因的研究》上卷，商务印书馆1972年版，第385页。

关于部分学者对某些观点的怀疑，比如"政府每放弃1美元收入，工人就可以获得2.5美元""工人贡献了企业所得税的250%"等，美国白宫经济顾问委员会的这篇文章做了一定的分析。

首先，税负由劳动者或者企业承担，但我们不应将其所贡献的税收收入作为单一的衡量标准。文章举了一个比较极端的例子：如果每辆汽车征税100万美元，这会导致此类税收收入为零，因为人们根本无力承担那么重的税收，并且肯定对经济的运行造成损害。那么，我们是否可以说，由于汽车行业没有给政府带来税收收入，所以汽车没有税负，也就意味着税收并没有给汽车企业及其职工造成税费负担？这一推论显然无法成立，因此劳动者贡献多大程度的企业税负，并不能单纯以其税收收入来衡量。在美国白宫经济顾问委员会看来，"工人贡献了企业所得税的250%"这类推断并不成立。

其次，回到企业税率与家庭收入的问题上，类似对汽车征税，过高的企业税率会抑制经济活动，会对工人及公司造成伤害。这就要求政策制定者应当清楚在既定的税收政策下，每个社会群体所承担的总损失究竟有多大。为了使居民家庭能够通过减税获得更多的收入，我们唯一的途径便是减少政府征税。换句话说，250%的数字只是告知人们，不要让工人承受高税率引起的"无谓损失"。

最后，美国白宫经济顾问委员会研究员自问自答：居民家庭年均新增4 000美元的收入究竟来自何方？事实胜于雄辩，它将来自美国的新增投资、新建工厂和新采购的机器设备，还有就是来自激励美国2.8万亿美元海外利润回流的政策。

他山之石，可以攻玉

大洋彼岸有关税收话题的讨论依然在持续着，但通过对短短四天的观点交锋的观察，我们至少可以获得一些启示。

第一，所有社会问题的研究，尤其是公共政策方面的问题，应当保留每个人充分表达的空间，应当允许不同的见解存在，允许相互辩论。这是一个开放、平和社会的常态，因为这样才有利于人们更为全面地认识问题，也是人们不断修缮各自观点的一个必经的过程，避免整体走向偏激、愚昧及无知。这便是现代社会治理应当具有的襟怀。

第二，关于政府减税的问题，历来分歧严重，不仅中国如此，国外也是如此。不同税种及其税率的复杂变化，对政府、企业、居民家庭的影响程度不一，包括学者在内的社会各界都是利益攸关者。有关民间正义、程序规范、规则公平等，都值得人们时刻关注。我国在2016年底发生过类似争论，尽管热度不逊于美国此次争论，但由于种种原因，相关的专业讨论没有深入下去。

第三，企业税率的高低与居民家庭收入增减两者之间的相关性，至今学界尚未达成较为一致的认识，但相当一部分学者认为，企业税率的降低有助于家庭收入的大幅度增加。无论从柯布-道格拉斯生产函数还是"无谓损失"理论，抑或曼昆劳动-资本模型推导，我们都可以找到较为可靠的理论支持。

另外，一个常为学界所引证的经验事实是，在经合组织中，企业税率最低的10个国家的平均企业税率，大约比企业税率最高的10个国家低13.9%，但是前者的工资收入增长远高于后者。显然，理解和引入这样的研究成果，对我国当前减税政策的进一步完善是不无裨益的。

06

10个酒友的故事

有一间酒吧，每天晚上都有10个酒友相约来此喝酒。他们彼此亲如兄弟，每次消费的总金额都是固定的100美元。

喝酒是要花钱的，但他们没有采用AA制。对于每晚在酒吧的消费，经过一番商量，他们决定采取根据各自家庭经济条件量力负担的办法，其中最穷的4个人不用花钱，其余6个人依据贫富程度分担，依次是第5位付1美元，第6位付3美元，第7位付7美元，第8位付12美元，第9位付18美元，而第10位，也就是最富裕的那个酒友，需付59美元（见表2-3）

表2-3　10个酒友的付费金额

成员	1-4位	第5位	第6位	第7位	第8位	第9位	第10位
付费（美元）	0	1	3	7	12	18	59

他们都满意并习惯于这样的分担模式，直到某天晚上发生了一件事。那天在结账时，酒吧老板对着众酒友说了一番话，让大家本来平静的心泛起了涟漪。酒吧老板说："考虑到大家都是常客，一直以来都具有良好的信用——从不赊账、赖账，我决定向你们让利，从今往后，你们每晚只需付80美元就可以了。"

接下来的问题是：他们如何调整付费金额？他们延续了既往量力负

担的原则，前4个最穷的人不会受到影响，依然免费享用每晚的酒水，但是其余6个人该如何在保证公平的情况下，享受酒吧老板给予的20美元优惠折扣呢？这成为摆在他们中间的一道难题。

他们意识到如果将20美元的优惠折扣平均分配，那么每人将受益3.33美元；如果考虑到之前6个人各自承担的费用，那么第5位及第6位也可以与前4位一样加入每晚免费喝酒的队伍中。如果这样的话，那么实际承担费用便只剩下4个人，这公平吗？

正当大家疑惑不解的时候，一旁的酒吧老板提议，还是按照量力负担的原则，越穷的人所享受的降幅越大，并给出了一份降低价格的清单。

第5位如同前4位最穷的人一样，今后可以不付费，获得100%的减免；第6位现在只需要支付2美元而非之前的3美元，获得大约33%的减免；第7位现在只需要支付5美元而非之前的7美元，获得大约29%的减免；第8位现在只需要支付9美元而非之前的12美元，获得25%的减免；第9位现在只需要支付14美元而非之前的18美元，获得大约22%的减免；第10位现在只需要支付50美元而非59美元，获得大约15%的减免（见表2-4）。

表2-4　第5—10位酒友的付费金额调整及减幅

成员	第5位	第6位	第7位	第8位	第9位	第10位
付费（美元）	0	2	5	9	14	50
减幅（%）	100	33	29	25	22	15

总之，酒吧老板设计的方案让其中的6个实际付费者获得了益处，同时前4位继续享受着免费的酒水。这应该是一个皆大欢喜的局面，于是大

家相约改天来喝酒时执行新方案。

可是，他们走出酒吧不远，就回过味儿来了，开始算计各自的减免比例，并且声称这个方案不合适，竟然吵起来。

第6位说："我只在20美元降价总额中享受到1美元，而第10位居然获得了9美元的减免额度！"

"的确，没错！"第5位说，"我也只享受到了1美元的减免额度，而他的受益比我大8倍！"

"确实如此！"第7位大喊，"为什么他可以获得9美元让利，而我只获得2美元，最富裕的人拿走了全部的优惠折扣！"

"稍等！"最穷的4个人也站出来，齐声叫道，"我们没有获得任何减免！"

10个人中竟然有8个人在抱怨，怒气都发泄在唯一的富人身上，这让这位最富裕的人很沮丧。最终，他再也没有出现在这个酒吧，其余9个人坐下来继续畅饮，但是他们在结账时发现，再也没有足够的钱去偿付哪怕一半的酒钱——第10位前后承担酒费占比分别为59%和62.5%，其余9个人一共承担41%和37.5%。

这是美国社会流传的一则寓言，人们对它的情节和所蕴含的智慧产生了兴趣，议论纷纷之下，亦不乏深层次的分析。

寓言中的酒吧是整个社会的缩影，酒吧老板代表政府，酒友代表纳税人，酒钱代表纳税人交给政府的税。

税收连接着政府与社会，与每个纳税人的切身利益密切相关。在税改紧锣密鼓的推进过程中，这则寓言深入浅出，方便每个人的理解与评说，更利于社会大众的实际参与。

我们不妨一睹其中关于税收的道理。

第一，税收具有交易性。表面看来，税收是强制征收的，但在"经商第一"的美国人看来，市场经济蕴含的自由交易、平等互利的观念在税收中也应有所体现。

在这则寓言中，10个酒友每天让渡100美元（后来降至80美元）给酒吧老板，从而购买到酒吧的酒水，完成其消费需求。在这个持续的交易过程中，酒友因花钱喝酒得到了满足，酒吧老板因卖酒赚到了利润，双方的福利均得到提升。

如果将酒水的花费100美元（后来降至80美元）视为一种税，酒吧老板的酒水就代表着政府提供的公共产品及服务，是纳税人以税的形式让渡各自的可支配收入换得的，或者说购买的，而非酒吧老板出于恩慈施予的。①可见，市场的交易主体之间是一种自然平等的关系。不同于国家分配论中的"被分配方"，纳税人作为与政府平等交易的买方，也可以对公共产品质量的优劣及服务水平的高低评论。正所谓"褒贬是买主，喝彩是闲人"，这是纳税人的专属权利，有利于出售公共产品及服务的卖家借此改进。

这则寓言进而演化出对后世影响深远的税收付出者同意原则。正如约翰·洛克（John Locke）在《政府论》中所阐明的："诚然，政府没有巨大的经费就不能维持，凡享受保护的人都应该从他们的产业中支出他的一份来维持政府。但是，这仍需得到他们的同意，即由他们自己或他们所选出的代表所表示的大多数的同意。"②

第二，税收的公平性。16世纪，托马斯·霍布斯（Thomas Hobbes）在《利维坦》一书中注意到作为平等正义代表的税收公平与财富是否相关。③18世纪，亚当·斯密在《国富论》提出税收四原则，其中之一便是公平原则，即"一国国民，都必须在可能范围内，按照各自能力的比例，即按照各自在国家保护下享得的收入的比例，缴纳国赋，维持政

---

① ［英］亚当·斯密著，郭大力、王亚南译：《国民财富的性质和原因的研究》上卷，商务印书馆1972年版，第14页。

② ［英］洛克著，叶启芳、瞿菊农译：《政府论》下卷，商务印书馆2011年版，第88页。

③ ［英］霍布斯著，黎思复、黎廷弼译：《利维坦》，商务印书馆1986年版，第269页。

府"。^①19世纪末，克努特·维克塞尔（Knut Wicksell）及其弟子埃里克·罗伯特·林达尔（Erik Robert Lindahl）发展了这一理论，提出考量公平："国家给付个人的边际效用与纳税人损失的财富应当等价。"

在税收体系的构建中，政府一般根据纳税人承担能力的不同设置相应的税负，即收入水平相对较高的人税负相对较重，收入水平相对较低的人税负相对较轻，甚至得到税收返还或社会福利救济，避免贫富悬殊。

在这则寓言中，酒友每天固定花费的100美元酒水分别依据家庭经济条件的不同而相应承担，即使花费降低至80美元，酒吧老板的建议也依据此原则没有改变，最富裕的第10位酒友每次支付的费用最大，且占总花销的比例过半，即贡献着最大额的税收，而随着经济状况的下降，其他9个人所承担的税负比例也依次下降，较贫困的4位酒友（后来增加至5位）则免于付费（见表2–5）。

表2–5　10个酒友优惠前后付费的分担比例

承担者	第1–4位	第5位	第6位	第7位	第8位	第9位	第10位
付费（美元）	0	1	3	7	12	18	59
付费占比(％)	0	1	3	7	12	18	59
优惠20美元后							
付费（美元）	0	0	2	5	9	14	50
付费占比(％)	0	0	2.50	6.25	11.25	17.50	62.5

第三，保护企业家精神及才能。主流经济学的假设（信息完全、偏好及信息给定）与关注重点（仅在意均衡、稳定而非发展、变化）的局限，使得企业家这一在变化的世界里依靠想象力、创造力做出决策的角色长期被忽视，而在现实中，往往被包括学者在内的其他社会阶层误

---

① ［英］亚当·斯密著，郭大力、王亚南译：《国民财富的性质和原因的研究》上卷，商务印书馆1972年版，第384页。

解，甚至敌视。具体到减税，如何相对公平地分配税收，如何调整适用于作为财富拥有者的企业家税负，也是公共政策制定与实施的难点。

表2-6展现了依据量力负担原则下的两种评估视角，第一种是"受益绝对值占总量比例"方法，即在20美元的优惠折扣中，最富裕的阶层占10美元，即50%，其他各阶层占比随着收入水平的下降而下降；第二种是"减幅"方法，即与自身原有支付的费用相比的下降幅度，随着收入水平的下降，在20美元优惠折扣影响下，其所享受的降幅越大。

表2-6　10个酒友优惠前后付费比例分析

受益绝对值	0	1	1	2	3	4	10
受益绝对值占总量比例（%）	0	5	5	10	15	20	50
减幅（%）	0	100	33	28	25	22	16

寓言中的9个人偏激地选择第一种方法，导致财富的创造者无奈之下到"外国酒吧"喝酒，最终结果是这9个人只好自己承担酒钱。

寓言的续集很有可能是：如果9个人想继续喝酒，并保持原有的消费量（福利水平）不变，那么每个人只有付出比之前更大的代价，才能维持酒吧老板规定的80美元固定价格。我们不难推断，如此一来，尽管总量减少了，但是这些人的负担将增加。

收入水平最高的阶层贡献着社会最大的税收收入，而企业家群体作为高收入阶层，是投资者和创新的推动者，为社会财富的创造和积累提供了必不可少的条件，也是就业岗位的提供者，亦是政府税收的主要贡献者，这些方面理应得到社会其他阶层应有的尊重与认可。

在上述模拟的减税故事中，从"受益绝对值占总量比例"方法来看，企业家群体居于最高，其作为富有阶层，考虑到一直贡献着税收的绝大部分，因此享有最大的减税占比。从"减幅"方法来看，企业家阶层享受的比例最小。从"付费比例"的前后对比来看，企业家阶层是唯一一个负担比重不降反升的群体，而这些方面往往是其他社会阶层所忽视的。

回到美国税改，惠及企业家的方案主要有两个：一是大幅降低企业税率，减少投资成本，增加企业家利润所得；二是鼓励海外万亿美元的利润回流，包括将属人原则改为属地原则，简化境外所得税制，旨在提升税制的国际竞争力，借此吸引最富裕的"酒友"重返酒吧。

为了保护企业家才能及创新，自2017年11月开始，美国还特意将每年11月作为"国家企业家月"（National Entrepreneurship Month），以激励并保护企业家的创造活力，并做出承诺："将坚持不懈致力于废除非必要的管制束缚，为营商及资本构建一个更为简化、公平的税收制度。"

保护企业家精神，争取在激烈税收竞争中的国内外企业家投资，从而带动当地就业乃至居民家庭收入的提升，这是美国政府的当务之急。

07

特朗普的"深情一吻"

美国税改自酝酿之初便面对一片质疑声，比如是否仅为富人减税、是否会导致财政赤字恶化等。2017年11月16日，美国众议院表决通过税改法案，这是继2018年联邦预算被参众两院通过以来，又一里程碑式的标志性事件，美国时任总统特朗普称之为"为美国民众年底前实现减税承诺的关键一步"。

在此之前，美国曾发生"总统深情一吻"的事情。

这一幕发生在2017年11月2日美国白宫内阁办公室。这一天上午，美国众议院筹款委员会公布税改提案《减税与就业法案》。当天下午，视"减税为经济重中之重"的特朗普会见了这份提案的主要推动者——众议院议长保罗·瑞安（Paul Ryan）以及筹款委员会主席凯文·布雷迪（Kevin Brady）。其间，他们有了如下对话：

特朗普："……提案中有诸多促进经济增长的因素，比如大多数美国人可以仅在一张纸上申报纳税。凯文，你认为如何？你来告诉大家，纳税申报表是否可以变为一张纸或者半张纸？"

布雷迪："从这里开始。"（与此同时，他将一张准备好的纳税表格递给特朗普。）

特朗普："哦，太棒了！谢谢你，我不知道我还有一个可以展示的道具（纳税申报表）。"

布雷迪："对不起，总统先生，这就是给您的。"

特朗普："谢谢。我认为我们能够实现在一张表格上纳税。我们应该以此方式纳税，如同此刻这张表所展示的，这是我们将要努力的方向。"

布雷迪："没错，总统先生。"

特朗普："我们将让生活变得非常简便……"

这份提案的名称之所以与就业相关，源于特朗普税改的初衷，即通过为中产阶层及企业减税来拉动就业，进而增加居民家庭收入。作为减轻纳税人负担的又一举措，简化税制旨在降低民众的税法遵从成本，包括节省纳税申报所花费的时间。

早在1个多月前（2017年9月26日），特朗普邀请众议院筹款委员会两党（民主党及共和党）成员到白宫商谈，认识到税改计划中的四个重要原则：一是简化、公平税制；二是大幅降低企业税率，以创造就业、增加工资收入；三是为中产阶层大规模减税；四是鼓励外海万亿美元的利润回流。

其中，居于首位的是"让我们的税收体系更为公平、简化"，并批评现在的税收体系太复杂（民众无所适从，美国纳税人每年为此付出60亿个小时），进而提出："在我们的税改方案中，大多数美国人在一张纸上就能纳税申报，而无须额外的辅证材料。因此，这将变得非常、非常简单。这也是我们所指的'简化'。"

之所以如此注重简化税制，是因为美国人对于每年要费时劳神地填写美国复杂无比的税单，有着十分深切的感受。美国有句谚语"the Internal Revenue Code is 10 times the length of the Bible with none of the good news"，直译是"税法条款冗长，十倍于无福音的《旧约》全书"，翻译成我们容易理解的句子是"税法是懒婆娘的裹脚布——又臭又长"。

据美国纳税人协会预计，美国每年纳税人的遵从成本的直接损耗约为2 340亿美元，同时纳税人申报所填写的1040表格的行列数自1935年的34项增加至79项，相关填写说明从1935年的2页增加至241页。

据指美国消费者新闻与商业频道引用"钱谷"（WalletHub）数据报道：2006年，美国人均填写1040表格费用是269美元；2016年，这一费用增长至280美元（美国国家会计联合会的估计是176美元）；2016年，美国人均为此花费的时间为15个小时，且94%的纳税人需要雇用专业人士或使用辅助软件，而美国财政部为此支付的征税成本是550亿美元。另外，据美国国家联邦独立商业协会统计，美国91%的小微企业主需要雇用专业人士报税，预计花费150亿—160亿美元。

日趋烦琐冗长的税法体系及日益上涨的申报成本，年复一年地困扰着美国每一个纳税人，他们需要为此支付大量时间成本、金钱成本。

2017年9月27日，美国白宫发布的税改框架《修补税收体系漏洞的统一框架》（Unified Framework for Fixing Our Broken Tax Code），确立了"为大多数美国人简化为'明信片式'的纳税申报表"目标。众议院筹款委员会把这个设想变成了现实，这便是2017年11月2日特朗普情不自禁亲吻那张卡片的由来。

特朗普税改六人小组，被媒体戏称为"税改六大腕儿"，具体如表2-7所示。

表2-7　"税改六大腕儿"成员简介

序号	姓名	出生年份	党派	时任职位
1	凯文·布雷迪	1955	共和党	众议院筹款委员会主席
2	保罗·瑞安	1970	共和党	众议院议长
3	米奇·麦康奈尔	1942	共和党	参议院多数派领导人

序号	姓名	出生年份	党派	时任职位
4	奥林·哈奇	1934	共和党	参议院财政委员会主席 参议院临时议长
5	加里·孔恩	1960	民主党	国家经济委员会主席
6	史蒂文·努钦	1962	共和党	财政部部长

特朗普税改六人小组自成立以来，定期协商，他们的共同目标是抓住这一数十年难得的机会修缮当前破损的税法体系。他们秉持的信条是实现经济增长与扩大中产阶层而采取最重要的行动，为家庭、商业、就业的创造者（企业）在全球竞争中保持优势而进行税改。

站在经济学理论的角度，评价一种更为有效率的税收制度的关键在于，每单位税收收入的筹集所花费的成本较低。在曼昆看来，纳税人的税收成本，除了支付的税款外，还有两个方面：一是税收对市场交易造成的"无谓损失"，也就是税率越低，"无谓损失"的面积越小；二是纳税人在遵照税法缴纳税款过程中所承担的成本负担，即征纳双方的遵从成本，包括整理文件、计算和避税所付出的时间和金钱，亦是亚当·斯密的税收四原则所强调的便利与最小成本。[①]

在常规的1040表格（2016年版）中，仅收入、扣除、减免三方面就分别高达16项、15项、19项。2017年11月2日，众议院筹款委员会公布并于同月16日表决通过的纳税表格，简化为"明信片"大小，仅含15项。其中，在收入、扣除、减免三个方面，项目填报数量明显简化，仅有9项（见表2-8）。这节省了人们的填表时间，降低了纳税遵从成本，进而赢得了更多纳税人对税改的理解和支持。

---

① ［美］曼昆著，梁小民、梁砾译：《经济学原理：宏观经济学分册》第五版，北京大学出版社2009年版，第256页。

表2-8 纳税申报表主要项目前后对比

项目	税改前（项）	税改后（项）
收入项	16	1
扣除项	15	5
减免项	19	3

因此，我们不难理解特朗普不禁对这张纳税申报单给予的深情的一吻。据现场的人说，他甚至"亲"出了声音。

08

美国减税周年纪

政府与民众的分钱活动，是社会绕不开的一个核心问题。它不仅是经济的，而且是政治的，还与企业及居民家庭息息相关。分钱活动的依据、界限及其调整的程序，涉及社会各界的意见表达、博弈乃至妥协，代表着一个国家治理的水平及文明的程度。

2017年12月22日，美国时任总统特朗普签署通过的《减税与就业法案》，是一个值得挖掘的典型案例。

2017年12月2日凌晨两点左右，百位议员经过长时间激烈辩论，其间甚至进入了令所有人筋疲力尽的"连续投票"（vote-a-rama）——对每一个修改条款在限定时间内持续无间断投票，才走到最终表决阶段，一举通过《减税与就业法案》。

美国国会内部的辩论，是社会各界分歧的缩影。

从经济学界开始，在参议院开始着手审议减税法案时，2017年11月21日，一份来自芝加哥大学普斯商学院针对42位经济学家的调查问卷显示，其中仅有2%的学者认为法案的通过能够显著促进美国GDP增长，高达88%的学者认为法案的通过将显著提高美国国债占GDP的比重。

但是，在参议院即将进入最终投票阶段，2017年11月29日，137位经济学家联名致信参议院，开宗明义，支持减税法案。他们不否认公共政策的复杂及分歧的存在，当反思美国过去十多年公司纷纷外迁、工资增长停滞的原因之一是企业税率过高，进而求同存异时，一致认为当前美国复杂且沉重的税收体系，使得企业及工人负担增加，而减税的实施可以为美国民众造福。

就在这一天，减税提案进入最后投票阶段，特朗普再次飞往密苏里州（之所以是"再次"，是因为2017年8月30日，他曾在这里宣告要推进"造福美国家庭及中小企业"的减税计划）。之所以再次选择这里，他也给出了理由："没有比在美国的核心地带更适合开展此项工作（减税计划），这里遍及勤劳的民众，他们的技术、决心与动力首屈一指。"

与特朗普自诩的"商人"角色类似，在国会议员中，曾是《财富》500强企业CEO的大卫·珀杜（David Perdue），有40多年的经商经历，在全球税收竞争日趋激烈的大背景下，对美国营商环境中的高税收感同身受。因此，他疾呼当前美国减税的紧迫性。他说："在真实世界，你需要比你的竞争者行动更快。曾与耐克及沃尔玛一同竞争的经历告诉我，在商业世界中，你几乎没有时间从理论上充分思考，而是凭借直觉果断地行动。"

如他所言，理论与实证方面的研究集中反映在各方智库所出具的论证报告上。

在参议院即将进入投票表决前，美国国会税收联合委员会研究显示，虽然财政委员会提交的减税提案显示在未来10年内如果GDP增速能够提升0.8%，相应税收就会减少静态损失4 080亿美元，但美国政府赤字仍将达到万亿美元规模以上。对此，美国白宫经济顾问委员会反驳道：该研究低估了减税提案对经济增长的效果，因其忽视了涌入国内的海外资本投资这一关键因素，同时相比美国国会税收联合委员会短短11页的研究报告，且其核心模型并未明确相关假设及推导过程，导致不可重复验证，这是对纳税人的不负责任。而美国白宫经济顾问委员会在这个方面已有的两份报告，共引用120份文献，其中超过半数是经过同行审议的学术论文，得出了与美国国会税收联合委员会不同的结论，认为GDP增速将因减税法案实施而达到3%—5%。

2017年11月26日，哈佛大学教授、经济增长理论界的"大佬"罗伯特·J.巴罗（Robert J. Barro）在《华尔街日报》撰文，他倡导回归亚当·斯密的公共财政传统准则——促进经济增长及居民收入提高，并认为参众两院的减税法案将致力于此，而经济的加速增长将带来更多的应税税基及联邦收入的持续增加，这将弥补因减税而引起的收入静态波动成本。

经济学界的分歧相持不下，那么真实世界的企业及居民家庭又做出怎样的反应呢？

2017年底，美国商业协会轮值CEO乔舒亚·博尔滕（Joshua Bolten）陆续收到200余位CEO关于"减税法案对你们的商业投资意味着什么"的调查反馈，具体如下：第一美国电话电报公司CEO宣布如果美国企业税率20%得以实行，那么该公司将追加投资10亿美元，这意味着将创造7000个就业岗位；第二，西维斯健康CEO说，如果减税法案通过，那么该公司将兴建更多的药店及快速门诊，创造数以千计的就业岗位及建筑行业工作；第三，82%的CEO说减税法案将刺激企业进行更多的招聘及资本投资。我们再进一步查看这200余名CEO所在的公司，其中不乏通用、埃克斯美孚、英特尔、波音、丰田等跨国巨头。

此外，为工薪家庭减税是本次税改的核心。特朗普认为："强大的家庭，孕育着正直、爱国，鼓励并促进团队合作，并一再证明无条件的爱与包容……这是一个孩子走向未来的基石，也是一个国家健康的最有力保证。"

工薪家庭代表们也意识到，他们将受益于减税：经济快速增长、企业利润增加、工资收入提高以及更多就业岗位选择。

2017年12月13日，特朗普邀请由大学生、年轻企业家、工人等组成的数户家庭来白宫畅谈。一个年收入75 000美元的四口之家，通过此次减税方案，可以减少2 000美元的个人所得税负担。其中一户来自宾夕法尼亚州，一家四口，丈夫经营农业设备商店，妻子在健康保险公司工作，他们的个人所得税适用税率为15%，通过此次减税法案，适用税率将调低至12%，之前需支付2 600美元的个人所得税，现在仅需支付2 000美元。因此，他们可以获得600美元的减免。还有一户来自艾奥瓦州，一家六口，丈夫是一名警察，妻子是当地911紧急调度员，之前他们适用25%的个人所得税税率，支付超过19 000美元的个人所得税，但这次他们可以节省2 700美元。同样的六口之家，来自华盛顿特区，丈夫经营机器服务公司，妻子在家哺育4个孩子，之前适用15%的个人所得税税率，即承担2 500美元的税负，但此次将获得超过700美元的退税。另外，来自弗吉尼亚州的五口之家，作为牧师家庭，他们在此次减税计划中可以享受3 000美元的退税。

减税预期的客观效果已体现在事实胜于雄辩的经济数据上。美国劳工部、商务部等部门的数据表明，2017年11月美国失业率为4.1%，与10月持平。考虑到季节调整及通胀因素，2017年第三季度美国GDP增速为3.3%。另外，道琼斯等股市指数、消费者及制造业景气指数屡创新高。

回到减税法案上，我们不得不提两位功臣——米奇·麦康奈尔（Mitch McConnell）和奥林·哈奇（Orrin Hatch），他们分别是参议院多数派领导人及财政委员会主席兼临时议长。

对于已届七旬高龄的麦康奈尔，其较为中国人所熟悉的是他的妻子——美籍华人赵小兰。赵小兰曾任美国交通部部长及劳工部部长。

其实，麦康奈尔本人也蜚声美国。2015年，麦康奈尔被《时代》（Time）杂志评为世界100位最有影响力的人，也被称为参议院历史上最保守的政党领导人。另外，他因持续为工薪家庭及小商业者减免税负，并将缩减财政支出作为其最优先的立法考量，而被称为"高明策划师"。

在参议院财政委员会通过减税法案时，麦康奈尔对此有一番评论，得以彰显其一贯的立场："我们国家的当务之急是，从华盛顿政府的钱袋里拿出更多，返还到美国居民家庭的钱包里，以保证我们的就业和企业不会迁移至海外，以及家庭拥有更多的钱抚养子女并创造未来的繁荣。"

奥林·哈奇秉持古典经济学的信条。针对大政府的危险倾向——"太多人认为华盛顿政府有一切问题的答案，官僚机构能够解决我们的问题，政府的支出是一个治疗方案，他们认为将美国民众的辛苦所得更多地给予华盛顿政府是解决的办法"，哈奇直言"他们错了"。

进而，他给出了原因："在税收与行政法规方面，华盛顿政府对人们生活的干预越少，经济、就业的创造者——企业以及工人的表现越好"。相反，"每一次，美国政府都从民众那里征税过多，或者行政管制过多，我们的经济将缺乏活力，失去能够创造未来的就业机会"。

对此，他坚信轻税这一常识："轻税是鼓励企业家、小商业者、家庭能够拥有更多的辛苦所得，可以投资新的想法以及雇用更多的美国人。历史上，在里根总统领导下，轻税使得美国经济得以恢复。轻税能够让美国民众而非华盛顿政府掌握自己的命运。"

另外，他认为，还应辅之财政支出的缩减，以降低赤字压力，结合作为立法议员的职责，进而提出应注重用宪法及法律来规范财政支出："减少支出，将政府规模回归宪法约束，平衡联邦预算对于国家的未来至关重要。家庭每天都在艰难选择中做着预算的平衡，华盛顿政府更不能置身事外。我们不能冒着国家破产的风险将赤字及债务遗留给后代子孙。"

考虑到美国过于复杂及沉重的税收体制已然成为创新的绊脚石，他承诺道："我致力于彻底的税改，使其更为简化，鼓励储蓄及投资，为工薪家庭提供更多的收入。"

回顾这场来自美国有关政府与民众的分钱活动，企业家群体、居民家庭、经济学界、立法者、执政者逐渐形成默契，彼此的共识不断扩大，减税的积极影响也逐渐显现。

09

老布什"不加税"的故事

2018年11月30日，美国第41任总统乔治·赫伯特·沃克·布什（George Herbert Walker Bush，简称"老布什"）去世，享年94岁。他在20世纪70年代任美国驻北京联络处负责人，其间中美关系得以改善并逐渐走向正轨。

对于他来说，最为美国民众津津乐道的是他"不加税"的故事。

1988年，老布什担任美国副总统。在辅佐里根总统长达两届后，老布什决定竞选美国总统。在同年的共和党全国代表大会上，作为总统提名人的老布什在竞选演讲承诺道："尽管国会将敦促我增税，但我会说'不'。接着，他们将继续推动增税，我依然会拒绝。然后，他们会继续推动增税，我会对他们说'听我说，不加税'。"

"不加税"一出口，又经媒体广为传播，当即成为热门词汇，老布什所带领的竞选团队赢得美国选民的普遍支持，此举也在一定程度上助力其成为共和党总统提名人，代表共和党成功竞选美国总统。

事实上，在老布什当选总统后，随即而来的挑战便是经济衰退、财政赤字高企的不利局面。为减缩财政赤字，1990年初，老布什提交给国会有关下一年度的预算草案里延续着其竞选的承诺，在大幅减少财政支出的同时不开征新税。

但是，由民主党控制的国会阻止了此预算法案的通过，尤其在税收增加与否方面，国会两党议员存在严重分歧。此外，白宫预算管理工作的负责人及相关共和党资深议员等均认为，在税收问题上，有必要与民主党寻求妥协。1990年6月底，身为总统的老布什不得不同意增加税收，以获得国会授权同意，从而共同通过这一税收预算法案。

此时，闻讯而至的媒体，比如《纽约时报》，在第二天的报道便以"听我说，我说谎了"的标题来讽刺老布什。尽管有相当一部分舆论认为，税收收入的增加，并不意味着加税，也不意味着总统违背其竞选承诺。

1990年10月5日，时任总统的老布什最终签署这一预算法案。由此，加税几乎成为既定事实，比如个人所得税最高税率由28%提升至31%，同时工薪税与消费税也增加了。而此时的总统民意调查从前期最高的79%陡然下降至56%。最终，在1992年总统大选中脱颖而出的民主党政坛新秀克林顿，将此作为攻击老布什税收政策出尔反尔的重要证据，致使期望连任的老布什败选。

历史并不如烟，往事一再告诉人们有关税收治理的常识。

第一，税收与每一位民众息息相关，并且关系到政治家所渴望的每一张选票。政治家在争取选票游戏的政治市场中，为获得更多的民众支持，唯有承诺给选民带来切身利益，并且在上台后真实履行当初的竞选承诺，才能得到纳税人的持续拥护，如此方为孔子所言的"足信"。然而，税收正是民众切身利益的重要表现。在税收问题上，能否贴近纳税人的心声，能否与纳税人保持一致，在很大程度上决定着政治家的命运。

第二，征税权的制衡。美国国会与总统共同分享着预算权力，这源自美国宪法所确立的三权分立机制。涉及税收预算的提案，必须经由国会中的众议院提出，同时由参议院复议，待参众两院共同通过后，才能交由代表行政权力的总统签署生效，方成为正式的法案。而在提案签署前，总统拥有对税收征收议案的否决权，一旦否决，提案将返还至国会重新审议。由此，这一征税的法定程序，必然经过利益相关方的激烈博弈及辩论，而征税权力的制衡设置也意味着，税收法案的通过与否必然是一个彼此妥协、寻求共识的过程。随着社会各界讨论的展开，这个过程能够给予纳税人发声、表达乃至被倾听的机会，以及较为充分的经济预期。

第三，媒体喉舌的监督。在社会公共选择的空间里，任何话题都可以经由媒体记录、报道乃至抨击，多元化的声音在此公共平台汇聚、较量。特别是关于税收的承诺，往往是公众社会关注的焦点，而媒体也作为社会舆论的先导者及推进者，承担着代表公民利益诉求、监督政府的重要职责。因此，对于税收话题，媒体的及时跟进乃至深挖更是责无旁贷。

10

美国《纳税人第一法案》

与死亡一样不可避免的税收，其征收管理部门由来已久，然而，人们对其印象往往不佳。

2019年7月1日，特朗普签署《纳税人第一法案》（Tax First Act）。这一法案聚焦与民众密切相关的税务部门，致力于改进税务管理流程及机构设置，提升税务官员在税收征缴层面的服务水平，以期打造"纳税人友好型"国税机构。

该法案甫一通过，立刻得到美国国会专门委员会的积极评价。比如，在税收立法程序里法案的最先发起方众议院筹款委员会主席理查德·尼尔（Richard Neal）评论道："这是20年来两党议员首次聚焦国税部门的改革，以期切实保障纳税人权利。"再如，参议院财政委员会主席查克·格拉斯利（Chuck Grassley）回顾道："有赖于多年的努力及其所达成的共识，将国税局转型成顾客服务型组织，从而加强对纳税人的保护。"

那么，强调纳税人优先的法案究竟包含了哪些举措？为什么该法案可以引起美国社会公众广泛关注，并得到国会两党议员的共同支持？

以下，我们仅就该法案涉及的两大方面进行分析。

一方面，强调"将纳税人放在首位"。

首先，值得一提的是添加独立上诉程序。具体举措是在国税局内部成立独立上诉办公室，设置首席上诉官，誓言以公正、公平的原则对待政府及纳税人，并保证所有纳税人均享有上诉权，以增强公众对国税局的信心。如此，该法案使得民众无须借助法律诉讼工具，便可解决联邦层面的税务争议，进而在减轻纳税人法律诉讼成本的同时，实现纳税人利益的切实保障。

其次，重点提升税务部门的服务水平。这一举措主要表现为要求国税局的上级主管部门在法律出台一年内，必须制定涵盖短期（1个财年内）、中期（3—5个财年）、长期（10个财年）的税务官员培训及其顾客服务章程，并向国会提出书面报告。

再次，在执行层面强调合理性。比如，国税局在扣押纳税人财产时，必须符合一系列的前置条件，并尊重相关产权所有者的权利主张。再如，在核定纳税人义务时，征税者不得随意联系除纳税人以外的第三人，并明确规定了两类例外情况，尽量避免扩大税收稽查对正常经济交易秩序的负面影响。

最后，强调税务管理机构的现代化。这一举措主要侧重于国家纳税人辩护办公室以及国税部门内部组织结构现代化改革，具体改革方案将由财政部部长或其指定代表不晚于2020年9月30日提交，以确保全体纳税人可以便捷地接受税务服务，并精简税务部门，删减部门内部的重复责任及服务，从而裁撤冗员、冗费，提高服务效率及管理水平。

另一方面，侧重"21世纪的国税局"。言外之意是，在信息化时代，持续改进税务部门管理机制，使其适合于新的公共需求。

首先，在网络安全与身份保护方面，法律要求财政部部长与公、私部门通力合作，以防范纳税人信息被盗窃。

其次，应用信息化技术，明确国税局首席信息官相关责任。比如，明确税务管理方面信息技术的开放、应用及维护，并确保信息技术的安全、可靠，特别强调了财政部或其指定代表不晚于2023年1月1日，必须提供配有用户界面及服务功能的官方网站或其他电子媒介，以便利纳税人填报1099表格（个人所得税填报单的一类）。

再次，扩大电子化操作。比如，纳税人可以使用借记卡及信用卡支付税款，以增加可供选择的支付手段。这一举措在便利纳税人申报的同时，可以提高税务部门征管效率。

综上所述，这部以纳税人为核心的法律，可以说是《减税与就业法案》的继续。两者各有侧重，前者在于提升征税人服务，后者在于减轻纳税人负担。两者都将有利于纳税人的利益增加及维护，进而有助于实现美国经济的复苏。

11

美国减税的启示

2008年金融危机后，全球经济复苏乏力，全要素生产率下降，美国经济增长亦明显缺乏动力。当时，很多人认同美国经济已经陷入了长期停滞，因为当时美国各种经济数据确实不乐观。

第二次世界大战后至2007年，美国GDP年均增速为3.5%；2009—2016年，美国GDP年均增速仅为1.3%。1948—2007年，美国生产增长率（单位劳动真实产出）为2.3%；2011—2016年，美国生产增长率仅为0.5%。2015年，有13.5%的美国人处于贫困状态，高于2007年的数据。20世纪90年代，美国贸易赤字占GDP的1%；2016年，这一数字增加到3.4%，其结果是就业大量流失。2009—2016年，美国国债总额从10.6万亿美元上升至20万亿美元。

特朗普上任后做的最主要的事情，就是重振美国制造业和美国企业的竞争优势，以此来促进经济增长。减税、金融监管体系调整等，都是围绕着这个核心目标进行的。

请注意，我们在这里一直使用"减税"这个词，即特朗普多次申明的"tax cuts"，而不是"税改"，以便与此前的三次税改有所区别。特朗普说，那些改革并没有使美国纳税人的负担有所减轻，而真实的减税对美国经济的未来至关重要。

由于减税，美国企业税制变更的力度明显超过个人所得税，特朗普减税与里根减税不一样。里根减税的重点是降低个人所得税税率，其边际税率从70%降至28%。在特朗普减税措施中，个人所得税税率变动不大（有效期至2025年底），而企业所得税税率由35%降至21%，降幅达40%（将转化为企业净利润）。重要的是，变动内容没有做期限限制。也就是说，企业所得税改革成果永久生效，目的就是鼓励企业长期投资，使企业没有后顾之忧。

在特朗普签署的减税法案中，与企业相关的减税内容还有三个方面。第一，对海外企业留存利润实行一次性征税，税率为15.5%和8%，分别对应现金、非流动资本，目的是制造一个美国海外滞留利润平稳回归本土的机会，效应很快就会显现出来。部分海外企业宣布将总部迁回美国。第二，推行"属地制"征税原则，即未来美国企业的海外利润只需在利润产生的国家缴税，而无须再向美国政府缴税。第三，合伙企业转缴个人所得税，其适用税率从个人所得税最高边际税率39.6%，转变为获得部分收入的20%减免，此举也可减轻中小企业的税收负担。

特朗普减税还有一个很"绝"的政策，即企业新购设备的投资款项可以100%计入成本，时间限定在2017年9月27日至2023年1月1日，其间企业所采购的有形资产（除房地产行业外）统统适用。这相当于政府提供无息贷款支持企业设备更新。

无数人认为特朗普减税会导致严重的财政赤字，果真如此吗？美国时任财政部部长史蒂文·努钦的解释是：减税能促进经济增长，从而扩大税基，美国能"为自己买单"。此时此地的减税不是"逆周期调节"，而是顺周期行动，对经济很有可能产生更大的提振作用，至少目前来看减税的效果还不错。

特朗普减税与里根减税有所不同。里根减税发生在1981年至1986年，当时美国深陷"滞胀"泥潭，面临增长危机，尤其是1980年，美国GDP增速为-0.2%。而在特朗普减税时期，美国经济正处于上升通道：2016年，经济极端低迷，GDP增速只有1.5%；2017年，GDP增速为

2.2％；2018年第一季度，GDP增速为2.3％。这应该说是一份不错的成绩单。

2018年5月10日，特朗普向美国国会提出撤回超过150亿美元的预算支出授权，这是依据《国会预算与控制截留法案》（Congressional Budget and Impoundment Control Act）做出的决策，是削减联邦政府支出、防止财政出现巨大赤字的一个对焦措施。

自《减税与就业法案》通过4个月以来，有超过500家美国企业因减税而受益，很多企业宣布加薪、增加奖金等福利开支，惠及550万美国人，民众的工资收入水平上升。

美国房价也有所上涨，我们可以认为这是经济复苏的一个信号。因为这轮经济衰退的起因是2008年次贷危机。也就是说，衰退是由房地产价格下跌引发的，如果美国经济复苏，那么复苏迹象应该会率先表现在房地产市场上。房价上涨说明民众的预期扭转，人们敢买房了。

在美国，特朗普还做了两件事。

一是启动春季议程，废除过度管制和推进有效的管制改革。这一举措的目的是降低政府体制成本，为美国民众提供更大的自由空间，激励增长和创新。此次行动依据的是特朗普总统13771号行政命令，即"每颁布一项新的法规，必须取消两项旧法规"，对象是针对无效、重复、过时的管制，并保持健康、安全的监管体系。

春季议程的主要内容有：第一，考虑到政府监管常常不同程度地损害小企业，将明确减轻对中小企业的管制；第二，考虑到过时、过度的监管会扼杀企业创新，将重点减轻此类负担，为技术创新提供有利的监管环境；第三，作为总统兴建基础设施计划的一部分，将简化审批程序，降低大型基础设施建设实施成本，并缩短审批周期。为提升监管改革的透明度，还将及时提供相关监管改革的公告，公众可以随时提出批评建议。

二是设立"机会特区"，在经济欠发达街区设立机会基金。在满足一定条件的前提下，企业在当地的投资可以享受税收优惠，目的是通过吸引私人投资，促进欠发达街区的发展以及创造就业。第一批"机会特区"已经于2018年4月9日设立，覆盖美国18个州，居住在欠发达地区的5 200万低收入美国人将受益于此。

2018年4月18日，众议院通过了9份美国联邦税务系统改革相关的法律。第一，建立独立的上诉程序，以公正、全新的方式核验纳税人纠纷，以保证纳税人受到公正对待，且与税务部门在争端处理过程中享有平等的信息获取权；第二，提升国税信息技术系统的安全性、可问责及透明度，以便家庭和企业不再担心财产在没有适当、及时、公平的通知前被没收；第三，永久授权免费文件及所得税申报援助项目，为中低收入美国人提供纳税申报服务。

2018年4月17日是美国的报税日，这是美国人最后一次在已实行了32年之久的复杂、落后的申报表上填写数字，因为特朗普已经把1040表改了，新的纳税申报表只有明信片大小。

从这一天起，不仅美国个人所得税各层级的累进税率降低，而且免征额提高（单身者免征额由6 350美元提升至12 000美元，夫妻联合申报的免征额由12 700美元提升至24 000美元）。到第二年的纳税日，三分之二的家庭可享受更低的税率，82%的中产家庭可享受到减税的红利。

美国人似乎有点喜欢这种感觉，他们管这种状态叫作"Out with the Old, In with the New"（辞旧迎新）。2018年，一份由美国国家独立商业联合会发布的美国中小企业乐观指数报告里面有一幅图：自2016年12月开始，乐观指数从98.4点直接上升至105.8点。这与特朗普赢得大选并就任总统时间相符。

在经济全球化背景下，一个大国的税收发生重大变动，一定会引起逐利资本的跨国流动，从而对其他经济体构成实质性影响，其他经济体因利益受损，也会选择相应的税收行动，从而产生国际税收竞争。

美国减税并非孤立事件，一个世界范围内的"减税潮"已然兴起：英国、法国、日本、印度以及中国都制订并实施了减税计划，说明各国制造业成本、国际贸易竞争以及税制竞争日趋激烈。

一些学者认为这类竞争会降低资本税率，导致资本配置效率低下，并引发连环式的恶性竞争。另一些学者则持不同的看法，他们认为真正的税制竞争还没有开始，但正在到来，而且这种竞争必然导致全球资本和人才的加速流动和重新组合。

正如美国学者丹尼尔·米切尔（Daniel Mitchell）所说的，"在当今世界上，减税是一次革命"。

对于我们来说，美国减税有三点启示。

第一，减税一定要真实，也就是我们要真的把整体税负降下来，包括企业、家庭和个人的税负。我们要用法律将减税政策固定下来，使经济运行在一种稳定持久的轻税机制之下。

第二，给企业留利必须充足，为企业创造一个风险投资、技术研发和组织管理创新的乐园。有这种能力的企业越多，经济发展的前景就越光明。要注意，"企业没有倒闭"不是税负边际所在。如果企业没有能力投资和创新，那么这样的企业实际上已经"死亡"了。

第三，未来的税制问题不再只是一国内政问题，而是一个世界性的问题。

12

美国21位州长为何写信拥护减税

2017年12月22日，特朗普在白宫签署了1.5万亿美元税改法案。其实早在一周前，21位州长便联名致信众议院议长保罗·瑞安及参议院多党派领导人米奇·麦康奈尔，共同表达了对《减税与就业法案》的支持。

在信的开头，州长们引用50多年前肯尼迪总统的一句话："当前，减税的目的并非增加预算赤字，而是实现更大的繁荣，拓展经济，从而实现预算盈余。"

其实，这是在回答"减税是否加重赤字"的相关疑问。"李嘉图等价定理"认为，减税无非增加收支缺口，引发赤字进而提高国债比重。但是，一个相对严谨的文明社会"几无可能"让这种现象发生。

尽管美国国债逐年上升，比如2009—2016年，美国国债总额已从10.6万亿上升至20万亿美元，但是特朗普政府亦在通过各种手段削减开支。

在2018年联邦预算中，特朗普提出"平衡预算、以就业为中心的经济增长"施政原则。首先，严控联邦支出，未来10年，联邦支出减少3.6万亿美元，降低赤字总量5.6万亿美元，力争在2027年实现预算盈余；其次，减少福利支出，废除"奥巴马医改计划"，从而避免福利依赖，鼓励民众就业；最后，降低企业及居民税负，简化税制，包括废除过度管制这一隐形税收，减少民众纳税遵从成本，刺激经济增长，鼓励企业投资及居民收入增加。

接下来，州长们结合所在州的执政经历，分享减税的成功经验，比如"自2011年1月开始，一共为州内工薪家庭减税6 200亿美元"，同时实现预算收支的扭亏为盈，就业岗位明显增加。

进而，他们直指当前联邦税制的弊病（过时且复杂，亟须改革），并阐明这一税制对商业的负面作用："致使就业的创造者——企业纷纷搬迁到国外。对于企业来说，税后利润一旦减少，就会抑制居民工资的增长及生产的再投资。"

一般来说，美国企业按照纳税的不同大体分为C型（一般指大企业）与S型（一般指中小企业）。对于投资者来说，C型企业需要承担"双重税负"，不仅需要承担企业所得税（税率为35%），还需要承担股东分红的个人所得税。对于S型企业来说，企业利润归集为个人或家庭收入所得，可直接按照个人所得税汇总申报。因此，在税收负担方面，S型企业较为受投资者欢迎，这也是近年来美国C型企业所贡献的企业所得税收入在联邦财政收入中的比重不断缩小的原因。

与之相反，S型企业渐渐成为美国经济的第一推动力。美国有将近3 000万家中小企业，雇用了超过5 790万名工人（占就业人口的48%）。国会两院磋商的减税方案，将使美国境内99%的中小企业享受80多年来最低的税率（21%），以确保其就业创造功能的有效发挥，由此S型企业更为受益。

因此，州长们提出："在美国，简化税制、降低工薪税负，以便为企业提供更多的成长、投资、拓展空间，助力经济增长，创造更多支撑家庭的就业机会，使得民众能够保有更多辛苦所得。"如果减税能够确立为法律，那么他们预言道："这将实现美国经济的再次振兴。"

最后，在信的结尾，州长们敦促国会两院能够通过一份有意义的减税法案，并呈送总统。他们再次现身说法："我们已经证明，减税将持续创造更多的就业机会，并实现预算盈余。如果这一规律在州一级发生作用，那么对于美国来说，同样适用。"实际上，特朗普减税实现了美国全国范围内不同群体的利益均沾。以个人所得税为例，最高适用税率从39.6%下降至37%，富人确实受益。但是，我们不应忽视的是，个人所得税的免征额及儿童税收抵免方面均提高至两倍，中低收入者及家庭受惠明显。

由此看来，富人并非唯一受益群体，还包括广大的工薪、中产家庭在内的美国民众。这也是特朗普减税赢得多数在任州长、议员拥护的重要原因。

13

缓缴工薪税

———————————————————————————————————

2020年8月，美国时任总统特朗普签发了一系列具有经济救助性质的行政命令。其中，缓缴工薪税一项引起各方格外关注。该举措的大体内容是自2020年9月1日至12月31日，双周收入在4 000美元以下或年收入在10万美元以下的雇员可延期缴纳部分工薪税（医疗保险税除外），这是继2020年3月27日美国国会通过的《新冠病毒援助、救济和经济保障法案》（Coronavirus Aid，Relief，and Economic Security Act）中规定在年底前雇主可延期支付部分工薪税以来，工薪税制度的又一调整。

此次工薪税的暂缓征收以总统备忘录形式颁布。在新冠疫情持续蔓延美国境内之际，社会民生受到冲击，失业率走高，市场消费、投资生产等环节受阻，与之相关的经济救助措施也已经到期。但是，美国国会两党议员与白宫迟迟未能就下一步经济刺激方案达成共识，导致谈判陷入僵局，越发拖累经济复苏进程。

对此，特朗普依据《美国全国紧急状态法》（National Emergency Act）的授权，凭借行政权力采取工薪税缓缴的措施，可谓孤注一掷。这也是对民主党挟一党之私拖延经济救助措施出台给予针对性回应。

民主党诸多议员直言不讳地指出：这项狭隘、短视的行政命令不仅忽视了数千万失业人员的艰难处境，而且将有损当前退休人员的切身福利，甚至威胁社会保障网的健康、安全和可持续运转，还可能涉嫌程序违法。毕竟，唯有国会才可以动用政府"钱袋子"以及调整税收制度。

工薪税

美国工薪税的缘起可以追溯至1935年8月14日，为了应对当时波及全球的经济大萧条，时任总统罗斯福签署《社会保障法》（Social Security Act），成立社会保障署，以期建立覆盖全国的养老、医疗、失业等保险金制度，从而捍卫公民享有"免于匮乏的自由"，推进现代福利国家的建设。

工薪税作为社会保障制度赖以维系的主要资金来源，以工资收入为税基，涵盖社会保险税及医疗保险税两部分，税率分别是12.40%和2.90%，由雇主与雇员平均分担，采用专款专用的信托基金模式，根据现收现付制，多缴多得，分别为职工及相关受益人提供退休、医疗等公共福利（见表2-9）。

表2-9　2020年美国工薪税税率

雇佣者（%）		
税种	职工	雇主
社会保险税 （收入限额为137 700美元）	6.20	6.20
医疗保险税 （收入超出限额部分缴纳0.90%补充税）	1.45	1.45
自雇者（%）		
社会保险税 （计税收入限额为137 700美元）	12.40	
医疗保险税 （收入超出限额部分缴纳0.90%补充税）	2.90	

资料来源：美国社会保障署。

迄今80多年的美国社会保障制度日臻成熟，得到了美国企业及职工的一致认可，也广泛影响着美国民众的日常生活，主要表现在三个方面。

第一，相对低成本运作，负面作用较小。工薪税介入劳资交易，必然侵蚀商业利润，造成"无谓损失"，事关企业经营费用的高低。参考世界银行营商环境历年指数报告，2019年，美国工薪税占商业利润比重仅为9.80%，远低于经合组织以及高收入国家的平均值。另外，工薪税的征管成本不可忽视。据测算，在每1美元的工薪税收入中，仅有不到1美分用于征管机构本身的运营费用，这得益于社会保障管理机构的透明和高效。

第二，遵从度较高，受益人群多。工薪税制度的维系，离不开人的参与配合。这不仅依靠制度的强制性，也有赖于制度效用的多寡。美国社会保障署数据显示，截至2019年6月，约有1.77亿人缴纳工薪税，占美国同期总人口数的53%。与此同时，约有0.64亿人享受社会保障相关福利，其中，0.48亿人为养老金领取者，低收入者的养老金替代率可达到75%。

第三，收入规模庞大。工薪税制度自身较高的"性价比"决定着其进一步的发展壮大，集中表现为税收收入的持续增长。在联邦政府预算中，工薪税收入总额从1935财年的3 000万美元涨到2019财年的1.2万亿美元，工薪税收入占同期财政收入比重也从1935财年的0.90%上涨至2019财年的35.90%。工薪税仅次于个人所得税，成为联邦政府的第二大税收。

工薪税假期影响

缓缴职工工薪税，其公共政策的用意明显，为了降低新冠疫情暴发对美国社会经济运行的负面影响，美国政府利用为期4个月（9—12月）的缓缴期，通过利好劳动力及资本两要素来复苏经济。从职工这一劳动力角度来说，工薪税的缓缴在短期内能够实现职工工资收入的增长，具体是在2020年9月至12月职工工资收入能够增长6.20%，这将直接带动消费的增长，从而扩大内需，刺激企业加速投入生产，实现经济的快速恢复。

与此同时，对于消费倾向较高的中低收入阶层来说，工薪税支出占可支配收入比重，远大于个人所得税支出占比，继而成为普通家庭的第一大税负。因此，工薪税的缓缴，有利于缓解大多数群体的收支困难，释放消费潜力，为经济发展提供源动力。

站在企业这一资本角度来说，雇主与雇员的工薪税支付延后，有助于减轻劳动力负担，降低资本的制度性成本。工薪税的税基是工资，而劳动工资产生于企业增加值，工薪税的政策利好实质上是政府为职工及其企业提供的无息贷款，通过减轻资本的制度性成本，提升企业盈利水平，鼓励企业扩大再生产，创造更多的就业岗位及更高的工资收入，并激励人们重拾工作热情，由此惠及失业人员，将经济活动的主导权更多让渡给民间，实现让利于民。

难怪，经济学家阿瑟·拉弗认为，"工薪税假期"是通过创造产出与就业来重燃经济的不二法门。

14

美国减税法案中的"机会特区"

贫困是全球性难题。

中国在改革开放之初，曾设立"经济特区"，以优惠税收、低廉土地及劳动力等经济要素优势，广泛吸引海外资本，学习先进技术及管理经验，助力数亿人口的脱贫进程。

近年来，这一理念及经验被美国联邦行政领导团队借鉴。美国致力于类似"经济特区"的筹备与兴建，以期解决欠发达区域的经济发展落后等问题。数十年来，美国区域间经济发展失衡趋势相当明显。据统计，在美国境内，约有5 200万人居住在欠发达地区，这些区域的失业率是美国平均水平的1.6倍，居民收入低于美国平均收入的37%，平均贫困率超过32%。此类区域突出的社会性问题是实体资本短缺、就业岗位稀少、家庭平均工资收入较低、民众受教育水平普遍不足、社区居住环境质量较差、公共基础设施破旧、青年人的违法犯罪率较高。

为均衡区域发展、普惠共享经济发展成果，2017年底，在由特朗普签署并颁布的《减税与就业法案》中，有这样一项税收优惠性举措，即打造"机会特区"，通过市场激励手段来帮扶落后地带的低收入群体，进而实现消除贫困的既定目标。

我们围绕"机会特区"这一主题，分别从法律制度设计、行政机构设置以及实施效果三个方面进行梳理，以期为中国当前正在实施的精准脱贫攻坚战提供针对性的参考与借鉴。

减税法案中的"机会特区"

在减税法案中，"机会特区"的打造，从申请到设立，有着较为严格与缜密的程序规范，涉及联邦、州、地方政府等相关职能部门，反映了国家治理下税收制度的经济调节与适应性，其具体规定如下。

第一，设置认定流程。在符合低收入居民聚集等特征的社区（一般称为"低收入社区"），由所在区域的州政府负责人在规定期限内提名申请——拟定"机会特区"申报名单，并以书面形式上报联邦政府对接部门（一般为财政部）；随后，对接部门负责人（一般为财政部部长）在规定期限内进行审核，以确认候选名单，最终进行公示。针对上述规定的具体期限，经州与联邦对接部门负责人协商后，可适当延长，但不超过30天。

第二，设置申报数量及限制时间。一般来说，每个州政府允许申报"机会特区"的数量，不得超过所在州"低收入社区"总数的25%，但如果该州"低收入社区"总数少于100个，那么该州可以足额申报25个"机会特区"。与"低收入社区"相邻的社区，如果其家庭中位数收入不超过其相邻的"低收入社区"家庭中位数收入的125%，也可以申报成为"机会特区"，但是此类情况所涉及的人口数量不得超过该州人口总数量的5%。此外，在"机会特区"享受年限方面，相关优惠政策的有效期为10年。

第三，设立"机会特区基金"。与其他税收刺激措施不同的是，"机会特区"的税收激励明确了"机会特区基金"这一中间环节。也就是说，只有在"机会特区基金"中投资的纳税人，其资本收益才可以享受延迟纳税及更低税率的优惠待遇。有关"机会特区基金"的规定具体如下：其90%以上的资产必须要隶属于"机会特区"所覆盖的区域，而这一资产的具体形式可以是股票或商业利益或在"机会特区"的有形实体。

第四，设置税收优惠措施。在"机会特区"满足一系列的申办条件、时间及程序后，接下来便是投资者最为关注的，即低税率的相关规定。投资者如果在"机会特区基金"中持续投资5年以上，那么可享受原始投资价值10%的免税。投资者如果在"机会特区基金"中持续投资7年以上，那么可享受原始投资价值15%的免税。如果投资者在"机会特区基金"中持续投资10年以上，那么其所获的资本投资价值均可以获得免税待遇。

总之，投资者及企业家可以通过"机会特区基金"这一投资渠道，持续投资于"机会特区"，从而在资本利得方面享受延迟纳税或较低税率的税收优惠政策，进而提高资本投资的回报率。正是这一税率结构的优惠设置，加速吸引欠发达地区所急需的长期性投资。

白宫机会与复兴委员会

为及时与地方各级政府部门、投资人及利益相关者协调，推动"机会特区"系列举措的切实落地，在《减税与就业法案》签署一年后的2018年12月12日，特朗普签发联邦命令，成立白宫机会与复兴委员会，从而在联邦层面确立了具体的执行机构及相关负责人。

该委员会由包括住房和城市发展部、财政部、农业部、商务部、劳工部、交通部及能源部等在内的13个联邦直属机构组成，住房和城市发展部部长兼任委员会负责人。该委员会定期召开会议，确定会议议程，在法律允许及现有拨款范围内提供资金及管理支持，比如征求地方各级政府及私人投资机构的相关意见，在"机会特区"中确定优先鼓励投资的项目，以切实减轻进入"机会特区"的资本制度性成本负担，通过简政放权畅通进入"机会特区"的资本阻碍性条款，进而避免因欠缺协调与针对性导致落实不畅、程序烦琐以及效益低下等问题。

与此同时，委员会设立了具体的行动时间表。比如，在90天内，委员会需要明确如投资优先项目、减轻投资制度成本、便利资本接受者等目标导向明确的工作计划；在210天内，委员会需要提出联邦层面的法律条例修改意见，以鼓励并确保外来资本投资于"机会特区"；在1年内，委员会需要持续修改联邦层面的法律条例，以激励地方各级政府及投资者能够利用联邦向"机会特区"所倾斜的政策资源，还需要同时出台一份"机会特区"资本优先投资的项目清单，以供外来投资者参考及使用。

对于贫困，美国白宫的共识是，不应仅局限在经济问题上，也不应止步于资本引进等经济手段，而是应围绕低收入群体的致贫原因施以综合措施，比如配合劳工部解决低收入地区服刑人员再就业问题，协助住房和城市发展部解决低收入者的住房问题，以及配合司法部采取措施解决"机会特区"范围内的青年暴力及犯罪问题，以确保"机会特区"能够有持续的经济发展、充足的劳动力资源、企业家精神以及长期安全稳定的社会秩序。

截至2019年底，在成立一年多的时间里，白宫机会与复兴委员会采取了超过175项动议，以刺激"机会特区"的投资及经济增长。该委员会预计，这将刺激超过1 000亿美元的私人资本投资，从而加速"机会特区"的就业创造、居民收入增加以及经济振兴。

"机会特区"的实施效果

截至2019年，美国超过8 760个"机会特区"在欠发达区域纷纷设立，受益人数超过3 500万人。截至2019年7月，由白宫机会与复兴委员会颁布的《"机会特区基金"指导手册》中明确了163个"机会特区基金"，共涉及430亿美元的资本规模。其中，超过三分之二的基金具有较强的地区影响力，超过半数的基金计划投资于涉及民生领域的中小型项目。

在这里，长期性投资资本收益享受免税待遇，纷纷涌入的资本带来的是"低收入社区"资产估值的增加。据统计，截至2019年底，有超过750亿美元的私人资本涌入"机会特区"，同时期财富增长超过220亿美元，特别是商业地产异常火热，无论是房屋成交数量还是价格，都出现显著增加。美国白宫经济顾问委员会估计，仅"机会特区"的设立就可以带来所在地房屋价值1.1%的增加，这为"机会特区"47%的房屋所有者带来了110亿美元的资产增值。

区域资本投资的加速，带来的不仅是实实在在的就业岗位，也推动了低收入群体工资收入的快速增长。据统计，截至2020年1月，此类区域的最低工资收入者名义工资增速达到10.6%，远远超过其他收入阶层。这将极大促进百万规模的人口脱贫，并有效降低区域贫困率，较大幅度地缩小贫富差距，使得社会财富分配更为公平、合理。

减税脱贫的启示

为吸引并持续刺激外来资本投资，助推劳动力及消费需求，美国政府在经济欠发达领域出台优惠性政策，构建"税收洼地"以降低企业家等生产者、投资者的制度性交易成本，通过持续的经济活动来直接帮助弱势群体。

"机会特区"作为供给学派经济政策的典型标志，借助减税，使得趋利型的私人资本投入，以就业岗位的持续创造为始终，促进居民收入增长，提升弱势群体的自给自足能力，而不是单纯增加政府对低收入群体的补贴支出，以刺激其对医疗、住房、食物等商品及服务的需求。

减税将资本与居民、社区发展相衔接。在资本介入欠发达区域经济发展的过程中，减税可以充分发挥并激励企业家精神，并使企业家成为当地经济发展的经济支柱。为避免资本投资的短期及盲目，相关条款限定此类投资有效期为10年，从而保障此类区域的经济增长具有可持续性，因资本而创造的就业岗位也变得具有稳定性。

减税带来的红利将风险转化为机会。社会不稳定、不安定的风险，可以转化为经济发展的潜能与动力。特别是对于贫困问题的分析及解决，政府以商业市场的办法及思路，采用市场驱动型的税收优惠待遇，鼓励相关产业资本进入，打通资本、就业、居民收入的连锁反应链条。在此过程中，政府并不为地方设置具体条件，以便利私人资本在市场价格信号引导下实现自由配置。

区域性减税举措的出台，促进经济发展成果为公众所共享。区域发展、贫富收入等差距过大，往往导致低收入地区及其弱势群体的产生，而伴随着低收入阶层的规模化增多，与之而来的是教育、住房、医疗等要素资源分布失衡。因而，经济发展成果的共惠、共享，表现在对欠发达区域的全方位、市场化激励，特别是将低收入阶层聚集的区域性减税作为吸引私人资本的重要依托，提升地区土地、劳动力等要素资源的利用效率，实现区域社会经济的持续增长。

第3部分

▼
▼

减税降费探讨

01

我国企业税费负担衡量标准

美国的减税政策一定程度上改变了美国在全球竞争中的不利地位，吸引了投资者在美国投资。与此同时，英国也表达了减税的政策倾向，称其税率"只会比美国更低"。我们大致可以预测，未来世界各国的政策走向，有可能出现20世纪80年代那样的世界性减税风潮。

这是我国围绕企业税负问题展开讨论甚至激辩的外部动因。2016年11月上旬，我们提出了"死亡税率"的说法，称"企业的总体税负如果达到30%—40%，就有可能导致企业留利过低，失去投资和创新的能力"。随后企业家曹德旺、宗庆后等相继发表观点，认为中国实体经济税费负担，已经在一定程度上影响了企业投资、创新。众多学者和社会公众则通过各种媒体展开对"死亡税率"问题的讨论，有的直接予以驳斥，有的则坚持理性探讨，一时众说纷纭，讨论在2016年12月中下旬达到高峰。

有学者认为，中外税制结构不同，"死亡税率"的提法不符合事实，严重误导公众，"流转税为主体的税制结构会导致按照世界银行公布的总税率指标计算的企业税负虚高"。也有学者认为，"死亡税率"的提法太过夸张，税负高低为相对概念，税制不顺畅才是造成企业成本居高不下的重要原因。还有一种观点认为，从每个企业来讲，没有说税负不重的，企业希望减税，所以会说税负重。中美税收主要负税人不同，中国的负税人是企业，而美国的负税人是个人。中国企业在税收之外还承担着多种强制性收费。

另一些学者的看法则有所不同。有学者认为，"死亡税率"是从重税的危害和结果上来讲的，具有明显的警示作用，而且"死亡税率的说法也符合中央政府的减税降费精神"。也有学者认为，在经济下行时，从税制改革角度（而非仅仅出台某个临时政策）实行减税或者全面推行低税模式，正是一项重要的供给侧改革。有一种观点认为，"死亡税率"的提法虽然有点夸张，但其提出的问题值得重视，尤其涉及企业非税负担方面。还有一种观点认为，"死亡税率"与"税痛指数"异曲同工，是老问题而非新问题，需要两面观：一方面，税制设计导致税负确实重；另一方面，征收率的提高导致企业"税痛"增加。

我们需要指出，第一，"死亡税率"当初并不是作为一个严谨的学术概念提出的，它只是对政府征税达到某种程度的状态描述，而且是从国家决策和制度规定的层面说的，并无批评负有政策和制度执行职责的税务机关及其他国家行政机关的意思。第二，中共中央政治局在2016年7月26日做出关于"降低宏观税负"的决议，已经十分清晰地告诉我们，"宏观税负"本身就是一个各种税收和强制性收费统统包括在内的综合性概念，而且其政治定义十分确切，无须再争，学术界应当在平等讨论的基础上对"宏观税负"做出符合政治性要求的和尽可能精确的学术定义。这是一件不能不做的事情，因为在事关税负的问题上，官、产、学各方立场显现出了较大的差距。第三，相关争议主要集中在税重还是费重、世界银行公布总税率的计算口径和方法是否合乎中国国情、"死亡税率"的提法有无学术价值等问题上。其中有的是一直未获得共识的老问题，有的则是这次大讨论中出现的新问题。毫无疑问，税收学如今已成中国社会聚光灯之下的显学，该领域的学者任重道远。

从微观层面衡量企业税负是国内学术界以往较少关注的领域，但它是经济社会发展中的一个真实问题，因而为社会各界所关注。2016年的企业税负大讨论涉及范围之广、参与程度之深是数十年来没有过的，应该是中国转型和发展的一个必然的和积极的社会现象。从学术角度来讲，从微观层面的调查研究上升为宏观层面的政策分析，更加符合经济学范式。当前有关企业整体税负的争论和探讨，恰是这种范式开始被更多学者重视和应用的表现。从这个意义上说，"死亡税率"并非完全缺乏学术空间。

我们梳理了学界有关企业税负测算的文献，引入了经济学中有关税收的"无谓损失"理论，以探究近年来中国的宏观税负、微观企业税费负担，特别是非公经济的实际税负等核心问题，阐述当前为企业实施减税与降费政策的必要性，并从税负的诸多构成因素中提炼出相应的减税对策和建构轻税机制的意见，供决策者审慎考量。

微观经济学理论："无谓损失"等概念的代入

我们引入消费者剩余与生产者剩余的概念，通过供求曲线的变化，衡量税收对消费者与生产者福利的影响，代入有关"无谓损失"和"拉弗曲线"等概念，力图为企业税负问题的研究找到理论支点。

根据表3–1和图3–1，当没有税收时，消费者与生产者的剩余分别为"$A+B+C$"及"$D+E+F$"；当有税收时，消费者与生产者的剩余分别变化为A及F，分别减少的剩余是"$B+C$"及"$D+E$"；消费者支付的价格从P_0上升为P_1，生产者售出的价格从P_0下降至P_2；同时销售量从Q_1减少为Q_2，政府从中取得的税收收入为"$B+D$"。因税的征收而对市场结果的扭曲引起的生产者和消费者的总剩余减少就是"无谓损失"。这意味着买者与卖者因税收遭受的损失（$B+C+D+E$）大于政府筹集到的收入（$B+D$）。

表3-1　税收如何影响福利

	没有税收时	有税收时	变动
消费者剩余	$A+B+C$	A	$-(B+C)$
生产者剩余	$D+E+F$	F	$-(D+E)$
税收收入	无	$B+D$	$+(B+D)$
总剩余	$A+B+C+D+E+F$	$A+B+D+F$	$-(C+E)$

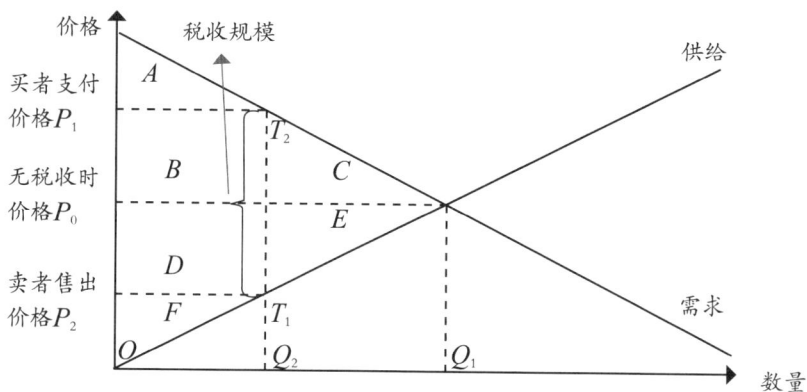

图3-1　税收如何影响福利

注：面积"$C+E$"表示总剩余的减少，并代表税收的"无谓损失"。

　　造成这一损失的原因在于，供求均衡使市场上买者与卖者的总剩余最大化，但是当税收提高了买者的价格而降低了卖者的价格时，税收对买者的激励是买者比没有税收时少消费，而对卖者的激励是卖者比没有税收时少生产。当买者与卖者对这些激励做出反应时，市场规模缩小到其最适水平以下。于是，税收扭曲了激励，引起市场配置资源的低效率或无效率。

　　对于"无谓损失"及税收收入规模变化的跟进，我们可以继续观察到，当政府提高单位产品价格的税率（T_2-T_1）时，生产者与消费者遭受到的"无谓损失"将不断增大，但是这并不意味着税收收入可以持续增长，即呈现出"拉弗曲线"的形状——税率持续提高，而税收收入呈现先增长后下降的走势。

我们将其用于现实问题分析后发现，"无谓损失"理论亦能提供一些借鉴意义较强的思考。例如，"五险一金"作为劳务税性质的征收，一方面减少了就业量，另一方面提高了需求者（企业）的用工成本，同时降低了供给者（劳动者）的工资可支配收入，如图3-2所示。

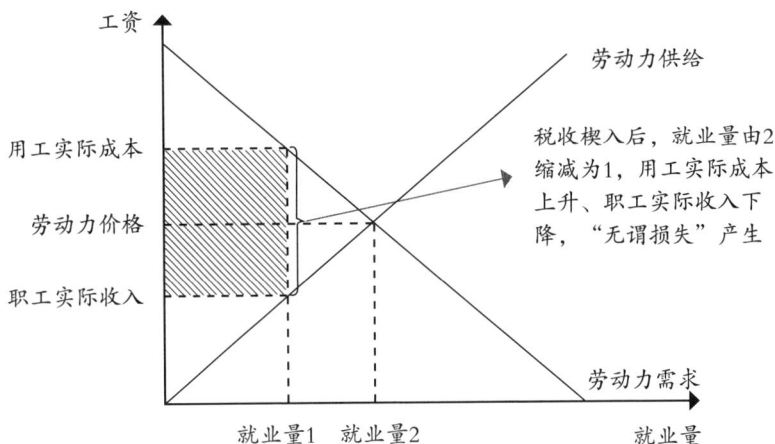

图3-2 "五险一金"对就业量、企业及职工工资收入的影响

在我国，增值税一般作为含税价参与商品的交易，一方面减少了市场交易量，另一方面提高了需求者（销项税的负担者）的支出成本，同时降低了供给者（进项税的负担者）的实际收入，如图3-3所示。所谓增值税作为流转税制的"累退性"在此问题上也有相当程度的体现。

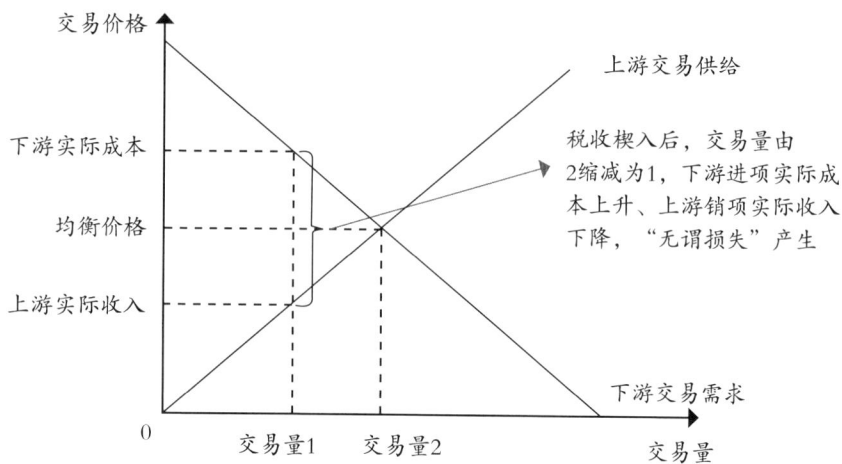

图3-3　增值税的含税价对产业链分工交易的影响

无论是"五险一金"的政府收费，还是增值税的含税价在市场交易中的"楔入"，都造成了市场的"无谓损失"：市场的供求双方减少的福利远大于政府取得的税收（"五险一金"及增值税）收入，看得见的是政府的税收收入，看不见的是市场供求双方的福利损失。同时，我们也要看到，福利损失并非全部传导至生产者和消费者，其中一部分以"无谓损失"之名近似于凭空消失——本可以正常进行的交易活动无法进行，政府本可以征集到的税收再也无法得到了。这就告诫税收政策的制定者：税率不可过高，税负不可过重，否则市场供求双方的福利损失会更大，而政府税收所占份额会变得更小。高税负的结果，必然是生产者、消费者和政府利益三重受损的格局。尤其是政府，求财政收入高增长而不得，或者得不偿失。

"无谓损失"理论还告诉我们，对于企业来说，并不是征税到企业倒闭的程度才是负担过重，我们应当把禁区线画在是否妨碍企业的投资和创新的临界点上。当然，这条"线"应该画在什么图形的什么位置上，还需要更多学者的深入研究。我们以此为理论依据，探讨当前中国企业的税负状况和出路，设法弄清楚究竟哪一类型企业承担大部分税收比重，以及这种税费负担对企业的生存发展究竟构成了何种影响。在具体的企业税负衡量中，我们重点参考了世界银行的总税率指标，将其应用在上市及非上市代表性企业上，以便较为准确地分析中国税制结构中的种种现实问题。

广义宏观税负水平与企业税负的关系

税费负担有微观与宏观两个层面：在微观层面，税费负担意指企业及居民家庭的税费支出占收入的比重；在宏观层面，税费负担意指全部微观个体的税费总和占当年国民收入的比重。微观与宏观彼此印证，我们对微观层面企业税费负担的分析，离不开对宏观税负问题的整体把握和认知。

学术界一般的看法是，宏观税负的测算要素是政府收入与同期GDP两个数值之比。对于GDP要素，学术界一般把政府收入分为大、中、小三个口径：小口径一般指税收收入占GDP比重；中口径一般指税收收入与社保缴款之和占GDP比重（部分学者认为中口径宏观税负指一般公共预算收入，但不包括社保缴款）；大口径一般指扣除重叠部分的"四本账"预算之和占GDP比重。问题发生在具体计算过程中，一些关键问题需要做学术上的进一步辨析：收费等非税收入是否应作为宏观税负的一部分？社保缴款是否注意扣除财政补贴收入，即单纯计算社保缴费收入？土地出让金收入是否应该计入大口径宏观税负？国有资本经营预算收入是否应该列入宏观税负？国有企业利润是否应当取代国有资本经营预算收入？学者对这些问题有着相当大的分歧，可谓众说纷纭。

学者依据各自的口径和方法计算出的宏观税负比值从20%多到40%多，结果相差甚远，但大家对一些问题大体是认可的：一是税负与人均GDP应保持适当的比例，税负不宜过重；二是税负高低与医疗、教育、养老等民生保障水平应尽可能地相互匹配，以便税收较好地体现正当性和合理性。我们借鉴穆雷·罗斯巴德（Murray Rothbard）在《美国大萧条》（*America's Great Depression*）中的观点——"税负"即"估算政府对私营国民产值的掠夺程度"，并参考了德隆·阿西莫格鲁（Daron Acemoglu）等人在《国家为什么会失败》（*Why Nations Fail: The Origins of Power, Prosperity and Poverty*）一书中的汲取性及包容性政治、经济制度二分法。该分析方法侧重对"汲取性制度"下"政治手段如高额的赋税"和"经济手段如垄断等途径控制市场价格以获得高昂的垄断利润"的分析，认为政府每一分钱的税收以及政府通过国有企业造成的市场垄断获取的垄断利润，近似于挤占了公民包括私人及私营企业的支出权利。据此，我们建议在计算宏观税负中将"政府广义收入"作为分子。

对于一般公共预算收入包括专项收入、罚没收入、行政事业性收费在内的非税收入的处理，多数学者在计算中主张考虑这一因素，但也有部分学者以税收的无偿性为凭，认为以上非税收入是政府提供特定公共服务而收取的对等价格，与税收的无偿性存在本质上的不同，因而他们不主张将其计入宏观税负的分子中。我们的看法有所不同。政府对所有收入的支配均应秉持对价提供公共产品及服务的原则，在市场化和公民收益多元化的今天恰恰更应强调税收的"有偿性"，纳税者也不会在意所纳税款是否"一对一"返还。所以，"无偿性"应属于税收形式特征讨论中的伪问题，我们在计算宏观税负时不应该把非税收入因素排除在外。

社保基金预算收入中的财政补贴收入大部分来自一般公共预算收入，在"四本账"预算的计算中属于重复部分，因而应该予以扣除。

关于土地出让金收入的处理，在国际货币基金组织的定义中，国有土地出让行为是一种非生产性资产交易，结果只是政府土地资产的减少和货币资金的增加，并不带来政府净资产的变化，也不增加政府的权益，因而不计作财政收入。在我国，土地在宪法中规定为国家所有（所有权意义上），同时各级政府在1994年分税制改革以来，即被允许将土地使用权以招、拍、挂等方式出让获取城市公共建设资金。这便是汲取性制度下政府通过土地垄断获得的利润。据此，我们在计算宏观税负时加入了土地出让金的政府性基金收入这一数值。

对于国有资本经营预算收入的处理，因其来自国有企业所实现的利润，按照比例适当、从低的原则上缴（2007年确定实施）。在汲取性制度下，政府垄断产生的超额利润，不应仅计算国有资本经营预算收入，还需要全面反映国有企业在市场扭曲中产生的超额利润，即国有企业利润。因此，在宏观税负的计算方式中，我们采用了国有企业利润这一数值。

我们主张将"政府广义收入"作为分子，即一般公共预算收入（税收收入及非税收入）、扣除财政补贴收入的社保基金收入（社会保险费收入）、包括土地出让金在内的政府性基金收入以及包括国有资本经营预算收入在内的国有企业利润等，将其加总后与同期的GDP相比得出宏观税负水平的具体数值。具体到我国近年来的宏观税负水平，我们主张将相对的大口径广义税负作为衡量标准。

2010—2015年，我国宏观税负口径均在37%—40%波动，尽管略高于发达国家水平，但相对于中等收入国家同期依然维持在较高水平（见表3–2）。需要注意的是，我国税收中有90%以上是征自企业的，近40%的宏观税负至少从近似值的角度可以说明，我国企业的微观税负也处于接近这个数值的高水平，目前国内不少学者是持相同看法的。在我国，除新兴产业和金融业等少数领域外，很多企业的实际利润率不到10%，导致东部沿海的部分加工企业处于困境之中。这就是我们坚持企业税负过高的观点的由来。

表3-2 2010—2015年中国"宏观税负"初步测算表[①]

指标	2010年	2011年	2012年	2013年	2014年	2015年
a GDP（亿元）	408 903	484 124	534 123	588 019	635 910	676 708
b 一般公共预算收入（亿元）	83 102	103 874	117 254	129 210	140 370	152 217
c 社保基金预算收入（亿元）	19 276	25 153	30 739	35 253	39 828	43 088
c_1 社会保险费收入（亿元）	14 610	19 556	23 697	27 022	30 039	32 518
c_2 财政补贴收入（亿元）	1 899	5 216	6 349	7 371.5	8 447	10 198
d 政府性基金预算收入（亿元）	36 785	41 363	37 517	52 239	54 093	42 330
e 国有资本经营预算收入（亿元）	559	765	951	1 011	1 411	2 560
f 国有企业实现利润（亿元）	19 871	22 557	21 960	24 051	24 765	23 028
宏观税负口径 = $(b+c_1+d+f)$ /a（%）	38	39	38	40	39	37
发达国家同期宏观税负（%）	34	35	35	36	36	36
发展中国家同期宏观税负（%）	27	29	29	29	29	28

资料来源：国家统计局、财政部、国际货币基金组织。

另外，中国政府所汲取的财税收入相对应的民生领域支出，比如教育、医疗、养老等社会保障，无论在数量还是质量上，与高收入国家相

[①] 本报告在计算政府收入时，以历年的一般公共预算、社保基金预算、国有资本经营预算、政府性基金预算为基础。对于重叠部分，我们仅计算重叠较大部分，即去除 c 中的 c_2，仅加入 c_1。对于2015年GDP及一般公共预算收入数值，我们分别引用国家统计局2016年1月20日及财政部2016年1月29日官网数据，同时注意到后续这两项数值有更新，因考虑到数据更新对计算结果影响不大，并未相应调整，特此说明。

比都存在较大的差距。对于当前处于中等收入行列的中国来说，民生支出的提高接近高收入国家水平还需要一个漫长的过程，保持本国宏观税负水平与当前民生领域保障水平尽可能接近，应成为政府宏观经济政策所追求的主要目标。中央政治局做出的"降低宏观税负"的决议十分有必要，但我们需要更加清醒和充分地认识到这一政策在落实过程中浮现出来的复杂性和巨大难度。

综上所述，根据宏观税负与企业税负的相互作用关系，要想实现降低宏观税负这一政策目标，我们需要落实的是降低税负的主要承担主体——企业的税费负担。有效降低企业税负，进而减小宏观税负与民生领域保障水平的落差，实现两者的相对平稳。

我国非公经济税收贡献率呈上升趋势

目前，非公经济已成为我国经济发展不可或缺的基础性力量，其GDP贡献率在60%以上，吸纳就业人数占比80%以上，民间投资占比60%以上。但同时，我国非公经济的总体税费负担处于较高的水平。

2014年，我国国有企业税收占全国税收总收入的29.33%，从2005年的39.59%一路下降至此（见表3-3）。同时期，外资企业税收占全国税收总收入的19.24%，与2005年的21.09%相差不大。与此同时，非公经济主体税收占全国税收总收入则过半至51.43%，与2005年的39.32%相比增长超12个百分点。2014年，"非公经济+外资企业"税收贡献之和占全国税收总收入达到70%，相比2005年的60%提高了约10%。图3-4可印证以上趋势。

表3-3 2005—2014年中国分企业类型税收贡献占比

年份	全国税收收入（万亿元）	国有企业上缴税金（万亿元）	国有税收占全国税收收入（%）	外资企业税收（万亿元）	外资税收占全国税收收入（%）	非公经济税收（万亿元）	非公税收占全国税收收入（%）
2005	3.03	1.20	39.59	0.64	21.09	1.19	39.32
2006	3.69	1.39	37.62	0.80	21.59	1.51	40.79
2007	4.86	1.70	35.00	1.00	20.53	2.16	44.47
2008	5.79	2.00	34.57	1.21	20.94	2.57	44.49
2009	6.31	2.20	34.86	1.36	21.58	2.75	43.56
2010	7.74	2.80	36.18	1.64	21.18	3.30	42.64
2011	9.57	3.40	35.52	1.96	20.51	4.21	43.97
2012	11.08	3.70	33.40	2.18	19.65	5.20	46.94
2013	12.00	3.90	32.51	2.31	19.24	5.79	48.25
2014	12.95	3.80	29.33	2.49	19.24	6.66	51.43

资料来源：根据《2005—2015年中国税务年鉴》《2005—2015年国有资产监督管理年鉴》整理。

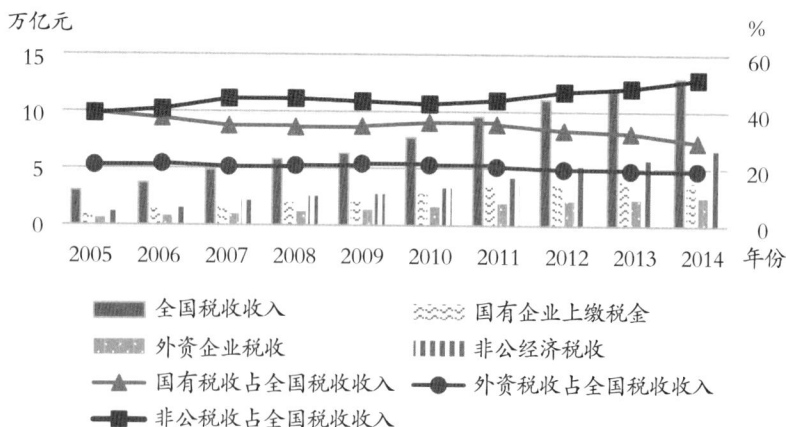

图3-4 2005—2014年全国税收收入中按企业类型划分的税收占比

资料来源：根据《2005—2015年中国税务年鉴》《2005—2015年国有资产监督管理年鉴》整理。

2005—2014年，我国国有企业税收贡献比例下降至不足三分之一，而非公有经济税收贡献比例整体处于上升态势，如今已占比过半；外资企业税收贡献相对稳定，维持在五分之一左右。非公经济在我国经济发展重点地位愈加重要，日益成为财政税收的支撑力量。另外，我们也可以看出，我国非公经济的税负的确不轻[1]，且呈现明显上涨的趋势，直接影响民间固定资产投资，进而影响就业乃至内需。在整体经济不景气，或者企业产品的行业平均利润率不能支持企业从事产品研发和技术创新的情况下，原本"一成不变"的税率可能成为企业难以承载的负担，甚至导致企业衰落。

米塞斯等经济学家曾反复指出，过高的税率或过重的税负，是对成功的资本家和企业家的一种变相没收，因为被征掉的所得，有一大部分本来是可以用于额外资本累积或资本净增额的。由于资本额减少，企业投资和创新将受到阻碍，劳动生产率难以提升，工人的实际工资率也无法增加。人们通常认为这种没收式的课税只是有损于直接纳税的富人。这其实是一个谬误，因为穷人也绝不可能是这种税收政策的受益者。

企业税负测算的另一种尝试：总税率的应用

关于企业微观税负的衡量标准和方法，目前学界尚无定论。有的人沿袭西方以所得税为主体的所得税率计算方法，显然这种方法与中国以

---

[1] 非公经济税收贡献占比过半，结合非公经济GDP贡献率为60%，我们可以推论非公经济的税负比值（税收贡献/GDP贡献）。但限于同期国有企业GDP贡献率这一数值尚不确定（有资料显示为25%—30%），我们无法直接推论出非公经济税负一定高于国有企业。但这至少可以说明，非公经济对税收收入的意义在收入占比上已超过国有企业，企业（包括非公经济及国有企业）税负的确不轻。

流转税为主体的税制结构不合。有的人以"销售收入税负率"为衡量标准，重点看企业所交税款和各种强制性缴费占其生产经营成果的比重，但这在一定程度上缩小了企业税负比值。还有的人以企业部门实际有效税负（现金流量表）计算，认为不包括社保缴费的中国企业部门的实际有效税负占税前收入的40%以上，而美国的这一比例不到30%。

我们引入世界银行的总税率概念，在假定增值税可以顺利流转的前提下，将企业生产经营过程中实际支付的税费负担，包括企业所得税、雇主配套支付雇员的"五险一金"，以及在增值税基础上所缴纳的城建税、教育费附加等，与企业实际经营成果（净利润）相除而得出的比值作为衡量依据。

目前，国内学界对于总税率这一衡量方法基本上持否定的态度。针对反驳意见，我们认为，一方面，总税率的指标生成过程恰恰是以增值税在中国能够顺利实现转嫁为前提的，世界银行课题组在计算中国总税率的过程中并没有把增值税因素包括在内。另一方面，总税率这一指标并非如"税收痛苦指数"一般的税率简单相加，而是将样本调查中当地正常运营中的企业实际缴纳的所得税、雇主为雇员缴纳的"五险一金"以及城建税、教育费附加等分别与当年的样本企业商业利润做比较，将得出的比例依次相加，从而获得总税率。该方法通过客观保守的实验条件，模拟出中国实体经济的平均税负水平，并印照在企业现实中，确有其参考价值。同时，微观税负与宏观税负息息相关，两者是相辅相成的关系。如果宏观税负重，那么微观税负必然不轻。同理，如果微观税负重，那么宏观税负水平也低不到哪里去。

因此，我们参考世界银行世界发展指标中的总税率指标，结合"无谓损失"理论发现，企业在承担诸如所得税、"五险一金"等税项过程中，导致市场原有供求双方交易量损失，这是对企业最为关注的利润的影响。由此，我们认为，总税率可以作为衡量中国企业所承担税费负担情况的另一种尝试，与营业收入税负率这一常规传统测算相辅相成，而两者之间的关系到底如何变动值得进一步探究。

根据图3-5，我们大体可以总结出一条规律：人均GDP（低、中、高收入国家）与企业总税率呈负相关关系：收入水平相对低的国家，企业总税率相对较高；收入水平相对较高的国家，企业总税率相对较低。同时，收入水平相对低的国家，企业总税率在2005—2015年呈明显下降的趋势，尤其是"低收入国家"，企业总税率的下降更为明显。

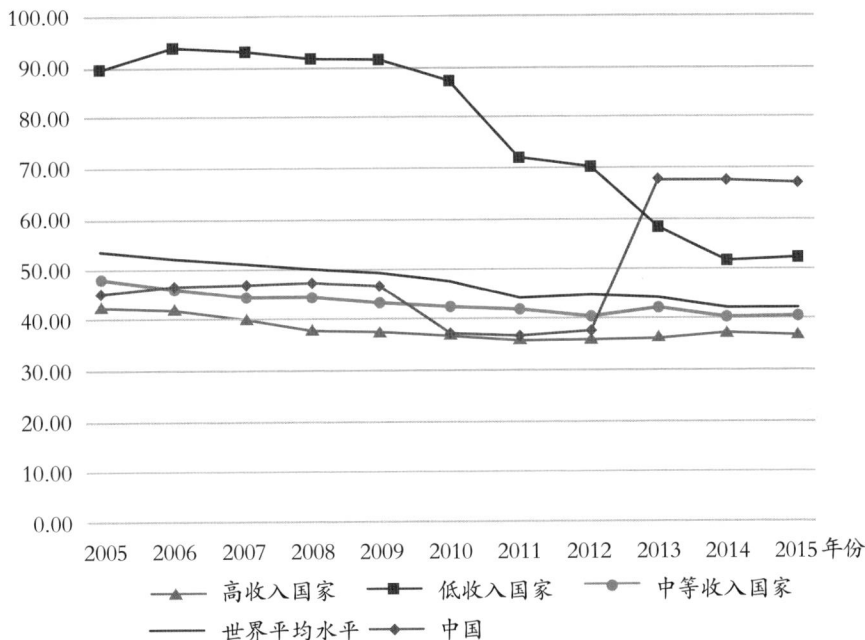

图3-5 2005—2015年世界银行统计发展指数中的总税率

数据来源：根据世界银行发展指数数据库整理。

对于中国来说，2005—2012年，总税率基本呈现下降趋势；2013年，总税率由37.2%骤然上升至68.7%；2014—2016年，总税率分别为68.5%、67.8%、68.0%，明显高于高收入国家平均水平，亦显著高于中等及低收入国家的平均水平。2016年，中国总税率的具体构成是10.8%

的利得税、48.8%的劳务税、8.4%的其他税。可见，占比较大的税费负担为劳务税，即公司作为雇主为雇员配套缴纳的"五险一金"支出。

具体到中国企业，包括各行业的上市及非上市企业，其税费负担轻重程度又如何呢？

企业实际税负——以上市及非上市企业为例

企业作为营利性组织，追求利润是其首要选择。在此过程中，企业为市场提供有竞争力的产品及服务，在得到消费者的认可之后取得营业收入。接下来，企业要扣除包括原材料、人工等环节的营业成本，包括其中附加的各类税费，最终获取营业利润。而政府及税务、社保等职能部门作为征税一方，需要对企业利润征收所得税，并且在企业的生产、销售过程中征收各类流转税、行为税、财产税等税，一并计入"支付的各项税费"，包括附加在人工工资上的劳务税（"五险一金"）。[①]这些均构成经营企业切实的成本负担。我们谨整理2015年各代表性行业中上市及非上市企业的资产报酬率、不同口径下的税负高低、销售利润率等指标（见表3-4）。

表3-4 2015年中国企业（含非上市及上市）税负率各衡量指标

序号	企业名称	年份	净资产报酬率（%）	税利率1（%）	税利率1.1（%）	税利率2（%）	税利率3（%）	销售利润率（%）	所属行业
1	非上市企业1	2015	2	217.8	226.2	151.2	1.0	0.6	代加工及贸易
2	非上市企业2	2015	-3	-66.7	-49.1	-49.1	4.3	-8.8	金融设备

---

① 由于企业缴纳的"五险一金"数据并未均体现在上市企业财务报表中，我们暂且将其忽略，但这不意味着这一成本支出不作为企业税费负担。

序号	企业名称	年份	净资产报酬率（%）	税利率1（%）	税利率1.1（%）	税利率2（%）	税利率3（%）	销售利润率（%）	所属行业
3	非上市企业3	2015	33	0.0	3.4	3.4	6.8	201.7	投资
4	非上市企业4	2015	20	93.8	101.7	90.7	6.7	7.4	网络通信
5	非上市企业5	2015	1	6.4	29.3	24.9	4.2	16.8	娱乐
6	华英农业	2015	1	155.4	151.0	146.7	1.4	1.0	农业
7	宝山钢铁	2015	2	830.0	765.1	294.6	3.3	1.1	钢铁
8	康师傅	2015	12	67.5	70.8	42.2	2.2	5.2	快消品制造
9	联华超市	2015	−4	−63.5	−56.3	−154.2	0.8	−0.5	连锁销售
10	中国联通	2015	22	47.2	48.3	36.9	19.2	52.1	通信服务

资料来源：各上市及非上市企业（为保护商业信息，隐去非上市企业名称）2015年财务审计报告。

在表3-4中，税利率3（当期应缴税费/营业收入）的实际数值并不大，但在其他税利率的衡量口径中，即使是同一企业亦存有较大差异。

企业销售利润率高，一方面意味着企业产品毛利润高，另一方面则表现为企业税负转嫁能力较强，企业税费支出与净利润之比、税费支出与税前利润之比均相对较低。根据表3-4，中国联通销售利润率高达52.1%，非上市企业3因财务费用中的利息收入高导致其销售利润率高达201.7%。因此，其税利率1、税利率1.1和税利率2的数值相对较低。又如，联华超市出现负的销售利润率（−0.5%），说明其本身税负转嫁能力较低，税费支出与净利润、税前利润之比相对较高。

冯红霞以2008年山东省威海市销售额为1 000万元的纯内销生产型一般纳税人为基准，在比较企业税利率（含税销售额）与销售毛利率关系时，发现毛利率低于12%时，缴纳的税费却比获得的毛利润多，且毛利率越低，这个现象越明显，同时指出当毛利率低于11.5%时，企业做得越多亏得越多，而这个亏损恰恰来自税负率的爆发式增加；即使在企业毛利率为10%—30%时，企业真实税利水平均高于53%。[①]

我们根据我国现行所得税、增值税及"五险一金"缴费费率水平，以一般纳税人的制造型企业为样本，假设除工资外所有原材料均实现进项抵扣，销售、财务、管理三大费用仅为销售收入10%，其中可作增值税进项抵扣部分为20%，工资占销售成本比例为10%，计算销售毛利率 X 与税利率 Y 的数量关系。

$$Y = \frac{1}{3.0200} + \frac{0.2059}{(3.0200X - 0.2263)}$$

毛利率 X 与税利率 Y 的变动关系如图3-6所示。

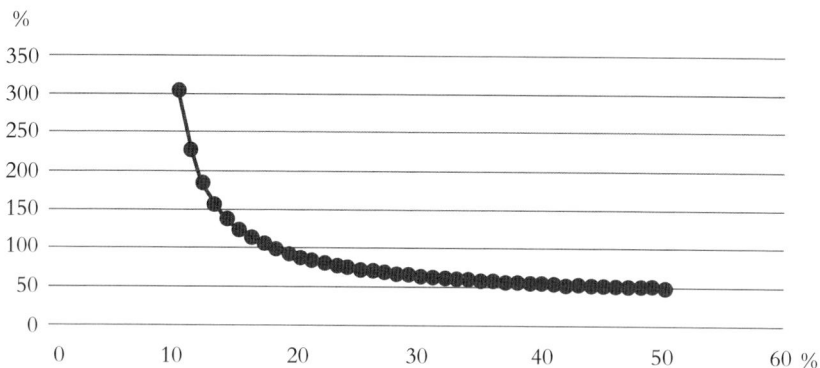

图3-6　销售毛利率 X（横轴）与税利率 Y（纵轴）之间的关系图

---

① 无独有偶，类似的判断亦发现在陈洁璟（2013）的文章《降低中小企业税负问题初探》中，测算企业100元的收入在利润率为3%（利润为3元）时，所承担的包括增值税及其附加税、所得税在内的税费负担为4.55元，因此税收占企业税前利润比为151.60%；在利润率为30%（利润为30元）时，所承担相应的税费负担为13.30元，因此税收占企业税前利润比为44.30%。

当企业销售毛利率处于50%时，其税利率为49%，即税款支出额占毛利润的49%，接近一半；但当企业销售毛利率下降至10%时，其税利率可陡增为305%，即税款支出额占毛利润的3倍多，企业的税费负担感知程度越发加重。这也是经济形势普遍下行之际，企业抱怨税费负担重的重要原因。

只有在企业盈利的情况下，政府才能从中分得一杯羹，但我国以增值税为主体的流转税设计对此因素的考虑是不够充分的，正如樊勇教授所指出的：从理论上讲，增值税是间接税，纳税人缴纳多少税与自己并无关系，但由于存在是否满足转嫁条件、进项留抵制度因素，我国的增值税不是完全意义上的转嫁税，它对企业的成本和利润的影响是企业不得不考虑的。

据联华超市2014年及2015年财务审计报告，虽然本期2015年营业收入从上一期2014年的291亿元下降至272亿元，其净利润却从1.2亿元转为-4亿元，而实际税费支出不降反增，从1.79亿元增加至2.54亿元。其中，增值税及其他税费从1.16亿元增加至1.45亿元。又如非上市企业2，其2015年销售利润率为-8.8%，即净利润为-133万元，但现金流量表显示，其所支付的各项税费为88.9万元，其中占比最大的是增值税（67.7万元），税利率1为-66.7%。由于流转税的税基并不因利润多少而变化，且因当前增值税抵扣链条并不完整，小微企业原材料等进项抵扣不能顺利实现，导致企业即使出现负利润时，其所负担的税费依然维持较高水平。

无论是上市企业还是非上市企业，其总税率的变动趋势都说明，我国税负（表现为税费支出占净利润比重过高）和税制结构（税费不与利润呈正相关关系）都存在问题，都应当在下一步税制改革和税收政策调整中予以充分重视。

中国当前减税降费的可行空间

无论是中国传统社会所强调的"有若定理",还是现代经济学中的"拉弗曲线",均道出一个浅显易懂的常识:如果提高税率,政府就可以获得更多的税收收入;但当税率提高到某一点后,如果税率还要继续提升,那么政府获得的税收收入不仅不会继续增长,反而会下降。恰恰是在这个时段("拉弗曲线"的后半段),政府的税收收入难以增长,但问题是,纳税人包括企业及个人在内,均感到税费负担相当沉重。因此,设法降低宏观税负中占比较大的税种(比如增值税、企业所得税、"五险一金"等)收入,成为减税降费的可行路径。

1. 推进增值税价税分离,减少市场"无谓损失"

在国际上,中国现行增值税税率并非高值,但这不能说明全部问题。因为我们不能仅简单横向比较企业主要税种(增值税及企业所得税)的税率在国际上的高低,还要考察相关税种在税收收入中所占的比重(见表3-5)。

表3-5 2006—2015年中国与经合组织增值税在税收收入中所占比重

指标	2006	2007	2008	2009	2010	2011	2012	2013	2014	2015
中国税收收入 (亿元)	34 804	45 622	54 224	59 522	73 211	89 738	100 614	110 531	119 175	124 892
中国国内增值税 (亿元)	12 785	15 470	17 997	18 481	21 093	24 267	26 416	28 810	30 855	31 109
中国社保费收入 (亿元)	6 789	8 485	10 604	14 313	14 610	19 556	23 697	27 022	30 039	32 518
中国增值税占 税收比重(%)	37	34	33	31	29	27	26	26	26	25

指标	2006	2007	2008	2009	2010	2011	2012	2013	2014	2015
中国增值税占税收和社保费比重（％）	31	29	28	25	24	22	21	21	21	20
经合组织平均增值税占税收比重（％）	19	19	19	19	20	20	20	20	暂无	暂无

注：经合组织将社保作为税收构成，因此对应中国社保费与税收收入之和，以保持分母一致，增加可比性。

资料来源：国家统计局官网、财政部、历年社保基金预算及经合组织数据库。

我国增值税收入在税收收入中的占比，尽管与经合组织平均占比相差不大，但随着"营改增"的全面推开，2015年1.9万亿元的营业税悉数转为增值税，其占税收收入比例可能提升至40%（占税收比重）及30%（占税收和社保费之和比重），而且其中一直存在的增值税抵扣链条的不完整、进项抵扣不充分的问题都将转化为企业的实际税收负担。

我国实施的增值税制有别于西方的价税分离的情形，包含增值税的含税价格成为市场交易的信号。这容易造成供求双方因价格提高过快（供给方提高价格以实现税负转嫁，导致需求方需求量降低、交易量减少）而导致"无谓损失"出现。对于我国来说，解决的途径应当是接轨价税分离的市场交易体系，这不仅有利于培育纳税人意识，而且有利于避免市场的"无谓损失"，同时通过进一步简化税制和归并税率，实现增值税的良性转化。

2. 适当降低企业所得税收入占比

正如对增值税的分析，我们不能简单横向比较企业所得税税率，同样需要考察企业所得税收入在中国税收总收入中的比重。据表3–6，中国企业所得税无论在税收收入中的占比（18%—22%），还是在税收和社保费之和中的占比（15%—17%），均远高于经合组织平均水平（8%—11%）。

表3-6　2006—2015年中国与经合组织企业所得税在税收收入中占比重

指标	2006	2007	2008	2009	2010	2011	2012	2013	2014	2015
中国税收收入（亿元）	34 804	45 622	54 224	59 522	73 211	89 738	100 614	110 531	119 175	124 892
中国企业所得税（亿元）	7 040	8 779	11 176	11 537	12 844	16 770	19 655	22 427	24 642	27 125
中国社保费收入（亿元）	6 789	8 485	10 604	14 313	14 610	19 556	23 697	27 022	30 039	32 518
中国企业所得税占税收比重（％）	20	19	21	19	18	19	20	20	21	22
中国企业所得税占税收和社保费比重（％）	17	16	17	16	15	15	16	16	17	17
经合组织平均企业所得税占税收比重（％）	11	11	10	8	8	9	9	9	暂无	暂无

资料来源：国家统计局官网、财政部、历年社保基金预算及经合组织数据库。

企业所得税的征收过程存在着征收方法不尽合理的情形，例如对众多中小企业以并不反映实际利润变化的行业利润率为"核定征收"依据。类似原有营业税的征收方式，容易导致企业税负过重，同时造成企业税负之间的不公平。[1]这就需要进一步规范企业所得税的征收方式，尽可能实际降低企业所得税税率，这样做显然更有利于实现企业所得税税制的公平和税负水平的下降。

---

[1] 陈洁璟：《降低中小企业税负问题初探》，《武汉工程职业技术学院学报》第4期，2011年，第44—49页。

3. "五险一金"缴费费率有下降空间

自2011年实施《中华人民共和国社会保险法》以来，社会保险费收入呈现快速上涨态势，由2007年的8 000亿元升至2011年的1.9万亿元，再由2012年的2.3万亿元跃升至2015年的3.2万亿元。尽管2015年末中央决定阶段性降低"五险一金"缴费比例，但时至今日，仅失业保险等小险种费率略有下降，其余未见有较大幅度调整。

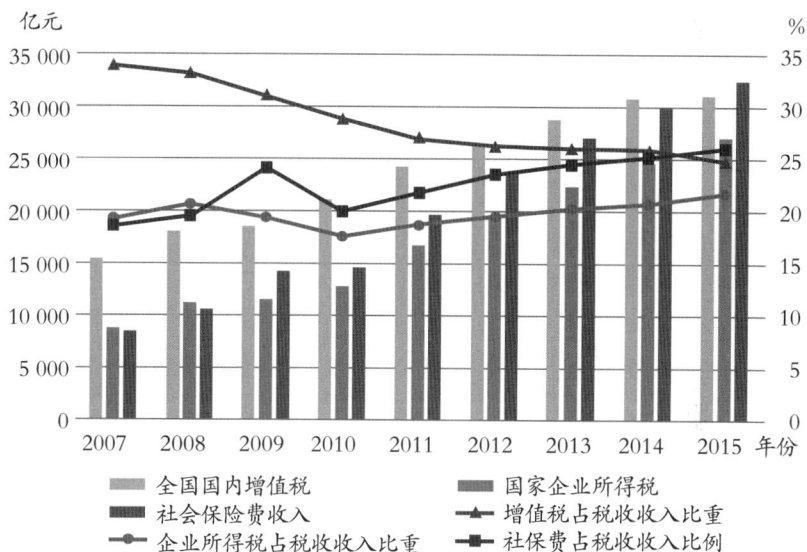

图3-7　2007—2015年增值税、企业所得税与社保费增长情况

资料来源：根据国家统计局及财政部数据整理。

2015年，我国社保费收入首次超过第一大税（增值税）收入。同时，在社保费费率设置上，中国与国际其他高收入国家亦有明显差距。我们以2015年中国与美国社保费费率为例进行对比研究（见表3-7）。

表3-7　2015年中国与美国社保费缴费比例

项目	单位	个人	政府
中国（%）	40.70	22.50+4.00	0
美国（%）	7.65	7.65	0
对比结果 （单位及个人相除／政府相减）	5.32	2.94	0

资料来源：根据各地人力资源部门网站整理。

　　因此，较大幅度地降低社会保险乃至"五险一金"的缴费费率，从而减少企业总税费成本，促进企业利润和职工工资收入的增加，应当是从全局考虑的有利于促进企业发展和激励市场消费的政策选项。

结　语

　　综上所述，我们运用"无谓损失"理论，切入税费负担分析这一主题，围绕宏观与微观企业两个层面展开论述，并分别借用汲取性制度、总税率、毛利率与税利率之间互动关系等视角，揭示无论是宏观税负还是微观企业税负，皆在一定程度上存在税负较重的问题，据此探究中国当前存在的税制结构问题，提出较为可行的政策建议。

　　第一，广义宏观税负过重凸显降低宏观税负的必要性，而降低宏观税负的关键在于降低占税收收入九成以上的企业税负，并且其重点应放在降低占税收过半的非公经济税费负担上。

　　第二，在如何进一步降低企业税费负担方面，探究导致企业税费负担偏重的主要因素，发现问题的根源在于增值税等流转税、企业所得税和"五险一金"等，进而通过国际税制结构的比较及强制性缴费率的对比分析，揭示减税政策可行的降低空间。

　　第三，在落实减税政策的同时，还应注重改良税制，改善增值税、企业所得税的征税方式，进而涵养税源，这将成为激发企业活力的关键环节。

第四，在大幅度减税及改良税制的过程中，改进当前以流转税为主的税制结构，进一步推进以个人及家庭财产、所得征税的直接税改革。

第五，直接税的推进，离不开现代财政制度的建构，包括预算透明、财税权力的制衡与监督、央地关系调整等配套性的制度建设，切实保障纳税人权利，充分发挥财政在国家治理中的基础和重要支柱的作用。

02

"无谓损失"效应及其政策启示

在经济学理论中，人们将税收对市场结果的扭曲所引起的总剩余减少称为"无谓损失"，即买者与卖者因税收遭受的损失大于政府筹集到的收入。造成这一损失的原因在于，供求均衡使市场上买者与卖者的总盈余最大化，但是当税收提高了买者的价格而降低了卖者的价格时，税收对买者的激励是比没有税收时少消费，而对卖者的激励是比没有税收时少生产。当买者与卖者对这些激励做出反应时，市场规模就会缩小到其最适水平以下。于是，税收扭曲了激励，引起了市场配置资源的无效率。

可见，税收造成的"无谓损失"影响了消费者与生产者的福利，会使市场上的消费者盈余和生产者盈余变小，其中大部分变成税收交给了政府。同时，我们应注意的是，当"税收规模"过大（过度征税）时，政府本来可以拿到生产者和消费者损失掉的市场盈余，但现在拿不到了。

经济学家王则柯先生在《图解微观经济学》一书中把"deadweight loss"翻译为"死角损失"（本书称"无谓损失"），并指出："死角损失是经济学上的一个重要发现。在现代市场经济中，交易可以创造财富（不再是工人做工、农民种地才创造财富的概念了），所以有一种说法，就是交易可以'无中生有'地增加财富，而现在税收'死角损失'的存在，就是'无中生有'的反面，属于'有中生无'。"他的意思是，因为"无谓损失"的存在，税收来源不稳定，企业家预期不乐观。如果只是生产者盈余部分损失，那么企业还有活路。如果政府过度征税，那么"无谓损失"规模将不断扩大，这时候经济增长的前景就不乐观。

为了避免"无谓损失"过大，市场经济提出了一个要求，就是认轻税、不认重税。作为征税方，政府提供公共产品及服务，并且需要维持一定量的税收，但同时要尽力使这种"无谓损失"变小，税收规模则不能过大，否则将影响市场供求双方的福利剩余，这是由市场经济的机理决定的。也就是说，"当企业产品的行业平均利润不能支持企业有尊严地生存时，企业已基本无力从事研发和技术改造，只能在维持现状的简单生产过程中挣扎"，这时候我们就可以判定"无谓损失"过大了，是时候该给企业减税了。

"无谓损失"思想的来源其实是亚当·斯密，他在其古典自由主义的代表作《法律、警察、岁入及军备讲演录》中指出："总的说来，最好的政策是，听任事业自然发展，既不给予补贴，也不对货物课税。"他进一步指出："政府如果可能使用其他方法来支付政府的费用，那么应该停征一切的税，如关税、消费税等。"总之，这一理论的启示是，过度征税会扼杀企业家投资和创新热情，会扭曲资源分配、破坏市场规范和秩序。因而，建立稳定和持久的轻税结构是必要的，而不是等到税收把企业逼得快破产时才减税。现代税收理论的大量研究成果证明了这个结论。

实践分析

在实践方面，税收对企业经营的影响是显而易见的。我们观察上市企业年报后发现：由于流转税并不考虑企业经营能否获得利润或获利多少，也就是说，征税过程中流转税的税基与企业利润并无关系，所以当企业出现利润下降或负利润的情况时，企业所承受的税费负担可能是比较高的，甚至是非常高的。

企业利润和其税负转嫁能力是有关系的。在以流转税为主体的税制结构下，一般来说，企业的销售利润高，说明其税负转嫁能力比较强，这类企业的税费支出与其净利润和税前利润之比就会相对较低。反过来，如果企业的销售利润低，其税负转嫁能力就弱，这类企业的税费支出与净利润和税前利润之比就会相对较高。

我们在此转述调研过程中某位企业家的感受：一台卖10万元的机器有40多个配件供应商，实际配件成本超过6万元，但很多小零件根本没有发票，真正可抵扣的配件发票只有4万元，而制造这台机器的人工成本就超过3.50万元，结果这台10万元的机器实际利润不到0.50万元，增值税为（10-4）×17%＝1.02万元。

在我国，增值税往往以含税价的形式出现，导致交易价格中一般包含增值税金，而非西方各国普遍采用的不含税价格与流转税相分开的模式。因此，增值税税负的高低会影响市场交易，也会影响市场供求的福利剩余。

这就是我们阐述的"无谓损失"的实际表现。在我国热处理行业和其他若干行业中，增值税税负率超过企业利润率的现象比较普遍。另外，现行增值税税率是在制造业人工成本很低、进项比重较大时设计的，现在人工费服务费等占比越来越高，可用于抵扣的进项税额大幅度降低，越是中小企业，这个问题越严重，现行增值税实际税率偏高就是这么来的。在企业税费负担调查中，这是一个屡屡被忽视的真实问题。

国际税收竞争

美国学者克里斯·爱德华兹（Chris Edwards）等在其著作《全球税收革命》（*Global Tax Revolution*）中指出："由于全球化与自由贸易已经深刻地改变了这个世界，资本与人才可以在全球寻求栖身之地，即使是税收政策这样的内政也不可能只考虑国内情况，必须放眼世界、紧盯邻国，稍有不慎，国内税基就会流失，大量资本和人才也随之流失。近20年来，由于不合理的税制，很多跨国公司的总部纷纷从美国出走，富人也开始放弃美国国籍。对这一趋势的同步观照，对我们了解这个瞬息万变的世界大有裨益。"

我们从三个方面来理解爱德华兹的观点。

第一，税收竞争发端于经济全球化，是世界经济"扁平化"的结果，资本与利润的流动性成为各国减税的压力。爱德华兹指出了这种"结果的结果"。用奥地利学派的观点来看，它应该是市场自发秩序扩展的一个结果。

第二，爱德华兹把全球性的减税运动看成一场税收革命，这符合古典经济学的基本原理，对中国的"供给侧改革"也富有启发价值。爱德华兹指出，减税之所以重要，是因为降低了生产活动的成本，包括工作、投资和创业的成本，减税也有效地防止了政府变得"更大"。减税可为亚当·斯密的一个重要观点提供佐证：低税负国家的竞争力高于高税负的国家。

第三，维护税收竞争秩序，阻止各种破坏税收竞争的计划，实际上就是扼制"无限政府"的出现，保卫经济自由（经济增长只是它的结果）。爱德华兹指出，税收竞争批评者所担心的恶性竞争从来没有出现过，"我们倒是希望它发生"。为什么？爱德华兹没有说原因，我们的理解是，促使更加完善的规则出现。

政策主张

减税的前提是缩减财政支出，而缩减财政支出的前提是裁减部分政府规模，把政府往"小"处调整。现在很多学者建议提高赤字率，目的是在不裁减政府规模的同时，为减税腾出空间。可问题在于，如果政府不削减赤字率反而提高它，这不仅容易引发通胀，加大金融风险，还容易导致居民储蓄率的提升，使先前的减税失去效果。其中的道理是，减税能否产生效果，在很大程度上取决于政府债务的存量和融资渠道。如果政府减税了，但又通过公债加大融资量，那么只要政府不削减赤字率，总需求就不会有大的变化，减税政策也就难以产生效果。这是来自"李嘉图等价定理"的分析，其中的道理是，如果政府不削减赤字，人们就可能产生政府在未来加税的预期，因而会自行增加储蓄以抵御这种增税的风险，这样先前的减税就不会产生效果。

依据上述理论，我们主张的不是一时一变的减税政策，而是建立稳定持久的轻税机制。这需要在三个方面着力：第一，缩减政府规模和政府占有社会财富的比例，在民主与法治的轨道上，建立一个廉洁、适中、透明、尽责的政府，这是建构轻税机制的前提；第二，政府和立法机构应当协同共建"税负上线"控制机制，在中央层面设立专职的预算委员会，同时在民间广泛推广公民预算参与机制，以保证预算的准确规范执行和在经济衰退期适时降税或退税于民；第三，为了提升上述机制有效率，应确立公开、透明原则以及完整的可问责和可纠错机制，排除在税收领域的任何政治特权和防范腐败。总之，依据"财政是国家治理的基础和重要支柱"的基本认识，我们在现代税收制度的建构中应更加重视纳税人与征税者的共治与协商机制的构建。

其实，现实中，税收的"轻"与"重"并不是一个重要的问题，更不是"税收"现代与传统的标准。传统税收，无论是轻还是重，都由执政者单方面决定。而现代税收，无论是轻还是重，都要经过一定程序，由纳税人与征税者的博弈决定，在国家与国民之间建立一种用税收联结起来的纽带。美国经济学家哈维·S. 罗森（Harvey S. Rosen）在《财政学》一书中通过公元前1300年一群犹太人和他们的先知的一次对话阐述了这个道理。①

---

① ［美］哈维·S. 罗森、特德·盖亚著，郭庆旺、赵志耘译：《财政学》第八版，中国人民大学出版社2009年版，第1页。

03

交易成本视角下社会保险税费性质

2018年3月，在中央政府所实施的机构改革方案中，有关"国税地税征管体制"一章明确规定，社会保险费由税务部门专一征收，以便提高社会保险的征管效率。这一规定结束了各地社会保险征收部门不一的乱象，有效增强了社会保险的征收力度，但也可能进一步加重企业及职工税费负担。

面对社会保险的税费之争，我们及时厘清社会保险的税费性质，将有助于为税改的顺利推进提供理论支撑及现实依据。

社会保险税费性质至今依然存在较大分歧。部分学者囿于税收"三性"（强制性、固定性、无偿性）原则，尤其是无偿性，判定社会保险作为有偿性的保险，属于缴费性质；部分学者基于收费的强制性不足等现实因素，考虑到减轻社保基金赤字，认为通过社会保险的费改税提高社会保险的征管能力及效率，有利于缓解这一宏观问题，可保障社会安全网的可持续运作。但是，人们对于社会保险自身的属性似乎认识不够，尤其较少注意到社会保险成为劳动力市场的"楔子"（作为企业与职工之间的交易成本，社会保险对私人消费及投资均产生影响），且鲜有借鉴国际相关税收理论及现实经验。

税收"三性"再认识

较长时间以来，税收"三性"是计划经济时期的税收基本原则。这一原则建构的基础是以实施以国家分配论为基石的传统财政模式。

改革开放以来，财政模式逐渐由传统向现代过渡，对于税收的"三性"，很多学者也有了新的认识和理解。

首先，强制性原则。尽管表面上，财政税收环节均由相对应的法律来制定、实施，以国家机器（政府）的有效运转为目标，并且对纳税人的不遵从设有相应的惩罚措施，但在税收交易范式的影响下，学界较多以对征税权的制约为前提，将税收过程视为公民以个人产权的部分让渡来换取政府所提供的公共产品及服务，这也是税收同意原则的历史渊源。

因此，我们可以说，税收的同意性是税收强制性的前提条件之一。而税收的强制性仅为保障税收在纳税主体之间的公平设置，比如较高的遵从度，并落实量力负担原则，即不同收入群体按照对应比例合理承担税负。这就意味着，与其说税收的强制性，不如提倡税收的同意性，即公共选择学派所倡导的一致同意原则，如此方能换得个人产权的让渡。这也是公民在构建文明社会中所付出的必要代价，借用布坎南公共选择理论的表达，"针对福利，政治经济学家的分析方法表明，除非各方都达成一致，否则一项特殊的选择就绝不是帕累托最优"。在现实社会中，较为常见的是税收的开征与否、税率的调整浮动大小等，涉及社会福利的改进与否。需注意的是，税收强制性的必要前提是共识的建立、维护乃至坚守。

其次，固定性原则。这一原则对应着亚当·斯密所提出的确定性原则，并且亚当·斯密认为确定性原则至关重要，"赋税虽再不平等，其害民尚小；赋税稍不确定，其害民实大"，即需要明确"完纳的日期""完纳的方法""完纳的额数"等纳税注意事项，并使公众尤其是纳税人知晓。

究其原因，亚当·斯密在这里谈到了"赋税如不确定，税吏极有可能借此寻租而滋生腐败"。我们不难看出，古典经济学者对政府始终保持着一定程度的警惕，正如约翰·穆勒所言"政府的原则要求假定政治力量会被滥用以促进当权者的特殊目的"，以及休谟所言"政治学家已经把它作为座右铭，即约束任何政府系统，固定其支出，且控制国体，其中每个人……没有别的目的，只有个人私利"。布坎南等学者尤其强调民众对政府征税权的制约。

其实，固定性并非一成不变，而是意指在一定时间段内，其纳税的对象、日期、地点、方法以及征税额是确定的，尤其是"不经批准不能随意改变"，强调税收调整程序的正义性，以保证税收的公平性。在程序正义方面，学界突出强调两个方面：一是发声，即公众意见的表达；二是尊重对待，这将保障"纳税人意识到其所纳税额的变动应该由他们所能理解的合理化过程来解释"，否则便是对程序正义的侵犯。

最后，无偿性原则。基于税收交易理论所决定的同意性和税收程序正义所决定的确定性，政府在取得税收收入之后，需要完成或者必须履行的是与纳税人所让渡的个人财产相对应，提供对等的公共产品及服务，否则可能导致税收欠缺公平性（交易公平），进而导致税款征收过程中出现较大规模的税基流失，乃至出现普遍的偷税、逃税和漏税等问题。

尽管在表面上，尤其在一般公共预算中，税收与市场主体的交易略有不同，并不一定全部体现一一对应的关系，即税款的支付者与税款的享受者并非一一明确对应。因此，看起来税收不同于市场经济中个体之间的互利交换，而具有无偿性，但是正如卢梭所言，集体有义务保障个人的财富安全，不能对个人财富进行剥夺，而唯有在这种状态下，个人的财富才会因为加入集体而变得安全。对于个人来说，这类似"一桩有利的交易"，与此同时，集体的收入也得以保障。

洛克在《政府论》一书中也阐述过类似的观点：政府的正常运转依赖于税收，因此，为维持政府的正常运转，其辖区内公民有责任贡献其收入的一部分，但前提之一是公民同意，即公民或其代表"大多数的同意"。公民之所以缴纳赋税，是为了维持政府的运行，但是公民所获得的是因加入社会契约所享受的秩序保护等利益，否则公民可以放弃这一公共选择。

由此可见，税收"三性"原则并不适用于国家治理体系下的现代财政制度建构。相反，在治理话语体系下，我们更加强调政府与市场关系的平等，即政府与公民、企业等多元对话，寻求国家治理的妥协方案。在这里，税收的同意性、公平性、契约性便体现了出来。

综上所述，在社会保险的税费性质认定上，我们并不能以税收"三性"原则来简单评判社会保险的本质。

首先，社会保险，尤其是养老、医疗等保险的多缴多得且一一对应，属于保险所具有的特征，在很大程度上体现着类似市场交易的有偿性。但是，并不能因社会保险与税收所要求的无偿性冲突，而否定社会保险的税收性质。况且，在社会保险中的养老保险缴纳过程中，更大比例的企业配套缴纳部分可以进入社会统筹账户。对于企业来说，这并不具备有偿性，反而加重了企业的运行成本。它作为制度性交易成本，楔入劳动力市场的交易中，对劳动力的价格及就业岗位的创造产生影响。

其次，社会保险的强制性。在过去的一段时期内，社会保险作为地方政府收入来源之一，加之征收部门不一，导致各省市的企业及职工对社会保险的遵从度差异较大。但是，我们并不能由此否定社会保险的税收性质。

最后，社会保险的固定性。与强制性类似，由于各省市统筹力度不同，对于社会保险的缴费基数以及缴费比例，各地企业及职工感受不一，而且所面对的征收部门是社保部门或者代征部门的地税部门，似乎与税收所要求的固定性相差较大。

但是，从公平性角度来说，社会保险是公民（企业及职工）为获得社会保险权（宪法规定）而让渡工资收入的一部分（由税基与税率共同确定），这是税收的契约性质，也是其所应具备的公平性，否则将影响公民对社会保险的缴纳积极性。也就是说，如果社会保险自身的"性价比"不高，即政府提供的这一公共产品及服务水平较差，比如跨省便利性不足、与成本相比的保障水平低等，将导致社会保险失去公平性，甚至影响其财务上的可持续性。就同意性原则来说，社会保险的收支明细应体现在相对应的预算收支上。公民及其代表应参与社会保险缴费比例的调整，从而在保障社会保险预算可持续的条件下，兼顾自身的可承受性。也就是说，社保基金预算以及住房公积金预算，均应受到公民社会及代议机构的审议监督，若没有代议机构的投票表决，各地方社会保险的缴费比例及基数就不能随意调整，否则将违背税制的确定性原则，从而导致寻租、搭便车等问题的产生。

工薪税理论及验证

在社会保险的税费性质辨析方面，我们借鉴经典理论，查看社会保险在税收方面的理论成果，尤其是借鉴交易成本、税负转嫁以及财政幻觉等，展开对这一税收效应的验证，有利于全面认识社会保险的税收性质。

1. 税负转嫁

亚当·斯密在《国富论》第五篇《论君主或国家的收入》第二节《论赋税》中指出，"每种赋税，归根结底，必定是由这三种收入源泉（地租、利润与工资）的这一种或那一种或无区别地由这三种收入源泉共同支出的"。

据此，我们不难判断，以工资为征收对象的社会保险是"打算加于工资的税"。另外，雇主同样需要配套缴纳一定的比例，从而影响到雇主的当期利润（不排除雇主的税负转嫁），所以我们也可以将社会保险视为"打算加于利润的税"。

对于劳动工资的课税，亚当·斯密专门撰写《劳动工资税》一节。当其他条件没有变化时，劳动工资税的介入将导致工资的非市场性提升，即制度性交易成本上涨。对于工资上涨的速度，亚当·斯密认为，"不论工资税率如何，在一切场合，工资不但会按照税率的比例提高，而且会按照更高的比例提高"。这意味着劳动工资税所导致的工资增加，将高于劳动工资税本身。

在谈及工资税的最终负税人时，亚当·斯密认为，"在这一场合，不但工资税，还有超过此税额的若干税款，其实都是直接由雇他的人垫支的"。税负将通过雇主或者地主或者制造业主的转移，致使"地租发生更大的缩减"，同时导致"制造品价格发生更大的上涨"。在谈及工资税的后果时，亚当·斯密指出，"农业的衰退，贫民就业的减少，一国土地劳动年产物的减低，大概都是这种税的结果"。

2. 保险的财政幻觉

作为公共选择学派的集大成者，布坎南在《民主财政论》一书中通过现代制度下的财政幻觉来重新解释工薪税（原文使用的是"社会保障税"），利用普维亚尼模型来考察工薪税制度。他认为，这一工薪税利用保险的特殊形式来创造乐观的幻觉，"使得纳税人感到，与在其他制度安排下相比，他支出的'较少'而得到的'较多'"。

在具体谈到工薪税时，布坎南分析道，所谓的保险制度会导致纳税人作为"参加者看不到成本和利益的真正数量"。这是因为工薪税进入独立的信托基金，但是信托基金的持续又取决于"财政部在现期内向对该制度提出的要求权提供现金的意愿"。作为社会保险制度最终支付责任的承担者，截至1966年，他们所得到的仅仅是利益较小一部分，"其余所得需从未来课征的税款中获得"。

但是，对于这一公共选择所促成的社会保险制度，即使人们明白其财务并不具有可持续性，也并不立即拒绝参与，"因为将来其他的参与者仍会被虚幻的'保险'要求权吸引"。

据此，布坎南认为，将工薪税作为成本的社会保险制度，只不过依赖"保险"这一财政幻觉，维持着其未来的可持续性，失去这一财政幻觉将导致"极大的政治反抗"。

对于亚当·斯密、布坎南的推断，现代经济学做出了相应的理论验证。

科斯的交易成本理论显示，市场主体之间的交易存在社会成本，且市场价格信号的运行并非没有成本，尤其是真实世界中的涉税交易成本。社会保险作为企业与职工的交易成本，其征缴会对劳动力市场供求产生影响，人们借此观察社会保险的实质。

3. 交易成本理论应用

社会保险的"楔入"，一方面提高了需求者（企业）的用工成本，另一方面减少了就业量，同时降低了供给者（劳动者）工资的可支配收入（见图3-8）。

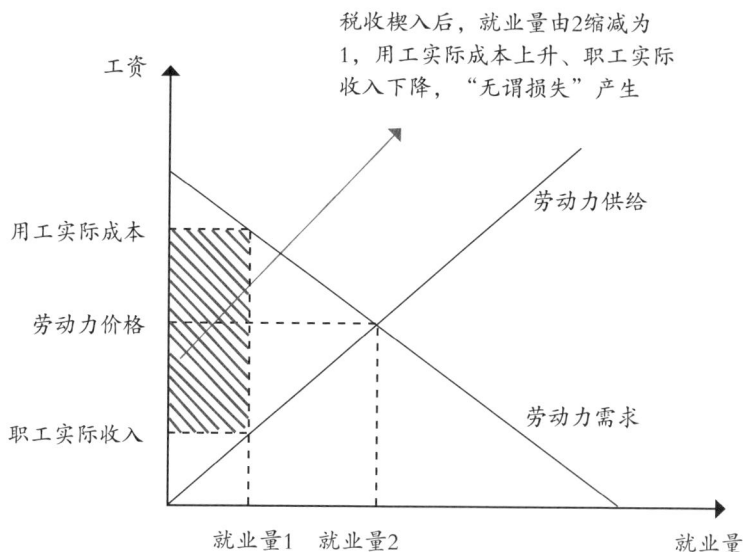

图3-8 社会保险对就业量、企业及职工工资收入的影响

由此可知，社会保险的实施扭曲了劳动力市场，发生了经济学在分析税收时的类似影响——"无谓损失"，即政府的社会保险收入远低于劳动者与企业的福利损失之和。劳动者的福利损失是指社会保险的介入导致职工可支配收入减少。企业的福利损失是指社会保险的介入导致企业的用工成本增加，致使市场上总体就业量萎缩。

在谈到税负转嫁问题时，亚当·斯密认为，工薪税对就业量及企业、职工工资收入的影响，随着劳动力市场的供给与需求的变动而发生变化。一般来说，由于资本相对于劳动更具有流动性，资本对劳动力价格的敏感度显然高于劳动者自身对其价格的影响。也就是说，劳动需求弹性远大于劳动供给弹性。这意味着，是雇员而不是雇主承担了大部分工薪税（见图3-9）。

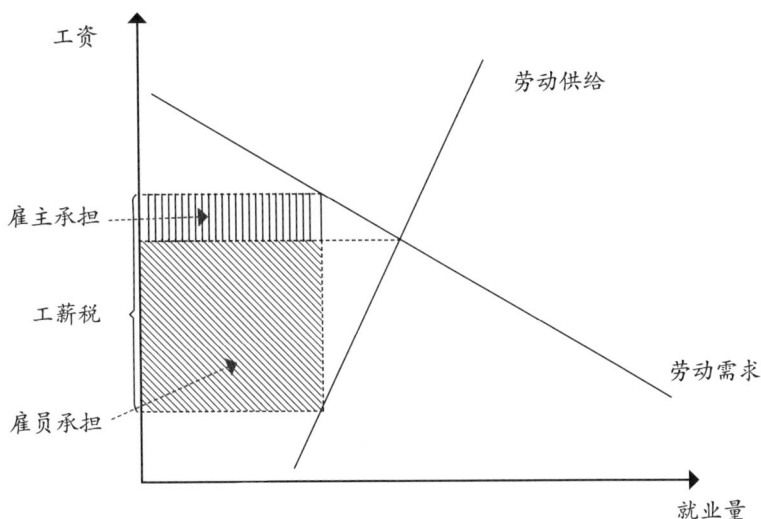

图3-9 社会保险的转嫁

当然，这只是理论分析，即在供求弹性不一致的条件下，工薪税更多是被雇员承担。另外，由于雇主可以通过商品向消费者转嫁税负，工薪税也被更多的消费者承担。在现实层面，这一推论往往受较多外部因素影响，比如资金成本、市场起伏等，导致这一推论不一定成立。另外，雇主与雇员在工薪税中的实际分担比例并非如名义税率所示，且与名义税率无关。比如养老金，国家规定企业承担20%（部分地区为14%），职工承担8%，即企业：职工为5：2（或7：2），但实际上，企业与职工各自承担的比例与各地的劳动供求曲线弹性相关。

总之，无论税负最终是转嫁给雇员还是雇主，政府工薪税的征收会对劳动力市场造成"无谓损失"是明确的。我们借用亚当·斯密的话来说，"人民所付出的，多于国家所收入的"。因为过多征收社会保险将影响企业及劳动者工作的勤奋程度，会对私人投资产生影响，会导致市场萎缩、经济低迷、投资回报率不高及消费下降，这同样适用于社会保险对私人可支配收入的影响。

考虑到社会保险费将由税务部门统一征收，征收力度将进一步加强，我们不可忽视企业未来税费负担的增加。正如亚当·斯密所言，"对于不幸的逃税未遂者所使用的充公及其他惩罚办法，往往会倾其家产，因而社会便失去由这部分资本所能获得的利益。不适当的赋税，实为逃税的大诱因"。

因此，理论上，社会保险具有较为鲜明的税的性质。

结　语

综上所述，我们围绕社会保险的税费性质展开辨析。

首先，我们描述了社会保险当前的立法规定，强调了这一成本的法律强制性，也揭示了社会保险在实际运行过程中存在确定性、执行力不够等客观问题。

然后，我们就税收"三性"（尤其是无偿性原则）展开辨析，强调现代税收理论所秉持的同意性、公平性原则符合税的一般规律。

最后，我们根据社会保险所对应的工薪税，借鉴亚当·斯密有关劳动工资税的税负转嫁分析，以及布坎南所说的社会保障税的财政幻觉，从交易成本理论上，验证工薪税作为企业与职工交易"楔子"，对劳动力市场产生了较为显著的影响。

04

我国企业税负计算标准的几个问题

企业整体税负是企业依法缴纳的税收、附加税、强制性社保缴款、各种行政收费以及企业的其他各种隐性负担的总和。降低企业整体税负与企业的现在和未来密切相关，也是政府施政中的一件难事。

2011—2016年，我国民间固定资产投资增速、实体经济资产回报率和企业经营效益均出现普遍下滑的现象。2000—2011年，我国制造业上市公司总资产报酬率平均为11.7%，以后逐步下滑，到2016年降为7.1%。企业部门资产回报率明显下降，成为资本选择异地而栖的重要原因。我国的民间投资自2015年开始快速下滑，只有国有企业（独资）投资急剧增长，这在一定程度上抬高了投资的平均增速。

经过两年的企业调研，我们的判断是，经济不振与企业税负过重的因素直接相关：包括税负、费负及纳税成本在内的制度性交易费用，过度侵占了企业利润，对企业家投资和创新有明显的负效应。由高税收推动的政府消费对私人部门产生了挤出效应，给经济发展埋下隐患。

但是，我国对企业税负的衡量标准是不确定的，数种计算公式各有千秋，缺乏严谨论证和平等交流，至今尚未形成共识，此种情形于企业减税无益。经过反复比对和分析研究，我们在2016年按照世界银行总税率的企业税负测量方法，在撰写论文或调研报告中使用"利润税负"等概念，并坚持至今未变，目前已经获得学界和企业界人士越来越多的认可。

总税率、增加值税率及其应用

从2005年开始，世界银行用总税率指标测度全球100多个经济体的企业税费负担，以此反映一个国家或地区企业税费负担的轻重。

世界银行把总税率解释为：企业在说明准予扣减和减免后的应缴税额和强制性缴费额占商业利润的比例。其中，应缴税和强制性缴费是扣除所有优惠和豁免后的税费，包括企业所得税或利润税、企业负担的社会保险费、财产税、资本利得税、资源税、车船税和其他相关费用，不包括非企业承担的个人所得税、增值税、消费税和营业税。商业利润并不是财务报表上的税前利润，而是与总税率公式中的分子相对应的企业上缴任何税款之前的商业利润。在财务报表上，企业的一些税费在纳税时是可以扣除的，总税率公式中的商业利润包括这些税费。总税率目前在国际上得到广泛认可，国内学者和机构目前还没有拿出有力的证据否定其价值。

企业总税率=（劳动力税费+其他税+企业所得税）/企业税前商业利润。

总税率以企业承担的不可转嫁的税费为依据，把可转嫁的税收排除在外，因而可以较为准确地反映企业的实际税费负担，体现政府与企业分配关系的全貌。它既可以用来度量以直接税为主体税种的国家的企业税费负担，也可以用来度量以间接税为主体税种的国家的企业税费负担，还可以用来比较各国企业税费负担的水平。

据世界银行的测算，2017年，我国总税率为67.3%，而世界平均水平为48%。目前，我国人均国民总收入属于中高收入国家，然而我国企业总税率高于同等收入国家的平均水平，同时远高于中低收入国家的平均水平，2013—2017年甚至高于低收入国家的平均水平。

我国是以间接税为主的国家，间接税占商品劳务税50%以上，而间接税是不进入总税率计算过程的，同类国家还有智利、土耳其、匈牙利等，它们的间接税比重更高。既然此类税收是容易转嫁的，那么我国企业实际承担的不可转嫁的税负应该低于上述国家。但实际情况是，2011—2017年，我国企业的总税率比这些国家高。

我国直接税占商品劳务税大约40%，远低于瑞士、加拿大、比利时、美国、日本等国家。既然直接税的税负是不可转嫁的，那么我国企业的总税率应该低于上述国家。然而，2011—2017年，我国企业的总税率远比这些国家高。

一国所处的经济发展阶段越高，其企业总税率就越低。然而，事实是，2013—2017年，我国总税率高于中低收入国家的平均水平，高于高收入国家的平均水平，甚至还高于低收入国家的平均水平。

我们计算的我国企业整体税负情况为：制造业上市公司的平均利润税负水平在2000—2011年为61.6%，在2012—2016年上升至74.2%，与世界银行的总税率计算结果是基本吻合的。在测算方法上，我们倾向于借鉴世界银行的总税率概念，采用以利润为分母的"利润税负"指标，以期贴近现实，从而较为客观地反映出企业与政府以"利润"和"税费"为表现的利益分配关系，这也是企业家最为关注的问题。我们之所以主张使用"企业整体税负"的概念，是因为我们站在企业投资者的角度，侧重企业的净资产报酬。同时，我们还综合参考了"平均有效税率"，力争做到国际间横向对比的一致性以及国内历年变化的连贯性。

具体到计算公式上，在分子方面，我们将企业生产经营中实际支付、不可转嫁的税费以及直接减损企业利润的税费成本都计算在内，包括企业所得税、"五险一金"以及在增值税基础上所缴纳的城建税、教育费附加等；在分母方面，我们将营业利润对应到企业财务报表中，以"净利润"为代表。我们认为这种计算方法是比较合适的。我们假定增值税可以顺利流转，没有把增值税的因素考虑在内。但这是有问题的，因为我国的增值税在执行过程中有若干比例（据调查，大约20%）是难以转嫁的，所以实际的企业税负比世界银行和我们的计算结果应该还要高一些，但我们现在就把这个因素考虑进去的时机还不太成熟，会引起很大争议。

理论上说，凡企业实际支付、不可转嫁的税费和直接减损企业利润的税费成本都应计算在内，凡并非企业实际承担的税费成本，即使是企业实际支付了的税费成本都不能计算在内。当然，我们在实际应用于统计和测算过程中还需要进行更为细致的探讨分析。

另一种方法是观察企业增加值与税负的关系，这种方法考虑了流转税在内的企业所有税负，因而可以关照我国以流转税为主体税种的税制结构因素（见图3-10）。

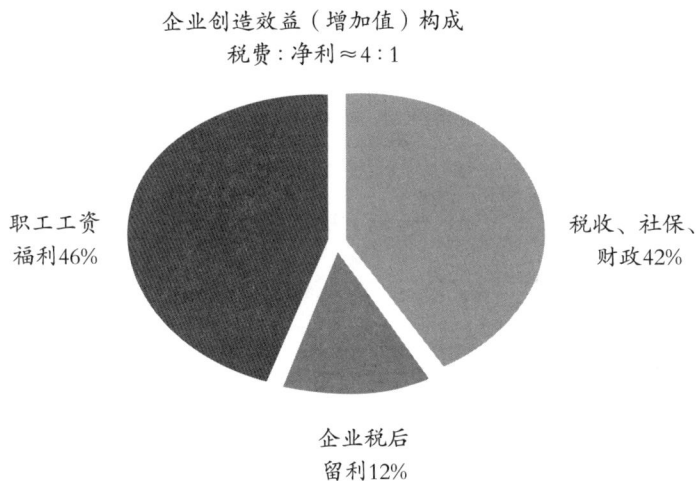

企业创造效益（增加值）构成
税费：净利≈4∶1

职工工资
福利46%

税收、社保、
财政42%

企业税后
留利12%

图3-10 企业增加值构成——以部分代表性企业为例

数据来源：根据五家代表性企业财务数据整理。

可见，经过各方分配后，企业只获得10%左右的利润。企业没有能够投资特别是风投的利润空间，长此以往，必然影响企业发展和创新的能力和热情。这两种计算方法都可以作为企业税负的依据。在撰写企业税负调研报告时，我们会同时使用这两种方法。

劳务税（"五险一金"）因素

劳动力是资本投资的重要构成，"五险一金"就是建立在劳动力报酬基础上的一种税负，即西方国家的劳务税。或者，它属于一种我们还不太熟悉的准税，税基是工资，税率是缴费率。作为现代税制的一种形式，它具有一定的返还性。

"五险一金"是否可被称为"税"，目前在国内存在很大争议，但查究其征收标准（职工工资），明晰其征收依据（实现社会保险权），并分析"五险一金"征收对劳动力市场的影响作用，我们发现：正是"五险一金"的"楔入"，一方面提高了作为劳动力需求方（企业）的用工成本，另一方面减少了就业量，降低了劳动力供给方（劳动者）的工资可支配收入。"五险一金"的实施，产生经济学教科书上的"无谓损失"问题，即政府的"五险一金"收入远低于因劳动者与企业的福利损失之和，说明它是一种具有一定税收性质的企业成本负担，而不应归类到政府非税收入中。

按照实际承受税率，我国的社会保险缴费在181个国家及地区中排列第一，约为"金砖四国"另三国的2倍、G7国家的2.8倍、北欧五国的3倍、东亚邻国的4.6倍（世界银行，2009）。

2017年，中国劳务税占利润比重是48.1%，同期高收入国家是18.9%，中等收入国家是14.9%，世界平均水平是16.1%，美国只有9.8%。

我国企业缴纳劳务税的情况不甚理想，根据《中国企业社保白皮书》，按全部工资缴纳社保的企业占全部企业的比重在2017年是24.1%，其余22.9%的企业按最低下限缴纳（社平工资×60%），有超过两成的企业按自行分档基数缴纳，超过一成的企业按固定工资部分不算奖金缴纳。比如养老金，大概占强制性社保缴费的60%，无论缴纳者是否自愿，都必须缴纳。名义上称什么不重要，实质内容是对既定收入的一种切割。不管是收费还是收税，当它变成强制行为的时候，它就和税收没有差别了。所以，我们应建立公平合理的社会保障费率的缴费基数及增长机制，逐步降低企业社保缴费比例，使我国企业的人工成本适度下降一些。

其他税费和过度管制因素

在我国，企业还承担着名目繁多的行政事业性收费和政府性基金等非税收入，因而企业总税率中的"其他税税率"也比较高。例如，企业在自建或自有房产时，从土地使用权取得、使用到房产出售这一过程会涉及多种"房产"税种，需缴纳契税、印花税（还有政府相关部门收取的交易费等），但有时土地转让方在转让时会要求拿净值，并且对应由转让方承担的营业税及附加、土地增值税等要求买方承担。在土地使用阶段，企业需缴纳城镇土地使用税、房产税等。在土地出售阶段，企业需缴纳营业税及附加，预缴土地增值税、企业所得税等。而且，各地区房产税、土地增值税缴纳的界定标准不够清晰，尺度不一。此外，企业还需缴纳工会经费、残保金等。例如残保金，在实际征收过程中，由原有的按照社会平均工资征收改为按照企业工资总额征收，导致高收入企业的残保金负担迅速加重。比如，我们在北京调研的某企业残保金支出比上一年度（2016年）增长了8—9倍。在行政事业性缴费方面，企业需承担相关协会费用、噪音排污费等，这在某种程度上增加了企业的经营成本，给企业造成经营负担。

经济学家阿尔弗雷德·马歇尔（Alfred Marshall）在《经济学原理》中指出：个人享有自由决策的权利，不应为政府及其税收所扭曲，经济周期则具有自我调节的能力，因而频繁的政府干预是不必要的；既然市场竞争已经给企业创新造成了压力，国家治理的原则就应该厘清政府与市场、公共领域与个人空间的"楚河汉界"。

流转税对企业税负的影响

我国以流转税为主体的税制结构，表现为生产和流通环节的成本费用较高或资金占用过大，而与企业盈利水平的相关性较低，对企业形成刚性的成本压力，削弱了税收政策的调节功能。所以，我们在测算企业实际税负时必须考虑流转税的因素，这也是一种"国情"，而技术问题需留待下一步解决。

增值税作为流转税的代表，是大工业生产阶段的税收标志物。这一时期的产业链由于分工细化而相对较长，上下游相对独立，产业结构以制造业为主体，企业生产什么人们就消费什么。在此基础上诞生的增值税，通过环环抵扣，只针对每一个环节的新增加的价值征税，符合税收中性原则，亦能减少重复征税。这是该税种的优势，但是具体税制设计及实施过程依然存在问题。

第一个问题，现在不是传统工业时代了，已经进入数字经济时代，有人称之为"消费商"时代。社会生产方式被重构了，不再是教科书中的生产决定消费，而是变成了消费决定生产。消费者在市场交易关系中越来越处于中心位置，消费者需要什么，生产者就生产什么，以往的供需关系被重构了，它不再需要那么长的产业链，不再需要很多的购置和库存，甚至不需要很大的企业，企业小型化、家庭化逐渐成为趋势。增值税与这样的产业结构可能会产生一些冲突。

第二个问题，企业在支付员工工资时是不允许抵扣的，要为员工缴纳社保。社保不属于增值税抵扣范围，但工资加社保构成了企业产品或服务的增加值，要一并缴纳增值税，而增值税的税率又不一样，这会导致企业增值税负担加重或不平等。在大工业时代，人工成本占机器设备和原材料的比重不高，企业对这部分税负尚可接受，但现在的情况是，市场分工不断细化，企业可能更需要的是程序设计或者编程方面的工程师或其他高级人才，虽然人数不多，但人力成本大大提高，这时候尽管增值税税率未变，但是企业的税负已经很高了。在调研过程中，有服装制造企业向我们反映，小工序（比如印花、蕾丝等）需要依靠"小作坊"来辅助生产，但是企业无法取得增值税专用发票，无法抵扣，致使企业负担加重。在调研建安企业时，我们了解到众多中小规模建安企业不得已选择一些不具备开票资格的企业购进原材料，这部分成本约占总成本的30%—40%。由于企业无法取得进项税，只有税率为11%的销项税，此时的增值税便构成了企业负担加重的因素。

第三个问题涉及贷款利息。2016年的"营改增"把金融服务纳入增值税范围，我们都知道增值税的特点是需要一个较为完整的运转链条，对于提供贷款服务的机构来说，无论是金融机构还是非金融机构，它们收取的利息都要缴纳增值税，而增值税的原理是把已经缴纳的增值税在下一个环节进行抵扣，以便将其转嫁给购买者或消费者。但是，按照现行规定，利息收入缴纳的增值税是不得给下一环节开具增值税发票，这就会造成下一环节增值税负的提高（因为它不能抵扣）。这个问题在资金密集型的企业（比如建筑业和房开企业）中更严重一些。

税制设计和实施过程还有其他问题：税率层级多且较高（16%、10%、6%等），导致税制复杂；专用发票抵扣链条不完善，导致"走逃"（俗称"连坐"）之类的问题发生。这些问题给企业造成了很大困扰，也提升了企业家的法律风险。参与调研的企业多次表示，均遇到过企业"走逃"问题。例如，不同企业在进行贸易合作时，业务、合同、资金流均是真实的，但是当上游企业出现问题，即这个合作链条出现问题时，即使下游合作企业所提供的业务证据是真实的，也要负抵扣链条断裂的"连坐"责任。大家觉得这很不公平，并且增加了企业负担。

我国政府的税收大部分直接抽自市场，其产生的效应有两点。

第一，政府承担较高的征收成本，包括税务系统监管和企业报税流程等，例如企业需雇用专职财务人员完成复杂的认证开票程序，俗称"磨皮鞋时间"，还有企业因上游企业发票"走逃"而支付制度成本等。

第二，税收对市场有直接的抑制效应，不利于新创价值。古典经济学主张轻税主义，认为过度征税会扭曲经济行为、降低经济增速，当税率高过一定限度时，甚至会减少政府的收入。事实已经证明了"拉弗曲线"的存在。

反过来说，如果企业税负能够定位在一个适当偏轻的水平，这就会提高投资收益率，刺激企业扩大投资、形成资本积累。这又会导致工薪上涨。而这些增长的就业如果能变成消费，就能刺激其他企业扩张，从而形成乘数效应；如果能变成租金或者按揭，就能更好地支撑资产价格和债务杠杆。

其实，这就是政府和市场的互利分工，也是从"光荣革命"到"第一次世界大战"前英美经济一直领跑全球的秘籍所在。约瑟夫·熊彼特（Joseph Schumpeter）在《经济发展理论》（*The Theory of Economic Progress*）中认为，只有当这种类型的市场机制稳住以后，创新（包括技术创新和组织管理创新）才是可能的。

现代国家的支柱

我们应厘清、规范行政事业性收费和政府性基金，降低企业的"其他税税率"。一是各种税收附加，比如教育费附加、文化事业建设费附加等，应按照费改税原则分别予以取消附加、并入主税、另立税种处理。二是政府性基金，要参照税收附加处理的原则进行处理。三是公布中央和地方各级政府的行政事业性收费目录清单，包括收费主体、收费依据、收费标准、收费期限、收费用途等关键信息，以便社会各界监督。四是加强收费管理，目录清单之外的不准收费，目录清单内的应依据相关法律和行政法规收费，不得超标准、超期限收费。五是加大对收费情况和用途的审计力度，对违规收费等事项及时督促整改，审计部门要定期向人大常委会报告收费情况和收费用途，加强和完善人民代表大会的监督职能。

第一，减税一定要真实，用正确的测算技术，准确计算企业整体税负。我们建议运用总税率和增加值税率的方法，总税率应降到45%左右，增加值税率应降到30%左右。具体到税种，增值税税率统一降到11%，企业所得税税率降到20%，社保缴费比例降到20%，可进一步讨论，还有个人所得税的问题。只有这样，我们才能切实把企业税负降下来。政府在征税之后给企业留利充足，才能创造一个风险投资、技术研发和创新的乐园。有这种能力的企业越多，国家经济发展的前景就越光明。请注意，"企业没有倒闭"不是税负边际。

第二，建立税负上限机制，使经济运行在一种稳定持久的轻税（20%—25%）环境中。曼昆说，长期来看，低税率能够提高工作热情，增长储蓄，刺激投资，积极带动供给的发展。注意，这里是从"长期"来看，所以减税不能一时一事，应当具有持久性，这就需要建立某种机制。减税是政策，而轻税是机制。

第三，放松管制，降低企业的准入门槛，增大企业订立合约的自主空间，但这涉及政府自身的改革问题，优化行政机构的规模和职能可不是一件小事。如果我们不这样做，减税就是一句空话。这不是一个简单的减税问题，还涉及公共预算、公共选择机制、财政信息公开以及问责和纠错机制的建立完善。

第四，逐步减少对流转税的倚赖，而转为所得税和财产税，因为这样的税收组合对财富的创造环节不产生实质性影响，尤其有利于创新。

结　语

税改是对一个国家的体制的全面检验，亦开启了建构"easy tax"（便利的税收）的可能性，是一国现代性的标志之一。

卡尔·马克思曾指出："捐税的分配、征收和使用的方法之所以成为（资产阶级的）切身问题，不仅是由于它对工商业起着影响，而且还因为捐税是可以用来扼杀君主专制的一条金锁链。"

05

行政管制能否解决市场失灵问题

市场失灵，比如竞争无序、价格紊乱，一直伴随着人类社会。当此类问题出现时，人们通常寄希望于政府出台行政措施。但是，就各项干预的实施效果来说，往往事与愿违。这究竟是怎么一回事？我们该如何认识市场失灵问题，又该怎样处理市场与政府之间的关系？

1959年，科斯针对美国无线电市场失灵问题进行的思考，或许能够带给我们一些启发。

20世纪初，无线电开始在海上应用，特别是为海上船只提供引航服务。但是，由于数量众多的无线电站发射不同的无线电信号，各种信号相互干扰，导致海上救援信号无法被清晰辨认，进而影响船只航行安全。因此，1912年，美国国会通过立法明确，任何一座无线电台的经营者都必须持有商务部部长颁发的许可证，这就意味着无线电市场领域有了行政门槛。

直到20世纪20年代，无线电在广播等商业领域被广泛使用，无线电市场才迎来了大发展时代。然而，无线电混乱的局面并没有改观，反而愈加严重。对此，1926年，美国国会再次通过规范无线电产业的法律措施，同时在联邦政府层面设立通信委员会，负责审核无线电经营的申请者，并规定无线电经营者通过审核的前提是必须服务和便利公众。在科斯看来，这一前置条件显然缺乏明确的含义，会影响其后续具体的执行。

对无线电领域实行政府管制的支持者认为，无线电作为通信方式之一，其资源有限，并不能被所有人使用。因此，根据这一天然限制，为数有限的频道不能彼此干扰，类似于汽车管制，对无线电管制的必要性也正是基于此。

但是，科斯反驳道，因数量有限而稀缺的资源不仅仅是无线电信号，对于经济体系中的所有资源（比如土地、劳动、资本等）来说，需求远大于供给。但是，这并不是政府管制存在的理由，决定这些资源配置的应该是价格机制，而不是政府管制。

有学者认为，政府管制的存在起因于市场失灵——私人竞争体系的失败。针对此，科斯观察出市场失灵的真正原因是没有私有产权介入稀缺资源，进而总结道："一味指责市场失灵是不恰当的，一个私人竞争体系在资源配置中，如果有产权介入，将运行良好。任何想要使用此资源的市场主体都需要付费，竞争无序的局面才会自动消失，政府在此过程仅需要提供产权界定及仲裁。"

科斯追溯到亚当·斯密的经典理论，即资源配置应该由市场的力量决定而非行政命令。行政部门替代市场价格机制会遇到两个难以克服的问题：其一，缺乏由市场决定的"成本—收益"衡量标准，而这将因行政部门的预算软约束而导致政府规模的日益庞大，乃至寻租的产生及税负的加重；其二，行政部门无法掌握市场主体对商品及服务的偏好，进而造成判断失真。然而，恰恰是无数市场独立主体的不断试错、及时纠错，才使得资源实现渐进的合理配置。

作为从计划经济向市场经济过渡转型的中国来说，有效确定土地、劳动、资本等个人产权，尊重价格规律的调节作用，发挥市场在资源配置中的决定性作用，清晰界定政府的职责边界，使得社会公众福利稳步提升，将是未来改革的必由之路。

科斯的思考尤其值得我们借鉴。

06

财政制度的演化与现代世界的诞生

我们对现代世界并不陌生。现代世界是现代的、工业的、城市的和科学的，是一种政治结构和意识形态与旧制度完全不同的总体社会制度，是一种对于人类漫长的传统社会而言的全新的社会形态。

我们应该弄清的问题是，现代世界不等于全世界。19世纪初期，所谓的现代世界还只是一个由英国、荷兰、美国等组成的"窄带"（人口只占人类的2%），"窄带"之外的所有国家仍为旧制度所笼罩。当年托克维尔就十分担心新结构的脆弱性会使它随时面临崩溃的危险。令人感到惊奇的是，不久，"新结构的许多元素竟然开始扩散，首先是在19世纪中叶扩散到欧洲大陆的部分地区"，包括法国和德国的部分地区，这被称为"欧洲的奇迹"。

接着是东方。1860年，福泽谕吉从世界的另一端看见了欧洲发生的事情，那时整个亚洲都保留着旧制度。他马上意识到：自己的国家除非学习欧洲的经验，变得"现代"起来，否则注定会沦落为西方的殖民地。于是，1870—1910年，日本毫不犹豫地加入了现代世界的行列，采用的就是大部分已在欧洲见效的处方。请注意，这里用了"毫不犹豫"四个字。因为这非常重要，关系到一国社会转型过程的成败。

紧接其后的是北美，发生了同样的社会巨变。马克斯·韦伯（Max Weber）在数十年之后也像福泽谕吉一样预见了这一切，毫不怀疑这

个世界上某种非凡的事情已经发生，于是"奇迹"便顺理成章地发生
了，而且不再只是"欧洲的奇迹"，是世界史上的"欧—美—日现
象"（Euro-American-Japanese Phenomenon）。直到19世纪结束的
时候，已经有多个国家完成了这一社会转型，现代世界已然诞生。

现实中，人们常常把现代世界混同于现代技术，其实它们不是一回
事。正如麦克法兰所说，法西斯完全可以让旧制度与现代技术结伴而
行，但旧制度还是旧制度，反倒有可能由于现代科学技术的应用而使
旧制度的围墙更加坚固，而围墙里面的人会离自由越来越远。此外，
现代世界也不等于某个时间点，至少16世纪以后的英国，就已经是现
代社会（韦伯理论里有一个"16世纪分界说"），而18世纪的法国还
维持着旧制度。即使到了现在，世界上还存在一些前现代国家，它们
仍然维持着旧制度，而未融入现代世界。但不管怎么说，各国都在努
力与现代世界趋同发展，告别旧制度可以说是20世纪人类文明发展的
主要成果。

现代世界何以诞生？人们一直在设法探讨其中的奥秘，找出的理
由五花八门，比如基督教、封建制度、水上交通、煤炭储量、矿藏等。
还有人将之归结为运气、偶然、意外，总是不免给人"盲人摸象"的感
觉，但艰难的探索一直没有停止。因为人们知道，"为了认知当下世
界，为了给滑溜溜的未来道路绘制一张可行的路线图，我们必须在一定
程度上弄清当今世界来源于何处"。

麦克法兰用的是一种"拼七巧板"的办法，把与现代性相关联的
特点，比如宗教、科学、政治结构、市场经济等因素一揽子列出来。他
说，英格兰之所以能率先实现社会转型，从一个农耕的世界变成一个工
业化的世界，就是这样一组相互关联的要素共同发生作用而导致的结
果，其中的每一个特点都不可缺少，但是每一个特点又不能单独成为现
代性形成的十足原因。但无论如何，开启现代性大门的钥匙必须丝丝入
扣，不仅需要把每一个零件摆正确，还需要把每一个零件和其他零件的

关系摆正确，让它们恰到好处地契合在一起。

在人类社会向现代世界转型的过程中，这种契合出现的概率极低，而一旦出现这样的情形，社会就能够成功地逃离传统制度和体制，从而进入现代世界的行列。麦克法兰归纳的现代性要义主要有人口结构、政治自由、社会结构、财富生产方式以及人们对世界的认知方法等。关键是要找到一种与旧制度迥然不同的全新的财富生产方式，以保障经济持续稳定增长，这是旧制度无法达成的目标。至于特定的认知方法，指的是这样的社会有能力生发新思想，有能力保持怀疑和暂缓判断，以及有能力通过实验而加速进步。关键是，这一揽子互相关联的现代性特点如何才有可能"同时出现"？其中就有一个寻找通往未来现代世界的"进路"问题。

麦克法兰在《现代世界的诞生》中指出，这条进路表现在一部财富增长之条件的杰作中，而财富增长重要前提条件是确保个人产权和对王权的有效限制。17世纪和18世纪，法国人在访问英格兰时注意到了一个细节，就是那里人人都是自己财产的主人，人人都可以过一种不受权贵控制的生活。麦克法兰说："如果他愿意，他甚至可以不认识他们。"麦克法兰还引用伏尔泰的话说："英格兰人是世界上唯一能够反抗国王，从而给国王权力设限的国民，是唯一通过一系列斗争而最终建立了一种政府的国民。在这种政府下，国王拥有做好事的一切权力，同时却被限制了一切做坏事的权力……在这种政府下，人民非常清醒地参政议政。"这才是现代世界"进路"上最为核心的要素，相比较而言，商人之间的交易、劳动分工、货币使用之类的问题其实没有什么复杂的，它们都可以通过市场自发秩序的形成来解决。商人之间一般不会互相侵害，恰恰相反，他们希望对方的产权是明确的和有保障的，这样的人才能成为贸易伙伴。他们也不会任意剥夺对方的利益，因为他们没有这个权力，而且就算剥夺了别人的利益也得不到什么好处。显然，对商人的产权和利益能真正形成威胁的，只可能来自公权力，所以英国800年历史演绎的就是一个如何限制国王权力的故事。

较早揭示出这一通往现代世界"进路"的思想家是亚当·斯密。在1755年的一次讲演中，亚当·斯密提出了财富增长三要素。他说，除了和平、便利的税收以及适度的司法之外，把一个落后国家变成繁荣的国家，就不再需要别的什么了。他说这句话的时间比《国富论》的出版早了21年，他所陈述的三点无一例外都是针对国家公权力而言的。而且，在这三点之中，税收或许更为重要，因为战争和法律都与税收直接相关。麦克法兰认为，亚当·斯密提出的三点很难做到。确实如此，但也正是因为如此，这把现代世界和旧制度区彻底分开了。麦克法兰主张把"easy tax"翻译成"便利的税收"，而不能翻译成"轻税"，我们认为这是对的。因为在历史上，英国的税负从来不低，反而很高。18世纪，英国的平均税负大大高于世界其他国家，当时能跟英国相匹敌的国家只有荷兰。但这么高的税负并没有引起英国人的反感，也从未导致严重的国内政治危机，其奥妙就在于"easy tax"。

"easy tax"是亚当·斯密提出的最为成熟的税收原则，其中第一原则是平等。他认为，每个国民都应为维持政府的存在而纳税，但应尽可能做到国民所纳之税与其各自的能力成正比，或者说，与人们在国家保护下所享有的收入成正比。与我们当下能够理解到的税负在纳税人之间的平等有所不同，亚当·斯密更重视的其实是另一层意思，即政府与纳税人之间的平等。在英格兰，极富的人和极贫的人税负都不算重，税收主要是由"中间阶层"承担的。这个阶级在有的文献中被称为"下中产阶级"，他们消费的物品常被课征高额的间接税，比如茶叶、烟草、麦芽酒、烈性酒等。所以，一个人还是有机会选择避开这些税收的，这与他的朴素、节俭和习惯有关。1700年，这个阶级已经发展成为一个庞大的社会群体，并在整个18世纪迅速壮大起来，以至于开始具有支持一场昂贵战争的实力了。当时，除了纳税，他们还有余力购买国债。18世纪中叶，英国大约有5万名国债持有者。

亚当·斯密提出的税收第二原则是定则，即人们纳税的时间、方式和数量等都应当是明确的和法定的，具有较强的可预见性，不随意。也就是说，纳税的事无论对纳税人自己还是政府，都应当清清楚楚，一目了然，而坚决不能含糊其词、朝令夕改。

亚当·斯密提出的税收第三原则是便利，"每一笔税款都应当依据纳税人最为方便的时间和方式而征收"。亚当·斯密的逻辑是政府应该对非必需品课税，而不对与穷人生死攸关的必需品（比如面包）课税，不要使他们在生活困境中因纳税而陷入绝境。早就有学者指出，英格兰不对劳动阶级征收直接税，也不对他们征收欧洲其他国家的贸易税。在英国，住房税、窗户税、收入税、财产税、估定税（assessed tax）等，从来不会落在劳动者头上，甚至不会达及零售商、手艺人、熟练工等人。

亚当·斯密提出的税收第四原则是经济。他认为，税收应以经济上的高效率方式征收，也就是以较低的成本完成征收过程，所征之税"尽量不在征收过程中被吸走"。英格兰在欧洲最早建立了现代性质的税收征管体系，其专业性和高效率使得税的征收不必再依赖"包税人"之类的私人机构，而后者恰恰是欧洲人民无尽苦难的根源。关于这一点，巴尔扎克笔下的波旁王朝出卖外地收税权的情节中有生动描述。

亚当·斯密认为，在税收四原则中，第二原则最为重要。他在《法学手稿》中指出："哪怕税负本身相当不公正，与税收的不确定性相比也是小得多的一种恶。当税是被随意课征的时候，每一个纳税人都被置于不受制约的权力的笼罩之下。不确定的税收怂恿蛮横无理，甚至原本不蛮横、不腐化的人，也会变得腐化了。"以此为逻辑起点，我们也就有了后世的以外部政治控制为基本特征的现代国家预算制度和"公共选择机制"，现代社会面向社会大众的财政信息公开、透明机制，以及完善的问责和纠错机制。

英国在全世界率先做到了税的征收事先得到主体纳税人群，即议会所代表的社会上层和中层阶级的同意，履行严格的法定授权程序。所谓现代财政制度，说起来就是这么简单，但它是人类文明发展的重要成果，是现代社会区别于传统旧制度的重要标志。后来由英属北美殖民地人民发出的"无代表不纳税"，就是基于他们将自身地位与母国相比较而得出的结论。

由于这种现代性质的税收制度的确立，英国人民幸运地避开了足以毁灭生产根基的沉重赋税。麦克法兰引用约翰·福蒂斯丘（John Fortescue）的话说："英格兰农村没有横征暴敛，军队也不入民舍，政府也不征收国内税，因此王国的每一个居民都可以随意享用自己的全部土产和畜产，并随意享用他依靠自身劳动或雇佣劳动，从水上或陆地所得的一切利润和商品。"也许是受这样的历史事实的启发，亚当·斯密才会在他的演说中断言道："法律和政府的目的，是保护那些积累了巨资的人，使他们能够平安地享受劳动成果。总的说来，最好的政策，是那种听任事业自然发展，既不给予津贴，也不对货物课税的政策。"正因如此，英国在历史上才能长期保持经济的稳定增长，以至产业革命的发生都与这种将政府征税置于个人产权和民众利益之后的税收制度直接相关。没有后者，英国建构现代世界的故事可能完全不是现在的样子。

这种税收制度还明确规定了中央政府与地方政府各自的责任和权力。在英国，税收的很大一部分由地方一级管理，用于当地的公共服务。现代税制给英国政府的福利设施筹得了巨款，对现代经济社会的发展起到了关键的作用。同时，正是由于这一税收制度的存在，它显示出的指数，能够真实反映生活在该社会中的人是相互信任的还是相互侵害的。正是由于这个原因，麦克法兰对英国现代税收制度的评价极高，称这是一种"迥异于当时世界上任何地方的税收制度"，这种非凡的税制"预示了，也大力促成了一种在英格兰诞生的现代制度"。

07

纳税也是纳税者的需要

税收"三性"被认为是权威解读税收的三大形式特征。人们对它的基本理解是，税收是国家所需，而国家拥有政治权力，并且有权强制所有人纳税。在国家与纳税人这一对关系中，国家是主导的一方，而纳税者只负有及时、足额向政府纳税的义务，是服从的一方。

但是，有一些人对此提出了不同的看法，认为政府之所以有权征税，并不是因为它拥有军队、警察、监狱这些强制性权力，而是因为既然政府对人们征了税，也就同时拥有了为人们提供安全、秩序、公共设施等公共物品的责任。这些东西是纳税者生产不出来的，或者即使能生产出来，成本也太高。最好的办法是，大家各自出钱，把提供公共物品的责任移交给另一个机构，由它来承担。这个机构就是政府，这笔钱就是税收。税收在这里首先是一种交易。

比如，某农户拥有100亩土地，他必须有能力保护这100亩土地的生产成果，否则到头来可能一无所获。关键是，这种能力从何而来？农户可以建立一支保安队伍来保护地里的庄稼，这样做不是不可以，可问题是养活这支队伍的成本太高，高到可能大大超过常规税率，甚至高过他的总收成。全国农户用于自保的费用加起来是一个天文数字，这么做根本就不现实。在这种情况下，通过纳税的方式来建立一支军队，创造出一个相对安全的大环境，大家"搭车"在这种有序的环境中生产和生活，就是一种理性的选择。

用经济学的语言来说就是，由于国家保护每个农户生产成果所支付的成本，大大低于农户自费保护自己的成本，所以国家应该安全保护这种公共物品。这样做具有"规模效应"，可以替纳税人寻求更加廉价的公共服务，也更"合算"。税收在这里变成了一种"价格"，需要纳税者出钱从政府手中将公共物品"买"过来。1902—1932年，曾任美国联邦最高法院大法官的小奥利弗·温德尔·霍姆斯（Oliver Wendell Holmes Jr.）说："税收是我们为文明社会支付的对价。"现在这句话还镌刻在美国国家税务局大楼的入口处。说起来，公路、灯塔、航天、自然景观，还有政治、法律和社会秩序等，都是人类生活所必需的公共物品，都需要大家出钱购买。

税收的契约性比强制性更重要

这样一来，税收就不能被认为仅仅是征税者的需要了，税收应该也是纳税者的需要。既然税收是双方共同需要之物，政治权力也就不能直接作为国家征税的依据。政治权力是国家行使其职能的前提，而不是它取得税收的依据。也就是说，强制性只是税收的一种表象，它仅属于税收征管实务或程序性层面，比它更重要的应该是税收的另一特性，即契约性。

犹太裔美国政治理论家汉娜·阿伦特（Hannah Arendt）说过："法律的本质是对人的行为的指导而不是强制性的制裁，法律最好不要被概念化为命令，也不是对人的行为方式的描述性陈述，而最好是看成集体的契约。"公民如果同意这一法律，就愿意支持这一法律并服从这一法律。这需要建立一个体现公民意志的政治架构，通过程序正义体现契约精神和结果正义。

她打了一个比方，一个规定要纳税的法律最好不要表达为"缴税"，而是应该表达为我们共同体里大家为已经达成的契约而"交税"。这里关键词是"达成的契约"，也就是说，在阿伦特看来，对于税收来说，比强制性更需要的是征税者和纳税者双方订立和履行契约。

美国经济学家哈维·S.罗森也持这样的观点，他在自己撰写的《财政学》教科书中开篇讲了一个故事。据《圣经》第8章的记载，在公元前1030年的时候，犹太部落还处于散居状态，在没有一个王权统治的状态下生活。一天，一群犹太人找到他们尊敬的先知塞缪尔（Samuel），向他提出了一个要求。他们说："像所有的国家一样，给我们一个能统治我们的君主吧！"塞缪尔听了，想了一下，对自己的同胞说了一段话："在国王统治你们的时候，他会夺走你们的儿子，将他们安排在他的身边，让他们做战车的马车夫，让他们跑在战车的前面……他会夺走你们的女儿，让她们给他喷香水，让她们做厨娘、烤面包。他会夺走你们的土地、葡萄园和橄榄园，甚至夺走你们最好的园地，将其赏赐给他的仆人……他会强征你们十分之一的羊群。你们将沦为他的奴仆。那时，你们将为自己有了国王而痛哭不已。"

塞缪尔描述的君主统治下的生活情景，像是在试图打消犹太人"寻找国王"的念头。葡萄园、橄榄园、羊群是人们拥有国王必须付出的代价——税收。他甚至提出了十分之一税率，而人类历史上早期的税率恰恰是这个比率。不仅是西方的"什一税"，我国夏、商、周三代时期的税收（贡、助、彻）税率也是十分之一。至于为什么是这样的，我们还真不容易说清楚。这个税率应该是人类文明发展的某种阶段性共性，是长期实践探索出来的一个相对适当的负担比率。

面对塞缪尔的规劝，犹太人对此的回答是："我们愿意！"他们首先关注的不是国王可怕不可怕的问题，而是有了国王后让他做什么的问题。只要国王能为大家服务，他就是可以接受的，税收也是可以接受的。在这里，国王就是国家的意思。书中的记载是："人们拒绝倾听塞缪尔的劝告，他们说'不，我们应该有一个国王，那样我们才能像其他国家一样，国王会统治我们，走在我们前面，带领我们去战斗'。"至此，纳税者俨然已经做了与未来的征税者（国王）达成某种契约的心理准备了，双方将通过税收建立某种纽带关系。事实上，历史的发展已经证明，民众也只有通过纳税才能与国家建立起实质性的联系。

契约性让政府有别于其他社会组织

易卜生有一句名言："社会犹如一条船，每个人都要有掌舵的准备。"这句话说的就是乘客通过某种方式选择合乎自己利益的公共物品，大家合力把这艘公共之船打造得坚固可靠。共同体内，利益共享，成本分摊。罗森讲的犹太人故事，涉及的就是共同体内部政治权力的建构问题，而且奇妙的是，最先提出此类要求的是正在形成中的共同体普通成员。这是罗森的故事给我们的最大启示，大体符合历史演化的真实情况。

我国最早的古典文献《尚书》中记录的大禹治水，就是各部落首领和工程总指挥大禹在协商合力分摊治水所需各种人力和物力资源之后进行的。我们很难想象大禹是怎么做到让各部落心甘情愿地接受治水方案的，因为这件事即使放到今天也是极难做到的。而且，在此过程中，各地所纳物品的品种和精细程度，依据路途距离王权中心的远近而有明显差别，这应该也是协商之后的结果。其实，这个协商的过程就是一个订立契约的过程。

如果不是通过征纳双方订立契约的方式取得税收，那么这在理论上很容易演绎出某种强盗逻辑。

表面上看，税收和拦路抢劫都是以强制力为特征的普遍命令：谁不服从，谁就会受到制裁。有人说，税收是国家行为，抢劫是个人行为。可是，在强制征收这一点上，二者差不多。也有人用普遍性和个别性加以区分，可抢劫者在某一段时段和某一区域内进行普遍性的抢劫是完全有可能的。还有人用固定性和临时性区分：税收是法律加以确定的，而抢劫一般属于盗匪临时起意。这似乎说不通。文献记载20世纪20年代天津旧事，讲的是青帮人物李珍靠收买官府、招揽打手常年稳定地收取费用，独霸一方，谦德庄一带的居民和做生意的店铺都是他抢劫的对象。

英国法理学家赫伯特·哈特（Herbert Hart）在《法律的概念》一书中指出，征税是一种"规则行为"，而强盗不是。既然是规则，它就应该通过纳税者与征税者订立契约的形式体现出来，在现代社会，就是通过制定宪法和相关法律的形式来实现。在规则的框架内，纳税可以是被迫的，也可以是积极自愿的，两种可能性都有。有人说他就喜欢纳税，但是没有谁面对拦路抢劫时会是"积极自愿"的。人们可以说"我有义务纳税"，却不会说"我有义务被抢劫"。强制性缺乏说服力的关键是，它只是盯住了税收的"被迫行为"，而忽略了它同时也是一种"规则行为"。这是现有财政学理论的一个缺憾。

税收的契约性应置于强制性之前，这样做可以把税收和国家其他征收费用的形式区别开来。国家并不只征税，还对违法者处以罚金或没收违法者的财产。这些也是凭借政治权力强制进行的，但是它们不含任何交换的色彩，表现出来的只是一定的惩罚性。这些所表达的是国家存在的另一层意义，即主持正义、维护社会秩序。税收也含有这层意思，只是它不限于这个范围。

国家如果脱离了公共物品提供者的身份而仅仅凭借政治权力获取收入来源，就很容易选择使用简单粗暴的征税方式，这在历史上并不鲜见。这样的话，国家就很容易蜕变成横征暴敛的工具。当国家成为这样的工具时，它便与民众（纳税者）站在对立的位置上，罗森说的那种连接双方共同利益的纽带就会变得脆弱，以致最终发生断裂。

当然，征税和纳税是国家与国民的契约，只是一种"隐形契约"，因为现实中并没有发生像甲方、乙方签字盖章的那种情况。但不可否认的是，它真实地存在于社会生活中，双方都必须遵照执行，违反约定的一方会受到惩罚。政府与纳税人之间的关系，就是这样一种互利和交换的关系。正如英国财政学家巴斯泰布尔（Baan Tai Bull）所说的："所谓税收，就是个人或群体为取得公共权力机构提供的服务而在财富方面做出的强制性贡献。"

话说回来，税收在日常生活中还是体现强制征收的，违法者会受到法律制裁。但这一切必须在国家与国民订立契约之后进行，在现代社会，就是税收立宪，经全体国民一致同意后进行。另外，这种强制性并不源自征税主体对纳税主体政治性的管制行为，而是源自国家作为行政管理者对市场主体的一种税收管理行为。两个主体之间在法律上是平等的关系，税收征纳是一种技术层面的问题，而与国家政治权力是一种比较间接的关系，可惜目前我国的税收理论研究还没有对这种关系加以区分和做出比较明确的学术阐释。

总之，在税收问题上，承认交易和订立契约在先，确认和执行强制性在后。二者不能颠倒过来，这就是税收的逻辑。

08

征税、用税与财富创造

1689年，自英国"光荣革命"确立现代政治治理体制以来，财政就是政治的核心议题，甚至可以说财政是现代政治的基石。在中国，情况同样如此。每年全国和地方各级政府的两会，审议"政府账本"（财政收支报告），都是常规议程之一，也是核心议题。

然而，相较于21世纪前十几年我国财政收入持续两位数的高增长，自2014年以来，我国的财政收入增速放缓。与此同时，随着一系列宏观环境变化，企业和舆论呼吁"减税降费"的声浪此起彼伏。

财税征收和财富创造究竟是怎样的关系呢？如何在税收和企业的可持续财富创造之间寻找平衡，成为中国财税变革必须思考的问题。在我们看来，中国还没有确立"税收要处理好和社会财富创造系统的关系"的理念，税负测算、税种设计、分税制改革、预算公开等领域尚存巨大改革空间。

2019年，全国两会宣布，当年将减轻企业税收和社保缴费负担近2万亿元。在某种程度上，这可以视为对2016年底以来中国持续减税呼吁和2018年企业经营形势严峻的回应。

与此同时，房地产税立法进程的动向，引发了又一波关于房地产税是否应该开征、财政在国家公共治理中的角色问题的激烈讨论。显然，在现代国家治理与现代税制的探索上，我们还有一段路要走。

要改变以流转税为主体的税制结构

中国曾经连续多年财政收入增速高于经济增速，这跟中国的税制结构有关，中国实行的是以流转税为主体的税制结构。流转税制跟市场密切相关，而与企业经营和盈利状况的关系比较弱，随着市场规模的扩大，财政收入的增速容易快速提升。目前，财政增速下滑明显，说明企业、市场层面出了问题。

近年来，虽然政策频繁出台，但企业税负并没有真正降下来。这会影响企业家的预期——决定接下来是否继续扩大投资。从我目前接触到的企业家的反映来看，企业部门的资产回报率持续下降，从2012年以前的11.7%降到了目前的7%左右。这种情况是中国经济增长缺乏支撑力的一个表现。

还有一个影响是，中国的城镇化情况不是特别乐观。中国的城镇化进展并不顺畅，农民进入城市后只是打工者，很难成为真正的城市居民，很难做一个自立自为的纳税人。现在从农村进入城市的"农一代"已经老了。由于城镇化改革的滞后，"农二代"又难以成为真正的城市居民，只能"漂"在城市的边缘。他们收入的大部分用于个人消费，特别是支付房租，毫无积累可言，也就难以成为未来经济增长的支撑力量。

经济增长点在哪儿？我们不能将其寄托在政府的大量投资、量化宽松政策和房地产上。这些最终会影响经济增长、财政收入，因为资产的回报率在下降，人们缴纳不了多少税。

也就是说，财政收入的增速还将进一步放缓。所以，国家的宏观政策才会有大的调整。中国要实行税制改革，改变以流转税为主体的税制结构，逐步实行以所得税、财产税为主体的税制结构，还要推进经济的结构性改革，给市场提供更大的自由空间，减少对企业的资助、补贴等。这些都是很好的办法。如果这样做，经济结构就会逐渐变得合理。

征收房地产税需要一系列前提条件

有人说，中国的土地都是国有土地，向居民征收房地产税在法理上并不充分。也有人说，有些国家或地区也存在国有土地下征收房地产税的情形。目前，这在法理上是否有问题不是真正的问题。真正的问题是，一些多房产持有者在房地产税上（造成）的阻力更大一些。他们占有的房产数量远远高于普通人家，如果这些房产都按评估价值征税，那么很显然他们的持有成本会很高。

如果问是不是应该有这个税，那么我倒偏向于可以考虑建构这个税。这是直接税，而中国现在直接税的比例偏低。这个税有一个好处：可以成为地方政府可依靠的财源。开征某些跟地方利益直接相关的直接税应该是需要的，因为地方政府跟民众的关系最近，承担着公共服务的责任。对于房地产税来说，中央政府不能都拿走，最多是跟地方政府分成。所以，在地方政府缺乏财源、现有分税制体制存在缺陷的情况下，对于将来建构中国的房地产税，我倒是持赞成态度，但要有一系列前提条件。

比如，要从法律上解决房地产税归地方的问题，由地方人大和政府共同决定这个税怎么征；房地产税的征收需要房产价值评估，应该由第三方机构评估，被评估者如果有异议，就可以申诉，申诉后仲裁仍然不合理，可以诉诸法律，法律有相应的救济条款。如果评估不合理，税负就重，而这个税负是不能转嫁的，人们当然要较真。开征房地产税还有一个前提条件，就是要把流转税的比例降下来，给直接税上升留出空间。

总之，房地产税的征收是一个非常复杂的问题，设计上需要非常严谨，管理上需要非常精细，要有跟纳税人面对面博弈的能力。

中央与地方的财税关系

中央与地方的财税关系，是中国持续数千年都在讨论的问题。前几年，时任财政部部长楼继伟一直呼吁，在中央和地方建立"财权与事权相匹配"的财税体制。我希望，通过以公共责任为轴心的分税制体制来建立从中央到省和省以下各级政府的财政体制，以解决中国财政资源的责任与支配权相适应的问题。

要想建立真正的分税制（我国省以下没有实行分税制），国家要从法律上确定每一级政府做什么事、履行哪些公共责任，并匹配相应的资源、权力。有了法律的明确责任，国家就可以以责任为轴心来确立体制（做这些事需要哪些资源，体制就是用来解决支配资源的权力归属问题的）。换言之，县长做什么、省长做什么、中央做什么，其中是有边界的。而且，这个边界一旦被确定，就不能轻易逾越。因为它是法律性质的，分税制的各级政府之间的责任权力边界是用法律隔开的。所以，分税制之下，没有中央干预地方、地方上级干预下级的问题，否则就会造成财政秩序紊乱。

财政转移支付是一种资源的配置方式。中央先将已有的财政资源收上来，再根据全国的情况，为了均衡发展的需要，进行资源的调配。这不是没有道理的，但支配的资源量不宜过大，占比不宜过高。因为地区的不均衡永远存在，所以中央统一的调剂、转移支付有一定的合理性。但中央在这个事情上管得太多，对落后地区的发展未必有利。像中国这么大的国家，存在一定的地方差异是可以容忍的，对于贫困地区或者是群体给予一定的救济也是可以的，但是要有一个数量的限定。

改革是倒逼出来的。在改革之前，那应该是一系列的改良、局部的修修补补，但修修补补不能替代改革。

09

财政是国家治理的基础和重要支柱

财政是一个综合性很强的问题，既是政治问题、经济问题，也是社会问题，是国家治理的基础和重要支柱。整个社会跟税收、预算有很深切的关系。

财税问题很难说它是哪个学科的问题，学术界到现在也没有完全解决。我们一直把财政学当成一个经济学科的属性加以认识，但其实税收涉及的领域不只是经济。比如，征税的立法、决策、实施等，基本上是在政治领域里进行的。至于预算问题，它的编制、审批、执行，以及最后预算执行结果的评估、审计等，整个过程大部分也是在政治和法律领域进行的。

社会跟税收、预算有密切的关系。每个人、每个家庭和每个企业都要纳税，都要面临国家治理和政府管理的问题。如果说社会大众、企业家与政府有什么关系的话，那么在很大程度上就是与税收、财政的关系，其他方面的关系大多是由此派生出来的。税收是最基本的关系，所以说"财政是国家治理的基础和重要支柱"。

19世纪，德国有个学者叫阿道夫·瓦格纳（Adolf Wagner），他写过一套四卷本的《财政学》。他把整个社会运行分成三个子系统：政治系统、经济系统和社会系统。如果这三个子系统能够正常运行，整个社会的系统运行就没有问题。税收在这三个子系统中属于哪个系统呢？在瓦格纳看来，税收是独立于这三个子系统，并且作为联结这三个子系统的媒介而存在的。

我曾在10年左右的时间内出了四本书，第一本书是2010年出版的《李炜光说财税》（河北大学出版社），后来书名改成《大家的财税学》（中央广播电视大学出版社）。我的第二本书是2011年由世界图书出版公司出版的《税收的逻辑》。我在2015年又出版了第三本书《权力的边界：税、革命与改革》（九州出版社）。2018年，我在中国财政经济出版社出版了第四本书《税收与社会》。这几本书反映了我对财税问题的一些思考。

我国改革开放最早的推动力是从财税领域开始的，比大家知道的安徽小岗村联产承包责任制的改革还要早一点。关于国有企业利润留成制度的改革，属于整个国企改革的一部分。我国经过40年的改革，财税体制始终伴随。20世纪90年代中期是我国40年改革的一个高峰，分税制改革和流转税制改革一直影响到现在。我们现在的流转税的改革，比如"营改增"就是那次改革的一个后续。

所有财政问题的最初源头都是税收问题。税收是人类社会文明演化过程中的一个动因，跟人类社会的文明进步息息相关。

我在这几本书里大体讲了两个方面的问题。

第一个问题是财税的历史问题。我在第一本书《李炜光说财税》中专门就这个问题用了一定笔墨来梳理其中的关系。传说古埃及最早的文字是记录在皮草上的，曾有一个农夫跟法老手下的一个收税官发生了一场争执。农夫牵着驴、赶着羊群出门做生意，路上遇到了收税官。这个收税官强行向农夫征税，但是农夫觉得不合理，认为这是一种无理剥夺，并表示反对，最后闹到了法老面前。双方都希望法老来裁决，看谁更有道理。农夫十分聪明，利用在法老面前申诉的机会，连续发表了多场演讲，被人们称为"聪明的农夫"。演讲内容就记录在皮草上。这个农夫所伸张的维护个人权利的问题，可能是人类历史上关于征税正义的最早记录了。

历史上，相关记载有很多。公元1040年，英国考文垂市（Coventry）发生了一件事。当时统治这个城堡的利奥夫里克（Leofric the Dane）伯爵决定向人民征收重税，支持军队出战。他的决定遭到了全城居民的反对。伯爵善良美丽的妻子戈黛娃（Godiva）夫人也表示反对。伯爵却坚持要征税，并给自己的妻子出了一道难题："如果你脱光衣服在全城走一圈，我就不征税。"这是一个极不合理的要求，目的是让她知难而退。可是，戈黛娃真的脱光了自己的衣服，在全城走了一圈，这样伯爵就没有理由强行征税了。有关戈黛娃夫人的故事被写进了英国历史，也被考文垂市居民和所有英国人永远记住了。从1678年开始，5月31日被列为考文垂市的一个纪念性节日，人们出版著作、制作各种纪念品和商品来称颂这位夫人的美德，其中一种拥有驰名商标的巧克力也进入了中国市场，名字叫"歌帝梵"（Godiva）。

我梳理了税收与人类历史上的三大历史事件的关系。

第一个历史事件是英国《自由大宪章》的颁布。其中最重要的条款涉及国王征税的问题。第12条和第14条规定，国王未经同意不得额外征税；第39条规定，除非经过法律审判，任何自由的人都不得被拘留或囚禁，或者被剥夺财产、放逐或杀害。从这以后，征税就不再是国王自己的事情了。13世纪末，英国出现了下议院，之后经历了400年左右，国王原先拥有的各种特权，特别是关于征税的权力、安排预算的权力等逐渐转移到了议会，最后集中在下议院。在英国历史上，甚至有国王因为征税问题掉了脑袋，他就是我们所熟知的查理一世。因为战争和征税的问题，国王与国会发生了尖锐矛盾，最后国会投票竟然处死了国王。这是在体制内通过投票来解决政治大问题的一个世界性的经典案例。中国历史上发生过千百次地方暴动，有些大规模的暴力甚至蔓延到整个国家，以致王朝颠覆。如果我们仔细观察每一次暴动，就会发现暴动的起因多与税收相关。这种制度存在的问题一直延续到晚清，清朝最终不得不在外来冲击之下被迫接受共和体制。

　　第二个历史事件是美国独立战争。美国独立战争的爆发最早也是因为征税问题。当时北美13个殖民地与其宗主国英国因为征税问题发生了矛盾，随后爆发了独立战争，响起了最响亮的一句口号："无代表不纳税。"后来，1787年的费城宪法里面写的最重要的条款，也是关于征税的条款。征税的权力绝对不只是一个经济问题，更是一个政治问题，国家必须在基本的政治制度安排上立法。

　　第三个历史事件是法国大革命。我在第一本书《李炜光说财税》中专门写了法国大革命的起因是税收。当时，法国民众分成三个等级，只有第三等级的人（市民、普通大众和农民）才纳税。僧侣和贵族不纳税，社会矛盾越来越深化，到路易十六在位的时候，大革命爆发了。在大革命爆发之后，最重要的历史事件是什么呢？我考察后发现，当时最重要的事件是巴黎当天燃起了十几处大火。烧的是什么建筑物呢？是税务所。当大革命爆发后，人们的仇恨首先倾泻于政府的征税机构上去，这说明法国政府平时征税太不合理。

　　我刚才讲到，中国封建王朝改朝换代的起因一般都是税收问题。在这个过程中，改革主要是为了解决税收问题。汉武帝时期的桑弘羊，唐德宗时期的杨炎、刘晏，北宋时期的王安石，明朝时期的张居正等改革都是以财税改革为中心进行的。税收涉及社会政治运行，政治制度设计和设置是一切大问题的综合反映。因此，税收跟人类文明的进步息息相关。

　　财税关系到一个国家向现代社会转型的成败，它要求政府预算建立一种外部政治控制，还应当把一些关于征税的基本原理，比如"无谓损失"理论和"拉弗曲线"理论等，有机融入税收制度中。

　　第二个问题是征税数量问题。这是一个古老的问题。一直到现在，我们仍然在争论税负是重还是轻的问题。征税数量问题也是一个社会治理问题。但征多少税才是适当的呢？中外学术上有过很多探讨。对于亚当·斯密所说的"easy tax"，有的学者将其翻译成"低税"，而英国学者麦克法兰说准确的表达是"便利的税收",它有助于推进现代世界的形成。但是,我们在具体的税收政策设计上究竟怎么做才能达到这种"便利"的境界呢?

经济学家做出了大量探讨,比如前文多次提到的"无谓损失"。如果生产者和消费者在市场上没有征税这个因素的话,他们就可以正常地在市场上互通有无,以大家认为合适的价格进行交易,双方很容易形成一种共赢关系。这种关系是非常古老的,比国家的历史还要长。但是,现在有一个第三方,就是国家。政府要征税,人们就要纳税,因为政府具有强制力。可问题在于,只要政府一征税,就会出现消费者盈余和生产者盈余同时受损的情形,如果超过一定限度,就会出现生产者生产更少、消费者消费更少的情况,市场上的一些正常交易就无法达成。这时,生产者和消费者就会受损,政府也会受损,于是就会形成消费者、生产者和政府三方共同受损的局面。所以,无论怎么征税,政府都不能使消费者和生产者的损耗过大。

另外,"拉弗曲线"也是有关税率不能过高的问题,跟"无谓损失"理论讲的是同一个道理。"拉弗曲线"曾经真实地影响了美国政策制定。20世纪80年代初的里根减税,实践的就是供给学派的主张,是理论施行于政策实践的一次成功尝试。里根减税带动了世界上20多个国家同时减税,形成了一个世界性的减税潮流。如今美国的数字经济、人工智能、信息产业的崛起,回溯来源的话都跟里根减税有关。

因为减税,美国大量的投资都应用于本土,海外的企业都回到美国本土发展。我们知道,美国是一个技术和管理原创能力很强的国家。企业家会将因减税而获得的额外利润用于投资和创新,会创造出无数意想不到的新产品、新技术和新组织形式。这也是减税之所以会引起人们高关注度的原因。

实际上,减税并不是解决问题的终极办法,更好的做法是建立某种更加靠得住的轻税机制。减税是政策性的,其稳定性不高。所以,我们需要用制度、法律和运行机制把它固定下来。美国、日本和欧洲国家都是这样做的：议会提交预算案，经过充分讨论提交表决，形成法律文件，最终交由政府执行。

一个国家的资源配置重点应该是基层，而不是把钱全都集中到行政体制的高层。在我国，分税制运行了20多年，开始暴露出一些深层次的问题。地方政府的土地财政促进了地方基础设施建设和经济社会的发展，但也有一些负面影响。

关于预算改革的文章有很多。我和国内几位学者参与了《中华人民共和国预算法》的修改过程，算是为国家财税法治化贡献了一份力量。

分税制是处理中央和地方财政关系的一种体制安排。随着我国经济社会的发展以及体制改革深化，有些问题越来越明显。如果财政体制有不合理之处，中央就可能拿走太多，就容易造成地方提供公共产品和公共服务资源不足的问题，也就容易出现财政亏空的问题。而重点转移支付是跟着项目走的，很难与地方公共服务的实际需要、具体项目一一对应。整体上，分税制改革也会加重地方对中央的依赖。地方政府为了增加新的财政收入来源，只好卖地，依靠出让土地使用权获取收入，这就又造成了尾大不掉的土地财政问题至今难以平复。当然，这并不是说土地财政一点积极作用也没有，城市基础设施建设、地方公共服务事业的发展都跟它有关系。问题是，土地财政不够规范，还没有实现法治化，基本在预算外运行，近些年才按照《中华人民共和国预算法》规定的国家"四本账"预算当中的政府性基金预算收入的一部分，纳入预算管理。但是，财政资金的预算管理距离真正的规范化还有一段路要走。

一个社会要充分发挥基层政府的功能，因为越是基层的政府离民众越近，而日常的公共产品和公共服务恰恰是由基层政府来提供的。一个成熟稳定的社会应该拥有这样一个逻辑：凡是个体成员能做的事情，社会就不要做；凡是社会能做的事情，地方政府就不要做；凡是地方政府能做的事情，中央政府就不要做。

财政体制的重心应该在下而不在上，按照由下往上的逻辑建立起整个体制，这样社会的运转就不会出问题。财政体制的建构要有利于社会基本的公共产品和公共服务的提供，履行各级政府特别是基层政府的职能。中央政府与地方政府的关系一旦用分税制的边界确立起来，就是法律边界，就不会再有中央政府干预地方政府的事情发生。这些问题都是财政体制应该解决的。

我国正在迈进社会主义现代化，在这个过程中，税收问题是回避不了的。这么多人关注税收，说明税收是社会发展中重要的问题。我们应该面对它，大家通过讨论达成一个关于税收的共识，有利于国家未来的发展。

财税问题大家既熟悉又陌生，跟我们的生活密切相关。每个人每天都在纳税，因为我国的税制结构以流转税为主，其特点就是可以转嫁。我们到商场里买东西时支付的价款是含税的。

关于企业税负问题，我的一个关于税负过重的说法引起了轩然大波，社会各界都参与了进来。当时我的压力很大。部委领导也很重视这件事情，各种批评的声音很多，当然支持我的人也很多。任何人类社会文明的发展进步都无法回避税收问题。

2016年7月26日，中央政治局做出了"降低宏观税负"的决议。这在历史上第一次出现，过去从来没过。到了2016年12月，中央经济工作会议又提出减税降费的要求，2017年以来更是数次出台相关要求，说明国家决策层在这个事情上还是很重视的。现在的问题是能不能真正做到位。税收的刚性极强，是各级政府十分看重的工作。万亿元以上规模的减税降费，难度确实很大，阻力来自四面八方。当然，政府在行政运作当中的一些刚性需求应当得到满足，政府不能停摆，需要资源来维持它的正常运转。

附录　李炜光访谈录

成为"税率洼地"，争夺人才和资金

税收是经济话题的长期热点。近几年，关于宏观税负的讨论一直很热烈，围绕"减税"目标的税制改革也在推进。中国宏观税负处于何种水平？企业和个人该如何减税？这些总能引起热烈的讨论。

2019年，原子智库独家专访天津财经大学财政学科首席教授李炜光，谈中国的税收。关于"营改增"反映出的税痛问题，李炜光解释了其中原理。他认为，流转税将是税改的方向，随着中国税制的规范化，减税应当成为常态。

原子智库：感谢李老师接受我们的访谈。"宏观税负"是近几年大家谈得比较多的话题。李老师怎么看待中国的宏观税负水平？

李炜光："宏观税负"是中国的一个概念。世界上其他国家一般用"税收负担"这样的词，并在微观层面对企业和家庭进行测算。世界银行每年会发布100多个国家的总税率，中国名列其中，处于较高税负国家的一组。

中国宏观税负的具体数字在税收学界有大口径、中口径、小口径的说法。小口径就是税收收入跟GDP相比，中口径是政府收入跟GDP相比，大口径是政府全部收入（也就是国家收入）和GDP相比。按大口径来算的话，我国的宏观税负应该在35%到37%之间，相对来说是比较重的。降低宏观税负是2016年中央做出的决议，最高决策层做出这样的决议应该是第一次。这也证明了我国的宏观税负在当时确实偏高。

原子智库： 税负增加是一个逐渐的过程，主要原因在哪里？

李炜光： 中国现在的税种有18个，和过去相比没有增加，反倒有所减少，问题不是出在税种的设置上。中国的税制以流转税为主体，也就是大家所熟知的增值税，过去还有营业税。中国经济规模在做大，税收自然会增加，除了绝对数量的增加，还有比例的上涨。财政学里有一个瓦格纳定律，也就是说，当传统落后的国家向开放现代的国家转型时，财政支出上升是正常的现象。现在的中国和20年前是不一样的，支出必然增加。此外，政府职能的增加有时不与经济同步，可能会出现政府管事太多以及职能部门增加过快、规模过大的情况。这也是经济转型国家面临的困境。

原子智库： 在税负体系里，您认为最应重视的部分是哪里，具体是哪些问题？

李炜光： 中国的税制结构以流转税为主。流转税的特点是，与市场的关系太密切。流转税直接取自市场，政府每征一笔税都会影响企业，影响市场。打个比方，对于一些高科技、数字类、高智能企业，前期研发投入非常大，企业可能根本就不赚钱，这时政府征税不利于企业发展。再比如，在增值税中，成本可以抵扣，人工成本不能抵扣。而高科技企业恰恰人工成本很高，设计师、程序员和工程师的工资很高，人力成本在企业中能占较大部分。对于这种企业，增值税税负会显得偏重，不利于技术创新型企业发展。

原子智库： 过去几年，中国推行了"营改增"的税制改革，您如何评价这项改革？

李炜光： 从税制设计上说，增值税是对商品流转过程中的增值部分征税。企业只承担增值部分的税收，剩下的部分都可以转嫁出去。通过进项发票和销项发票相抵，大部分税负可以转嫁出去。从税制设计上说，增值税比营业税的设计更中性一些。营业税是全额征收的，通过营业额乘以税率来征收，税负容易偏重，还会有一些重复征税的问题。因此，"营改增"的转型方向是对的。

但是，增值税的设计是有抵扣制的，这就带来了一个问题：征税过程必须非常严格。营业税是地方税，地方政府可以跟企业形成默契，一些地方甚至实行包税性质的征收。但是，增值税与营业不同。增值税是现代工业的产物，长链条，多环节，层层抵扣，各环节不能出问题。链条一断，税收链条就断，就会影响政府收入来源。因此，增值税对发票的管理要求很高。这么讲究的一个税制，再搞粗放的管理，就行不通。

原子智库：哪些行业受到的影响最大？

李炜光：建筑、餐饮和酒店等行业。事实上，很多项目没有发票。比如，建筑类企业的灰沙石料等，都是从包工头那里进项，这就很难取得增值税发票。金融行业、保险行业也有很多没有发票的项目。对于不能取得充分进项发票的企业来说，税费都会加重。我们在调研"营改增"改革的时候发现，有些行业的企业觉得"营改增"确实有减税效果，而有些企业觉得税负在加重。

原子智库：您认为"营改增"的转型方向是对的。但是，客观上，"营改增"会使征税从严，甚至会加重很多企业的负担。

李炜光：因此，我们要降低增值税的税率。原来中国是17%的税率，这在世界上来看都是偏高的。定这个税率的原因是什么呢？当时，我国征管水平不高，考虑到有逃税、漏税的情况发生，于是制定高一点的税率，以保证国家的收入来源。但现在征管较严，我们就没必要征这么高的税了。所以，我们第一步应该把增值税的税率降下来。

原子智库：增值税的税率应该降到多少才是合适？

李炜光：我个人比较倾向于10%或者11%。当然，这不一定能做到，或者不能一下就做到，可以过渡。重要的是，要有大方向，从多种税率过渡到单一税率。另外，我认为企业所得税的税率也过高。世界各个经济体都在减税，将重点都放在所得税上，以流转税为主的国家的税负也在下降。减税已是世界性的趋势。中国一定不要坚持高税率的政策。如果固守高的税率，中国的经济竞争力就会削弱。中国的税率要贴近其他主要经济体，最好形成税率洼地，人才和资金才会往低处跑，否则中国的外资企业和本土企业也会往外跑。

原子智库： 2018年，中国的个人所得税经历了比较大的修改。一个显著的变化是，个人所得税开始朝综合所得税的方向发展。

李炜光： 个人所得税原来实行11个税目的分类所得税制，这种税制设计不是很严谨，后来向综合所得税制过渡，进展缓慢。直到2018年，《个人所得税法》才有较大的改观，增加6项扣除，税率有所调整，并向综合所得税靠拢。

当然，现在还有一种说法，中国的个人所得税能否不向综合所得税制变化？为什么呢？综合所得税制需要把所有收入来源归到一起，一项一项扣除，这样的计算比较复杂。每年的4月份是美国纳税申报月，那是一件很痛苦的事情，美国人自己都搞不清楚，有时候还要雇用会计师，这也加大了成本。因此，有人建议把资本性所得和劳动性所得分开，这叫双重个人所得税。此外，个人所得税的级差应进一步减少，边际税率应该减低。

原子智库： 边际税率是个人所得税部分里的"富人税"，争议一直都很大。李老师认为边际税率该怎么改？

李炜光： 中国的边际税率是45%。其实，这只会让富人有强烈的不纳税意愿。

我希望把边际税率降下来。一些发达国家的个人所得税税率不超过35%，中国的个人所得税税率要从45%降到35%，世界上很多国家的边际税率更低。过高的边际税率有"劫富"的思维，而富人恰恰可能是投资者。保护富人，保护企业家，其实就是在保护国家投资和创新的来源。我们不仅要让中产家庭税负减轻，也要大胆让富人的税负合理化。过重的税收不利于中国的投资和创新。

原子智库： 个人所得税起征点是人们非常关心的一个话题。个人所得税起征点经过几次调整，似乎每一次调整都是在呼吁许久之后。很多人说，个人所得税起征点可以和通胀率挂钩。李老师怎么看？

李炜光： 个人所得税起征点的变化非常缓慢，从一开始月收入800元到1 600元，后来是3 500元，现在提升到5 000元。如果你在北京，要租房和吃饭，生活是不容易的。如果你在中西部地区，月薪5 000元可能会过得不错。未来中国的税制必须把地区的差异考虑进来。至少省级人大或政府要有这样的权限，根据本地物价指数、通胀指数等，测算本地经济水平，进而计算起征点，这样也许公平一些。至于将个人所得税起征点和通胀指数挂钩的提议，此前有人建议了很多年，没什么进展。我认为，这种改革的方向是正确的。

原子智库： 最后一个问题，李老师眼中理想的税制是什么样的，能否简单描述一下？

李炜光： 简单来说，好的税制应该是中性的，对企业投资、创新和居民的生活都不会产生大的实质性负担。人生只有两件大事不可避免，那就是死亡和税收。税肯定要缴纳，但国家应当建立普遍的轻税机制。将来我们不管以流转税为主体，还是以所得税为主体，抑或是双主体，我们都要把这一点放在首要位置。